新戸籍実務の基本講座

Ⅰ

総論・通則編

小池信行 監修
Nobuyuki Koike

吉岡誠一 著
Seiichi Yoshioka

日本加除出版

監修のことば

　かつて法務省・法務局で戸籍行政の職務にあたっていた当時，法務局や市区町村の担当職員の方々から，しばしば「戸籍は難しい。」という声を耳にしました。戸籍制度は明治4年（1871年）以来140年近くも続いている制度ですから，その間，戸籍の実務に携わってこられた無数の人々の知恵と工夫によって，極めて精緻な理論や事務処理の体系が作り上げられています。戸籍が難解だと感じられる理由はその辺にあると思われます。しかし，戸籍の仕組みを成り立たせている原則はそれほど沢山あるわけではなく，また，それほど難しいものでもありません。本書では，そのような戸籍の基本的な約束事を，項目ごとに，「ポイント」という形でまとめてあります。初めて戸籍法を勉強される方は，まず，この「ポイント」を頭に入れてください。きっと役に立ちます。「ポイント」に続く解説の部分も，「分かりやすく，丁寧に」をモットーにしました。すでに戸籍をある程度勉強された方にも，知識をより詳しく，確かなものにしていただけるものと考えております。

　さて，戸籍制度がこれだけ長く続いてきたのは，一つには，明治以来の時代や社会の変遷に対応した制度の見直しがされてきたからです。最近の戸籍制度をめぐる大きな潮流は，「戸籍に記載される（又はされている）人の利益を保護する」という要請ですが，昨年，これに応える観点から戸籍法等の改正がされ，本年5月1日から施行されています。主な内容は，戸籍の届出における本人確認の充実，不受理申出の拡充・統一化，戸籍の公開の更なる合理的規制などです。本書では，この改正法の内容を盛り込んで，詳しい解説をしております。ここでは，実務の便宜に直ちに供することができるよう，また，新しい制度を知りたいと思っておられる一般の方にも興味を持っていただけるよう，説明に工夫を加えています。

　このように，本書は，先人が考え出した精緻な戸籍の理論・実務の運用

を分かりやすく解説するとともに，時代の要請に応える戸籍制度の動きについて紹介することを目的とするものです。できるだけ多くの方々にご利用いただき，戸籍というものに対する関心と理解を深めていただけるならば，これに勝る喜びはありません。

平成20年7月吉日

小 池 信 行
(元釧路地方・家庭裁判所長)
(現　弁　護　士)

は　し　が　き

　戸籍は，日本国民の親族的身分関係を登録・公証する公簿です。このため，戸籍は，全国統一した取扱いをすることが求められ，戸籍用紙も，規格が統一され，コンピュータシステムにより処理している場合においても，その記録事項証明書の規格も統一され，基本的な記載例も示されています。当然のことながら，その記載は，常に真実の関係を反映したものでなければなりません。

　ところで，戸籍事務を取り巻く状況については，社会情勢や国民の意識の変化等により，その時代に即応した運用の見直しが行われてきています。ここ数年をみましても，平成14年には，申出による戸籍再製制度が導入されていますし，同16年には，嫡出でない子の父母との続柄欄の記載に関し，見直しが行われています。

　また，戸籍の公開制度の見直し及び戸籍記載の真実性を担保するための措置を講ずること等を改正の大きな柱とする，「戸籍法の一部を改正する法律」（平成19年法律第35号）及び「戸籍法施行規則の一部を改正する省令」（平成20年法務省令第27号）が，本年5月1日から施行されています。担当者としては，就任早々から事務を適正迅速に処理できる能力を養成することが求められています。

　そこで，本書においては，これら法改正の最新の内容を含む，新・戸籍の実務について，初めて戸籍事務を担当する方々のために，戸籍事務の適正な処理に要する基本原則を，項目ごとに要約して「ポイント」として掲げることにより，研修等の教材としても利用いただけるようにするとともに，ベテランといわれる担当者の方々には，それに至る道筋及び関連する問題に関して解説を加え，戸籍実務全般の処理に役立つ基本書となることを目指しました。

　また，本書は，新・戸籍の実務の「総論」部分を担うものですが，「各

論」においては，主要な戸籍届書の記載例及び戸籍記載例についても掲載し，特に，初任者の方にとっても，理解しやすい構成としています。

　少しでも実務のお役に立てば幸甚です。

　　平成20年7月31日

吉　岡　誠　一
（元　富　山　地　方　法　務　局　長）
（現日本加除出版株式会社常任顧問）

目　次

第1章　戸籍制度概説

第1　戸籍とは何か―――――――――――――――――――1

ポイント　戸籍とはどのようなものか――――――――――1
1　日本国民の登録・公証 ――――――――――――――――2
2　登録（戸籍の記載）の仕組み ―――――――――――――2
3　公証（戸籍による証明）の仕組み ―――――――――――5
4　外国人の身分関係を公証する方法 ―――――――――――6

第2　戸籍事務に関連する法令 ―――――――――――――6

ポイント　戸籍事務に関連する法令――――――――――――6
1　民　法 ―――――――――――――――――――――――7
2　戸籍法 ―――――――――――――――――――――――8
3　法の適用に関する通則法 ―――――――――――――――9
4　国籍法――――――――――――――――――――――13
5　人事訴訟法――――――――――――――――――――16
6　家事審判法・家事審判規則・特別家事審判規則――――18

第2章　戸籍制度の仕組み

ポイント　戸籍制度の目的と仕組み ――――――――――23
1　戸籍事務の管掌者―――――――――――――――――24
2　戸籍事務に関する国の関与――――――――――――――25
3　市町村長の処分に対する不服申立て――――――――――27

第3章　戸籍の編製

ポイント　戸籍の編製 ——————————————29
第1　戸籍の編製基準 ——————————————30
1　戸籍の編製単位の原則 ——————————30
2　新戸籍の編製・入籍の原因 ————————31
第2　戸籍編製基準としての本籍と氏 ——————33
1　戸籍の編製基準としての本籍 ———————33
2　戸籍の編製基準としての氏 ————————33

第4章　戸籍の記載

第1　戸籍の様式と記載事項 ——————————39
ポイント　戸籍の様式・記載 ——————————39
1　戸籍の様式について ———————————40
2　戸籍の各欄に記載すべき事項 ———————43
3　戸籍事項欄に記載すべき事項 ———————46
4　身分事項欄に記載すべき事項 ———————48
第2　戸籍の記載原因 ——————————————54
ポイント　戸籍記載の事由 ——————————54
1　届　　出 ————————————————55
2　報　　告 ————————————————56
3　申　　請 ————————————————56
4　請　　求 ————————————————58
5　嘱　　託 ————————————————60
6　証書の謄本 ———————————————60
7　航海日誌の謄本 —————————————61

| | 8 | 裁　判 | 61 |
| | 9 | 職権記載 | 61 |

第3 戸籍の記載方法 ———————————— 66

　　1　戸籍の記載に当たって注意すべき事項 ———————— 66
　ポイント　戸籍の記載方法 ———————————————— 66
　　2　氏名の記載順序 ——————————————————— 70
　ポイント　氏名の記載の順序 ————————————— 70

第4 戸籍記載の消除 ————————————— 71

　ポイント　戸籍記載の消除 —————————————— 71
　　1　戸籍の全部の消除 ————————————————— 72
　　2　戸籍の一部の消除 ————————————————— 72
　　3　届出等により記載を消除する場合 —————————— 72

第5 戸籍訂正による戸籍記載の消除・回復 ———— 73

　ポイント　戸籍訂正による戸籍記載の消除 —————— 73
　　1　戸籍訂正手続の原則 ———————————————— 73
　　2　訂正の方法 ————————————————————— 74

第6 戸籍の更正 ———————————————— 75

　ポイント　戸籍の更正 ———————————————— 75

第5章　戸籍記載の移記

ポイント　重要な身分事項の移記 ——————————— 77

第1 新戸籍編製又は入籍の場合の移記 —————— 79

　　1　身分事項欄の移記すべき事項 ———————————— 79
　　2　移記事項の変遷 ——————————————————— 85

第2 管外転籍の場合の移記 ———————————— 87
1 規定の内容 ———————————————————— 87
2 移記を要する氏の変更に関する事項 ———————— 88

第6章 戸籍に関する帳簿

ポイント 戸籍に関する帳簿の調製・保存・廃棄 ————— 89

第1 帳簿の調製 ———————————————————— 91
1 戸籍簿 ——————————————————————— 91
2 除籍簿 ——————————————————————— 92
3 改製原戸籍 ————————————————————— 92
4 再製原戸籍 ————————————————————— 94
5 戸籍及び除籍簿の副本 ———————————————— 94
6 見出帳・見出票 ——————————————————— 96
7 受附帳 ——————————————————————— 98
8 その他の帳簿 ———————————————————— 102

第2 帳簿の保存及び廃棄 ———————————————— 103

ポイント 帳簿の保存及び廃棄 ————————————— 103
1 戸籍簿・除籍簿 ——————————————————— 104
2 改製原戸籍 ————————————————————— 104
3 再製原戸籍 ————————————————————— 106
4 戸籍及び除籍の副本 ————————————————— 106
5 見出帳・見出票 ——————————————————— 107
6 受附帳 ——————————————————————— 107

第7章　戸籍簿，除籍簿の再製・補完

ポイント　戸籍簿，除籍簿の再製・補完 ———————————109

第1　戸籍簿又は除籍簿の全部又は一部が滅失した場合の再製 —111

第2　戸籍簿又は除籍簿の全部又は一部が滅失するおそれがある場合の再製又は補完 ———————————114

第3　再製戸籍の記載 ———————————119
　1　再製の方法 ———————————119
　2　再製事項の記載 ———————————120

第4　申出による戸籍の再製 ———————————121
　1　申出再製の要件 ———————————122
　2　申出再製の対象となる戸籍の範囲 ———————————129
　3　市町村及び管轄法務局等における再製の手続 ———————129
　4　申出再製をした場合の再製事項の記載 ———————————134

第5　後見又は保佐の登記の通知による戸籍の再製 ———————135

第6　嫡出でない子の戸籍における父母との続柄欄の記載が更正された場合の戸籍の再製 ———————————136
　1　更正の手続 ———————————137
　2　嫡出でない子が準正により嫡出子の身分を取得した場合の取扱い ———————————138
　3　申出による戸籍の再製 ———————————138

第7　再製原戸籍の保存期間 ———————————139

第8章　戸籍の公開

ポイント　戸籍の公開制度 ―――――――――――――――――――141

第1　戸籍の公開 ――――――――――――――――――――――142
1. 戸籍法改正の経緯 ――――――――――――――――――142
2. 戸籍謄本等の交付の請求 ―――――――――――――――143
3. 現に請求の任に当たっている者を特定するための方法 ――149
4. 代理権限等の権限確認書面 ――――――――――――――158
5. 説明要求 ―――――――――――――――――――――――160
6. 除籍謄本等の交付の請求 ―――――――――――――――161
7. 受理又は不受理の証明書，届書等の閲覧又は記載事項証明書の交付請求の場合の取扱い ―――――――――――――162

【表1】戸籍謄本等の交付請求ができる場合の代表的事例の要件等―165
【表2-①】現に請求の任に当たっている者を特定するための方法―173
【表2-②】現に請求の任に当たっている者が請求者の代理人又は使者である場合の権限確認 ―――――――――――――175

第2　市町村長の処分に対する不服申立て ――――――――――176

ポイント　不交付決定及び審査請求 ―――――――――――――176
1. 改正前戸籍法による不服申立て ――――――――――――176
2. 改正戸籍法による不服申立て ―――――――――――――177

第9章　届出の通則

ポイント　届出の一般原則 ――――――――――――――――――185
1. 届出の種類 ――――――――――――――――――――――187
2. 届出人 ――――――――――――――――――――――――192
3. 届出能力 ―――――――――――――――――――――――196

4	届出地	196
5	届出期間	198
6	届出の懈怠	200
7	届出の方法	201

第10章　届出の審査と受理

ポイント	届出の受理・不受理	213
1	届書の受付と届出の受理・不受理	214
2	届書の受付	215
3	届書の補正・追完	216
4	届出の取下げ（又は撤回）	218
5	市町村長の審査方法	219
6	届出の際の確認及び通知の手続	239

第11章　不受理申出制度

ポイント	不受理申出制度	245
1	不受理申出制度の概要	246
2	不受理申出の方法及び内容等	247
3	不受理申出の有無の確認	249
4	届出不受理の通知の内容等	249
5	戸籍の訂正	250
6	不受理申出の取下げ	251
7	不受理申出書等の記載事項証明書の取扱い	252
8	経過措置	252

事項索引 ———————————————————— 261

凡　例

1　法令名等は下記の略号を用いた。

　　・標準準則　　　　　　戸籍事務取扱準則制定標準（平成16年4月1日付け民一第850号民事局長通達）

2　平成19年法律第35号に関する改正法及び通達等については下記のように表記した。

　　・改正戸籍法　　　　　戸籍法の一部を改正する法律（平成19年法律第35号）により改正された戸籍法の条文
　　・改正戸籍法施行規則　戸籍法施行規則の一部を改正する省令（平成20年法務省令第27号）により改正された戸籍法施行規則の条文
　　・改正標準準則　　　　平成20年4月7日付け民一第1084号法務省民事局長通達により改正された戸籍事務取扱準則制定標準の条文
　　・1000号通達　　　　　平成20年4月7日付け民一第1000号法務省民事局長通達

3　その他の略号については以下のとおり。

　　・法定記載例　　　　　戸籍法施行規則33条2項，同附録第7号及び同付録第25号の記載例
　　・参考記載例　　　　　平成2年3月1日民二第600号民事局長通達及び平成6年11月16日民二第7000号民事局長通達別紙第2号の記載例

第1章　戸籍制度概説

第1　戸籍とは何か

ポイント　戸籍とはどのようなものか

① わが国における「戸籍」制度とは，国民の親族的な身分関係を「登録」・「公証」することを目的とするものです。

　この身分関係の登録・公証を目的とする制度の基本となる登録簿を「戸籍」といいます（(財)民事法務協会編「新版実務戸籍法」1頁）。すなわち，戸籍とは国民の親族的な身分関係を明確にさせるため，その出生から死亡に至るまでの身分上の重要な事項を時間的順序に従って表した公簿をいいます。

　なお，日本国内に在る外国人にも，原則として，戸籍法が適用され，国内で発生した出生や死亡については，日本人の場合と同じく届出が義務付けられますし，婚姻，認知，養子縁組などの届出をすることができます。

② 「登録」とは，国民からの届出に基づいて戸籍を編製し，戸籍の記載をすることです。また，外国人については，届書等を保管することです。

　戸籍法の一部を改正する法律（平成19年法律第35号）により，戸籍の記載の真実性を担保するため，届出の際に行う本人確認の手続及び本人確認ができなかった場合における届出受理の通知の手続に関する規定が新設されています（詳細は，第10章「届出の審査と受理」213頁以下を参照）。

③ 「公証」とは，戸籍の記載事項を公的に証明することで，戸籍の謄抄本若しくは戸籍記載事項証明書又は記録事項証明書（磁気ディスクをもって調製されている戸籍の場合）の交付によって行われます。外国人については，届出の受理証明又は届書の閲覧若しくは記載事

項証明書の交付によって行われます（戸籍法48条，戸籍法施行規則66条）。

　戸籍法の一部を改正する法律（平成19年法律第35号）により，戸籍謄本等の交付請求ができる場合が限定されるとともに，交付請求の際に請求者の本人確認を行うこととするなどの見直しがされています（詳細は，第8章「戸籍の公開」141頁以下を参照）。

1 日本国民の登録・公証

　戸籍は，日本国民についてのみ編製され，外国人について編製されることはありませんから，日本国籍を有することを公証する機能を有していると解されています。

2 登録（戸籍の記載）の仕組み

(1) 戸籍記載の正確性の担保

　戸籍の記載は，大部分は届出によってされますが，その記載は，真実の身分関係と合致していることが求められます。そこで，戸籍の正確性を担保するため，次のような措置が講じられています。

① 報告的届出（出生届・死亡届等）における届出の義務付け

　出生や死亡のように身分関係に関する事実が発生した場合や，裁判による認知や離婚などがされた場合には，これらの事実を届け出ることが義務付けられています（戸籍法49条，86条，63条，77条）。これを報告的届出といい（187頁参照），届出義務者が所定の期間内に届出をしないときには過料に処することにより，届出を間接的に強制しています（改正戸籍法135条）。

② 創設的届出（婚姻届・縁組届等）における本人確認の義務付け

　婚姻，協議離婚，任意認知，養子縁組，協議離縁などの身分行為については，届出によりその効力が生ずることとされています（民法739条，764条，781条，799条，812条）。これを創設的届出といいます（これについては，届出義務は問題になりません。189頁参照）。

　このような創設的届出がされた際には，市町村長は，窓口に出頭し

た者が届出事件の本人（239頁参照）であるかどうかを確認するため，当該出頭した者を特定するために必要な「氏名及び住所」又は「氏名及び生年月日」（改正戸籍法施行規則53条，11条の3本文）を示す運転免許証その他の資料の提供又はこれらの事項についての説明を求めるものとされています（改正戸籍法27条の2第1項）。この確認手続によっても，届出事件の本人のうちで，窓口に出頭したことが確認できなかった者がある場合には，届出を受理した上で，遅滞なく，確認できなかった届出事件の本人に対し，届出を受理したことを通知しなければなりません（改正戸籍法27条の2第2項）。この通知は，戸籍の附票又は住民票に記載された現住所に，転送を要しない郵便物又は信書便物として書面によりしなければならないとされています（改正戸籍法施行規則53条の3）。

③　不受理申出制度

　何人も，その本籍地の市町村長に対し，あらかじめ，自己を届出事件の本人とする認知，縁組，離縁，婚姻又は離婚の届出（以下「縁組等の届出」という。）がされた場合であっても，自ら窓口に出頭して届け出たことが確認することができない限り，届出を受理しないよう申出をすること（不受理申出）ができることとされています（改正戸籍法27条の2第3項）。この不受理申出は，市町村の窓口に出頭して，自己を特定するために必要な事項を明らかにする方法によってしなければなりません（改正戸籍法施行規則53条の4）。そして，市町村長は，当該申出がされた届出があった場合には，窓口に出頭した者に対して，その者を特定するために必要な事項を確認するために資料の提供又は説明を求める方法により，当該申出をした者が窓口に出頭して届け出たことを確認し，その確認をすることができなかったときは，当該届出を受理することができないとされています（改正戸籍法27条の2第4項）。この場合においては，市町村長は，遅滞なく，当該不受理申出をした者に対して，その戸籍の附票又は住民票上の現住所に，転送不要の郵便物又は信書便物として送付する方法により（同規則53条の4），当該届出があったことを通知しなければならないとされています（改

正戸籍法27条の2第5項，同規則53条の5）（詳細は第11章「不受理申出制度」245頁以下を参照）。

④　戸籍訂正

　　戸籍の記載が真実に反するときは，戸籍訂正の手続を採ることが認められています（戸籍法24条，113条から117条）。

⑤　虚偽の届出に対する罰則

　　虚偽の届出をして戸籍に真実と異なる記載をさせた場合には，公正証書原本不実記載罪を構成するとされ，5年以下の懲役又は50万円以下の罰金に処せられます（刑法157条）。また，戸籍の記載又は記録を要しない事項について虚偽の届出をした者は，1年以下の懲役又は20万円以下の罰金に処するとされています。なお，外国人に関する事項について虚偽の届出をした者も，同様であるとされています（改正戸籍法132条）。

(2)　**戸籍記載の推定力**

　　戸籍の記載は，真実であるとの推定力を有すると解されていますが，その記載が真実に反する場合には，反証をあげて覆すことができるとされています。

(3)　**戸籍によって登録される身分関係**

　　戸籍よって登録される身分関係の主なものは，次のとおりです。

①　その人の氏名

②　男女の別

③　出生に関する事項（出生年月日，出生の場所）

④　親子関係（父母の氏名，父母との続柄等，養子であるときは，養親の氏名，養親との続柄）

⑤　夫婦関係（配偶者の氏名，婚姻の年月日，離婚の年月日）

⑥　死亡に関する事項（死亡の年月日，時分，死亡した場所）

⑦　親権者や後見人などに関する事項

⑧　法定推定相続人の廃除などのような相続に関する事項

3 公証（戸籍による証明）の仕組み

(1) 戸籍によって公証される事項

戸籍によって証明される主なものを挙げると，次のとおりです。

① 日本国籍を有するという国籍の証明
② 親子，夫婦，兄弟姉妹という関係
③ 相続，扶養，親権等の権利義務関係の有無
④ 法律行為能力（民法5条），婚姻能力（同法731条），縁組能力（同法792条，797条，817条の4，817条の5）等の有無

(2) 謄本・抄本，記載事項証明書及び記録事項証明書の様式及び記載事項

① 謄本　戸籍原本の内容をそのまま謄写したもの
② 抄本　戸籍原本の一部を抄写したものが抄本
③ 戸籍の記載事項証明書　記載事項証明書は，戸籍原本に記載されている事項のうち，請求のあった事項のみを証明するもの
④ 戸籍の記録事項証明書
　ⅰ　戸籍の全部事項証明書　戸籍に記録されている事項の全部
　ⅱ　戸籍の個人事項証明書　戸籍に記録されている者のうちの一部のものについて記録されている事項の全部
　ⅲ　戸籍の一部事項証明書　戸籍に記録されている事項中の証明を求められた事項
　ⅳ　除籍の全部事項証明書　除籍に記録されている事項の全部
　ⅴ　除籍の個人事項証明書　除籍に記録されている者のうちの一部のものについて記録されている事項の全部
　ⅵ　除籍の一部事項証明書　除籍に記録されている事項中の証明を求められた事項

（注）　①戸籍の記載事項証明書は，戸籍原本に記載されている事項のうち，請求のあった事項のみを証明するものであり，戸籍法施行規則附録第17号書式によって作成しなければならないとされています（同規則14条）。

　②戸籍の記録事項証明書は，磁気ディスクをもって調製された戸籍又は除籍に記録されている事項の全部又は一部を証明した書面であり（改正戸籍法120条1項），戸籍法施行規則付録第22号様式により種類ご

とに定められています（同施行規則73条）。

4 外国人の身分関係を公証する方法

　日本人と外国人又は外国人同士が日本国内で日本の方式によって婚姻・縁組等をする場合にも戸籍法の適用があります（法の適用に関する通則法24条2項，34条2項）から，市町村長に対して婚姻・養子縁組等の届出をし，これが受理されることによって，当該身分関係を成立させることができます。また，外国人が日本国内で出生し又は死亡した場合にも，戸籍法の適用がありますので，戸籍法に基づき，その届出が義務付けられています（戸籍法25条2項，49条1項・2項3号，戸籍法施行規則58条2号）。

① 外国人が日本国内で出生又は死亡した場合における出生の届出又は死亡の届出は，戸籍の記載を要しない届書類として，受理した市町村長において保存します（戸籍法施行規則50条1項）。したがって，当該外国人の利害関係人が，同外国人の出生，死亡等の事実の証明を得る必要がある場合には，当該届出を受理した市町村長に対して受理証明書又は届書の記載事項証明書を請求することになります。

② 外国人同士の婚姻・養子縁組等，戸籍の届出によって成立した身分関係を公証する方法は，当該届出の受理証明書（戸籍法48条1項）又は当該届書の記載事項証明書（同条2項）によることになります。

第2　戸籍事務に関連する法令

ポイント　戸籍事務に関連する法令

① 戸籍事務は，戸籍法及び戸籍法施行規則に基づいて処理します。
② そのほか，戸籍事務を適正に処理するためには，人の親族関係を規律する「民法」，日本国民たる要件を定める「国籍法」，国籍を異にする当事者間の身分行為の成立又はその解消について必要な実質的要件等の準拠法を定める「法の適用に関する通則法」，親族関係に関連して生じた事件の処理をするための「家事審判法」，「家事審

判規則」,「特別家事審判規則」,「人事訴訟法」等があります。
③　管轄法務局から通知されている戸籍事務取扱準則その他戸籍事務に関する通達・回答・指示等も戸籍事務を処理する上で重要です。

1　民　法

　戸籍事務を処理する上での根拠となる主要な法令を挙げますと，まず，実体法としての民法があります。民法の「第4編　親族」を見てみましょう。「第4編　親族」は，第1章の「総則」から第7章の「扶養」まで，全部で7章から構成されています。

　第1章「総則」は，夫婦・親子関係を中心とする親族の範囲，親族関係の発生・終了原因等を規定しています（民法725条～730条）。第2章「婚姻」は，婚姻の成立，婚姻の効力，夫婦財産制，協議上の離婚，裁判上の離婚などについて規定しています（同法731条～771条）。第3章「親子」は，親子の法律関係を実親子関係と養親子関係に分けて規定していますし（同法772条～817条の11），第4章「親権」は，親の未成年の子に対する監護教育権等の親権に関する法律関係を規定しています（同法818条～837条）。また，第5章「後見」は，未成年者や成年被後見人等の制限能力者に対する後見に関する法律関係について（同法838条～875条），第6章「保佐及び補助」は，被保佐人及び被補助人等の制限能力者に対する保佐及び補助に関する法律関係をそれぞれ規定しています（同法876条～876条の10）。最後が第7章「扶養」で，この章では，親族間の扶養義務関係を規定しています（同法877条～881条）。

　例えば，第2章第1節「婚姻の成立」と規定する部分をみますと，婚姻が法的に成立するための要件と，その要件違反の効果について定めています。すなわち，婚姻が成立するためには，731条から737条に定める要件を具備する男女間に，婚姻をするについて意思の合致があることを必要としています。その上で，739条1項は，婚姻は，戸籍法の定めるところにより，これを届け出ることによって，その効力を生ずると規定していますから，市町村長は，婚姻の届出があった場合には，婚姻適齢等の要件等民法上の要件を満たしているかどうかを審査し，その届出の受否を決定するこ

とになります。このように，民法は戸籍の事務処理の基準となるのです。

2 戸籍法

(1) 戸籍法の目的

　　戸籍事務とは，戸籍の届出の受理，戸籍の記載及び戸籍の公開を中心とする一連の事務とこれらに付随する事務を包括したものをいうと解されています。

　　これら戸籍事務の処理の基本を定めるのが戸籍法で，同法には，戸籍事務の執行機関，戸籍の編製，戸籍への記載事項及びその順序・方法，戸籍の謄抄本等の交付請求，届出の方法等について規定されています。また，これらの事項の細目は，戸籍法施行規則で定められています。

(2) 戸籍法の適用範囲

　　戸籍法が施行される地域は，日本国の領域であるとされています。日本国の領域には，日本国の領土のほか，領海及び日本船舶等が含まれると解されていますので，日本国の領海内にある外国の船舶内（国際慣習法上軍艦は含まれない。）や，公海又は外国の領海内にある日本の船舶内も，戸籍法が施行される地に当たることになります。

　　また，戸籍法には属地的効力及び属人的効力があると解されています。前者の属地的効力とは，日本の領域内で生じた身分関係事実については，その人の国籍を問わず，戸籍法が適用されるという効力をいいます。例えば，外国人が日本国内で出生し又は死亡した場合には，その届出が義務付けられていますし（戸籍法25条2項，49条1項・2項3号，戸籍法施行規則58条2号），また，外国人が日本国内でわが国の民法の定める方式によって婚姻，縁組，認知等をする場合にも，戸籍法の適用があります（婚姻挙行地法又は行為地法。法の適用に関する通則法24条2項，34条2項）。後者の属人的効力とは，日本国民の身分に関する事実については，その発生の場所に関係なく，戸籍法の適用があると解されていますので，日本国民は，外国においても戸籍法の適用を受けることになります。そのため，戸籍法は，外国に駐在するわが国の大使，公使，領事は，その国に在る日本人からの届出を受理し（戸籍法40条），その国の方式に従って

作成された証書の謄本を受理し（同法41条），又はその国に入港した船舶の船長から出生，死亡に関する航海日誌の謄本を受理し（同法55条，93条）た上，これらを本人の本籍地の市町村長に送付しなければならないとしています（同法42条，55条3項，93条）。

3　法の適用に関する通則法

　近年，国際的な交流が進み，渉外的要素をもった身分行為が増加しています。渉外的要素をもった身分行為とは，当事者の一部若しくは全部が外国人であるもの，又は当該身分行為の行われた場所，身分変動事実の発生した場所等が外国であるもの等をいい，このような，渉外的要素をもった身分行為に関する届出，審査，受理，戸籍の記載，届書の保存，公証等の戸籍事務を渉外戸籍事務と称しています。

　このような渉外戸籍事務の起点となる届出の具体例をみてみると，次のとおりです。

① 日本国内における
　ⅰ　日本人と外国人の身分行為（婚姻，離婚，認知，養子縁組，養子離縁等）に関する届出（創設的届出）又は裁判（裁判離婚，裁判認知等）に関する届出（報告的届出）
　ⅱ　外国人相互間の身分行為に関する届出（創設的届出）
　ⅲ　外国人の身分変動事実（出生，死亡）に関する届出（報告的届出）

② 日本国外における
　ⅰ　日本人相互間の身分行為に関する届出（創設的届出）
　ⅱ　日本人と外国人間の身分行為に関する届出（創設的届出）
　ⅲ　日本人の身分変動事実又は日本人を当事者とする外国方式の身分行為若しくは外国裁判所における裁判に関する届出（報告的届出）

　渉外的要素をもった戸籍に関する届出については，市町村長は，その届出に係る婚姻，離婚等の法律関係の性質に応じて，関連する各国の私法のうち，いずれの国の法律を適用すべきかを定める法律（これを国際私法といいます。）によって指定された法律（これを準拠法といいます。）に基づいて，その届出の要件を具備しているかを審査しなければなりません。わが

国では，法の適用に関する通則法（以下「通則法」という。）が国際私法に当たります。

　通則法は，婚姻，離婚等の身分行為ごとに，適用すべき法律（準拠法）を指定しています。その指定の方法は，国籍，常居所，行為地その他法律関係の要素をなすものの一つを媒介として，当該法律関係と最も密接に関連する法律を選択するというものです。いくつかの具体例を挙げてみましょう。

① 日本人と外国人が婚姻する場合

　　まず，日本人男が外国人女と婚姻する場合を考えてみますと，通則法24条1項は，婚姻成立の要件は，各当事者の本国法によるとしています。本国法とは，当事者の国籍国の法律を指します。したがって，日本人男については，日本民法の定めるところによって，婚姻の成立要件，すなわち，婚姻適齢に達していること（民法731条），重婚でないこと（同法732条），再婚禁止期間を経過していること（同法733条），近親者間の婚姻でないこと（同法734条から736条），未成年者の婚姻についての父母の同意を要すること（同法737条）といった実質的要件を備えていることが求められます。外国人女については，その者の本国の身分法が定める実質的要件を備えていることが必要です。

　　婚姻の形式的要件（方式）については，通則法は，婚姻挙行地の法律によるとしつつ（通則法24条2項），当事者の一方の本国法による方式も有効としていますから（同条3項），婚姻挙行地の法律によるのが原則ですが，当事者の一方の本国法が定める方式によることもできます。ただし，婚姻当事者が日本で婚姻する場合に，当事者の一方が日本人であるときは，日本法の方式によらなければならないとしています（同項ただし書）。日本法の方式とは，民法739条1項が，婚姻は，戸籍法の定めるところによりこれを届け出ることによって，その効力を生ずると規定していますので，当事者が婚姻届書を戸籍事務管掌者に届け出ることを意味します。

② 日本人と外国人が離婚する場合

　　日本に居住する日本人と外国人の夫婦が離婚する場合を考えてみま

すと，離婚の実質的成立要件の準拠法については，通則法27条が，25条の規定は離婚に準用すると規定していますから，次のようになります。まず，(i)夫婦の本国法が同一であるときは，その共通の本国法が準拠法となります。次に，(ii)夫婦の共通の本国法がない場合に，夫婦の常居所地法（当事者が常居所を有する地において施行されている法律）が同一であるときは，その共通の常居所地法が準拠法となり，(iii)夫婦の共通の本国法も共通の常居所地法もないときは，夫婦に最も密接な関係のある地（密接関連地）の法律が準拠法となります。ただし，通則法27条は，そのただし書で，夫婦の一方が日本に常居所を有する日本人であるときは離婚は日本の法律によると規定していますから，夫婦の一方である日本人が日本に常居所を有しているときは，日本の法律が準拠法となります。

形式的成立要件（方式）については，通則法34条に基づき当該法律行為の実質的成立要件の準拠法又は行為地法のいずれかの要件を満たせば足りることとされていますので，上に説明したとおり，(i)夫婦の共通本国法，(ii)夫婦の共通常居所地法，(iii)夫婦の密接関連法によるほか，夫婦の一方が日本に常居所を有する日本人であるときは，日本の法律によることとされています。したがって，日本に居住している日本人と外国人夫婦の離婚については日本法の方式によることになります。

③　日本人と外国人との間に出生した子の親子関係

日本人と外国人の夫婦の間に出生した子が嫡出子か否かを決定する準拠法はどこの国の法律によるのかを考えてみることにします。通則法28条1項は，子の出生当時の夫婦の一方の本国法により子が嫡出子であるときは，その子は嫡出子とする旨規定しています。そこで，父母の一方が日本人であるときは，まず日本民法を適用した場合に嫡出子であるか否かを判断し，これが否定された場合に，外国人親の本国法を適用して同様の判断をし，これによって子が嫡出子と認められるときは，わが国においても嫡出子として取り扱うことになります。

非嫡出子親子関係の成立の準拠法については，通則法29条1項によ

り，父子関係については子の出生当時の父の本国法により，母子関係については子の出生当時の母の本国法によるとされています。なお，認知の実質的成立要件については，通則法29条1項前段及び2項後段の規定により，子の出生当時若しくは認知当時の認知する者の本国法又は認知当時の子の本国法によるものとされていますので，日本人男が外国人女の婚姻外の子を認知する場合には，父の本国法である日本民法を適用すればよいことになりますし，外国人男が日本人女の婚姻外の子を認知する場合にも，子の本国法である日本民法を適用して認知を成立させることができます。

　以上，いくつかの事例における準拠法がどうなるかについて考えてみました。これらは，結果として，日本の法律を適用することが可能な場合に関するものでしたが，事案によっては，外国の身分関係法令を適用して要件等を判断しなければ処理できないというものもありましょう。

(注)　国際私法は，法律関係の性質に応じて，これに適用すべき法律（準拠法）を指定していますが，この場合，準拠法は，その法律関係中の何らかの要素を媒介として指定します。通則法上，このような要素として用いられているのが，国籍，住所，常居所，所在地，行為地，事実発生地，当事者の意思などです。これらの要素によって定まる準拠法の種別を整理すると，次のとおりです。
①　本国法　当事者の国籍国の法律を指します。
②　住所地法　当事者が住所を有する地において施行されている法律をいいます。
③　常居所地法　当事者が常居所を有する地において施行されている法律をいいます。常居所とは，人が常時居住する場所で，単なる居所と異なり，相当長期間にわたって居住する場所をいうと解されています。
④　密接関連法　ある法律関係について上記のような準拠法を指定する要素が存在しない場合における当該法律関係にとって最も密接な関係のある地の法律をいいます。例えば，日本人と外国人の夫婦が離婚をする場合に，日本人配偶者が日本に住所を有しておらず，夫婦共通の常居所地法もないときは，離婚の準拠法は，夫婦の密接関連地法となります。

4 国籍法

　国籍法は，日本国民である資格を定めることを目的として，国籍の取得の要件，喪失の要件，その手続等を規定しています。

(1) **国籍の取得**

① 出生による国籍の取得

　出生の時に父又は母のいずれかが日本国籍を有していれば，出生子は日本国籍を取得することになります（国籍法2条1号）。これを父母両系血統主義といいます。

　上記の場合の父子関係は，「法律上の父子関係」でなければならないとされており，その存否は，前述した通則法の定めによって決まります。その子が嫡出子であれば，出生の時に父の子との推定を受けますので，その子は父の国籍を取得します。これに対して嫡出でない子については，子の出生後に，父が認知してもその子は出生時にさかのぼって父の国籍を取得することはできません。その子が出生と同時に父の国籍を取得するためには，あらかじめ胎児認知をしておく必要があります。なお，子の出生前に父が死亡した場合，父が死亡の時に日本国民であったときは，その子は日本国籍を取得するとされています（同条2号）。

　また，国籍法は，出生による国籍の取得について，補充的に生地主義に基づく国籍の取得を認めています（同条3号）。その要件として，(i)日本で出生した子であること，(ii)父母がともに知れないか又は無国籍である場合には，子は出生により日本国籍を取得するとされています。

② 届出による国籍の取得

　この，届出による国籍の取得とは，一定の要件を有する者が法務大臣に対する意思表示（届出）によって当然に日本国籍を取得する場合です。届出による国籍取得が認められるのは，次の場合です。

ⅰ 準正による国籍取得

　準正による国籍取得の要件は，①父母の婚姻及びその認知により嫡出子たる身分を取得したこと，②子が20歳未満であること，③認

知をした父又は母が子の出生時に日本国民であったこと，④認知をした父又は母が現に日本国民であること，又はその死亡のときに日本国民であったこと，⑤日本国民であったことがないこと，等です（国籍法3条）。

　このように，国籍法3条の規定する届出による国籍取得の制度は，法律上の婚姻関係にない日本国民である父と日本国民でない母との間に出生した子について，父母の婚姻及びその認知により嫡出子たる身分を取得することのほか同条1項の定める一定の要件を満たした場合には，日本の国籍を取得することができるものとしています。ところが，この日本国民である父が日本国民でない母との間の子を出生後に認知しただけでは日本国籍の取得を認めず，準正のあった場合に限り日本国籍を取得させるとしていることについて，最高裁判所は，国籍法3条1項の規定は，日本国籍の取得につき合理性を欠いた過剰な要件を課すものとなっているとして，憲法14条1項に違反すると判示しました（最大判平成20・6・4判時2002号3頁）。そして，同判決では，日本国民である父と日本国民でない母との間に出生し，父から出生後に認知された子は，父母の婚姻により嫡出子たる身分を取得したという部分を除いた国籍法3条1項所定の国籍取得の要件が満たされるときは，日本国籍を取得することが認められるべきであると判示しています（前掲判決）。

ⅱ　国籍不留保者の国籍取得

　出生により外国の国籍を取得した日本国民（日本国籍と外国国籍との重国籍者）で日本国外で生まれたものは，一定の期間内に日本国籍留保の届出をしなければ，出生時にさかのぼって日本国籍を喪失するものとされています（国籍法12条）。国籍法は，この日本国籍留保の届出をしなかったため日本国籍を喪失した者に対して，法務大臣に対する意思表示（届出）によって日本国籍を再取得することができるとしています（同法17条1項）。国籍不留保者の国籍取得の要件は，①国籍不留保により日本国籍を喪失したこと，②20歳未満であること，③日本に住所を有すること，等です（同条）。

iii　催告による国籍喪失者の国籍取得

　現行の国籍法における父母両系血統主義は昭和59年の同法改正により採用されたものですが，これに伴ってわが国の国籍と外国の国籍をともに有する重国籍者が増加することが予想されました。そこで，これらの者についての重国籍を解消するため，国籍法は，重国籍者は一定の期限までに重国籍となっている国籍のうち，いずれかの国籍を選択しなければならないものとする国籍の選択制度を設けています（国籍法14条）。そして，法務大臣は，期限までに国籍選択をしない重国籍者に対し，書面により，また，重国籍者の所在を知ることができないなどやむを得ない場合は官報により，国籍の選択を催告することができることとされ（同法15条1項・2項），この催告を受けた者が，一定期間内に日本国籍を選択しないと期間経過時に日本国籍を喪失することとされています（同条3項）。その上で，国籍法は，これらの者について，届出によって日本国籍の再取得ができるとしています（同法17条2項）。その要件は，①国籍法15条2項の催告を受けて3項により日本国籍を失ったものであること，②国籍法5条1項5号の要件を備えていること，③日本国籍を失ったことを知った時から1年以内に届け出ること，等です。

iv　昭和59年改正の経過措置（昭和59年法律第45号国籍法附則5条，6条）による国籍取得

　昭和59年改正前の国籍法においては，出生による国籍取得について，父系血統主義が採用されていたことから，外国人父と日本人母との間に出生した子は日本国籍を取得することができませんでしたが，同年の同法改正により父母両系血統主義が採用されたため，外国人父と日本人母の間に出生した子は，出生により当然に日本国籍を取得することとされました。そこで，国籍法改正前に出生したこのような父母の間の子についても，一定の条件を満たすものは，経過措置として，改正国籍法施行後3年内に限り，法務大臣への意思表示（届出）のみによって日本国籍を取得することが認められたのです。

なお，この場合の日本国籍取得の効果については，遡及効はなく，届出の時から将来に向かって効力を生ずると解されています。
　③　帰化による国籍取得
　　国籍法4条は，日本国民でない者は，帰化によって，日本の国籍を取得することができると規定し（同条1項），帰化をするには，法務大臣の許可を得なければならないとしています（同条2項）。帰化の条件については，同法5条において一般外国人についてのそれを規定し，6条から8条においてわが国と特別の血縁又は地縁関係を有する外国人について，5条に規定する帰化の条件の一部を免除あるいは緩和しています。
(2)　国籍の喪失
　　国籍法は，わが国の国籍を有する者がその国籍を喪失する場合を定めています。条文の順序に従って挙げますと，①日本国民が外国への帰化等自己の志望によって外国国籍を取得した場合（国籍法11条1項），②外国の国籍を有する日本国民が重国籍者に国籍の選択を認める外国の法令に基づきその外国の国籍を選択した場合（同条2項），③出生により外国の国籍を取得した日本国民で国外で生まれた者が，日本国籍を留保する旨の意思表示をしなかった場合（同法12条），④法務大臣に対して国籍離脱の届出をした場合（同法13条），⑤わが国の国籍選択制度における国籍選択の催告期間を徒過した場合（同法15条3項），⑥日本国籍の選択の宣言をした者が外国の公務員の職に就任したことにより法務大臣から日本国籍の喪失の宣告を受けた場合（同法16条2項・5項）です。

5　人事訴訟法

　人事訴訟法は，平成15年7月16日法律第109号として公布され，平成16年4月1日から施行されています。人事訴訟法は，法形式の面では，それまでの人事訴訟手続法を廃止して，新法を制定する形を保っていますが，その実質は，同法を全面的に改正したものです。その最大の改正点は，人事訴訟事件の管轄が地方裁判所から家庭裁判所へ移管されたことです。なお，人事訴訟法の制定に伴って，この法律の実施のため人事訴訟規則が制

定され，これも同日から施行されています。
(1) 人事訴訟法の適用される訴訟
　　人事訴訟法は，次のような訴訟に適用されます（人事訴訟法2条）。
　① 婚姻の無効及び取消しの訴え，離婚の訴え，協議上の離婚の無効及び取消しの訴え並びに婚姻関係の存否の確認の訴え
　② 嫡出否認の訴え，認知の訴え，認知の無効及び取消しの訴え，民法773条の規定により父を定めることを目的とする訴え並びに実親子関係の存否の確認の訴え
　③ 養子縁組の無効及び取消しの訴え，離縁の訴え，協議上の離縁の無効及び取消しの訴え並びに養親子関係の存否の確認の訴え
(2) 人事訴訟事件における判決の効力
　　人事訴訟法24条1項は，人事訴訟事件について言い渡された判決効力は第三者にも及ぶと規定しています。すなわち，人事訴訟の確定判決は，請求認容の場合と請求棄却の場合とを問わず，一般第三者に対し対世的効力を生ずるものと解されています。ただし，重婚禁止の違反を理由とする婚姻取消訴訟の請求棄却判決に限っては，当事者の前婚の配偶者には原則として効力が及ばず，この者が訴訟に参加したときに限り効力が及ぶとされています（人事訴訟法24条2項）。その理由は，当事者の前婚配偶者に対してもこの判決の既判力が当然に及ぶものとしますと，前婚配偶者は後婚が重婚であることを理由としてその取消しを請求し得る固有の法的地位を有しているのに，その請求の機会を保障されないままその地位を失うことになって，不当だからです（野田愛子・安倍嘉人「改訂人事訴訟法概説」日本加除出版343頁）。
(3) 戸籍事務管掌者に対する通知
　　人事訴訟法の施行に伴い，人事訴訟事件についても，家事事件と同様に戸籍の届出又は訂正を必要とする事項について判決が確定した場合，離婚又は離縁の訴えに係る訴訟における和解（これにより離婚又は離縁がされるものに限る。）又は請求の認諾が調書に記載された場合には，裁判所書記官は，遅滞なく，事件本人の本籍地の戸籍事務管掌者に対し，その旨の通知をしなければならないとされました（人事訴訟規則17条，31条，

35条)。これにより，市町村長は，戸籍の届出又は訂正申請を懈怠している届出義務者等に対して届出等の催告をし，催告をしても届出等がないときは，管轄法務局又は地方法務局の長の許可を得て，職権で戸籍の記載をすることになります（戸籍法44条，24条2項，117条)。

　ここで注意を要するのは，離婚又は離縁の訴えに係る訴訟においても訴訟上の和解並びに請求の放棄及び認諾が認められるに至ったという点です。かつての人事訴訟手続法の下では，人事訴訟に係る訴訟上の和解並びに請求の放棄及び認諾は認められておらず，人事訴訟法においても，原則としてこの立場が維持されているのですが（同法19条2項)，離婚又は離縁の訴えに係る訴訟においては，特例として，訴訟当事者による上記のような処分が認められることになったのです（同法37条，44条。ただし，離婚の訴えに係る請求の認諾については，親権者の指定が不要であって，かつ，財産分与，養育費等の附帯処分の申立てがない場合に限られます（同法37条1項ただし書)。)。これにより，離婚又は離縁の訴えに係る訴訟において裁判上の和解が成立し，又は請求の放棄若しくは認諾がされて，その旨が調書が記載されると，確定判決と同一の効力を有し，和解又は認諾の場合には，直ちに離婚又は離縁が成立することになりました。その結果，裁判上の離婚（離縁）には，①人事訴訟法による判決離婚（離縁）及び訴訟上の和解又は請求の認諾に基づく離婚（離縁)，それに，②従前からの家事審判法による審判離婚（離縁）及び調停離婚（離縁）があることになり，これらに基づく報告的届出によって，戸籍に離婚（離縁）事項が記載されるのです（平成16・4・1民一第769号通達)。なお，裁判上の離婚又は離縁の届出には裁判の謄本を添付しなければならないとされていますが（戸籍法77条1項，73条1項，63条1項)，上記の場合の謄本は，戸籍の記載に関係のない事項を省略した，いわゆる省略謄本（調停調書，審判書，和解調書，認諾調書又は判決書の省略謄本）で差し支えないとされています（前掲通達)。

6　家事審判法・家事審判規則・特別家事審判規則

　家事審判法は，昭和23年1月1日から施行されています。家事審判制度

は，この家事審判法の制定により設けられたものですが，この制度は，家庭の紛争，その他法律で定める家庭に関する事件を，家庭裁判所が訴訟手続によってではなく，審判及び調停という手続によって解決するという仕組みです（上に述べた審判離婚（離縁）及び調停離婚（離縁）はその一つです。）。

(1) **家事審判**

家事審判の対象となる事項（家事審判事項）は，民法その他の法律で定められており，家事審判法により甲類と乙類に分類されています（同法9条1項）。このうち乙類事項は，家事調停の対象ともなり得るものとされています（家事審判法17条）。

① 戸籍事務管掌者への通知

家事審判には，親族法上の身分関係の形成変動を目的とするものが多々ありますから，審判の結果は，戸籍に対し少なからぬ影響を及ぼします。そこで，裁判所書記官は，一定の事項について審判の効力が発生したときは，戸籍事務管掌者に対しその旨を通知することとされています。市町村長は，この通知によって，審判の結果を戸籍に反映させ，その記載の正確を期するため，届出を怠っている届出義務者に対して届出の催告をすることとされています。家事審判規則及び特別家事審判規則により戸籍事務管掌者へ通知をしなければならないものとしては，次のようなものがあります。

(i) 失踪宣告（家事審判規則44条）
(ii) 特別養子縁組の成立（同64条の9）
(iii) 親権者の指定（同71条）
(iv) 未成年者後見人の選任（同85条）
(v) 推定相続人の廃除又は取消し（同101条）
(vi) 就籍の許可（特別家事審判規則9条）
(vii) 戸籍訂正の許可（同12条）

② 戸籍事務管掌者への戸籍記載の嘱託

また，家事審判法9条1項甲類に掲げる事項についての審判（戸籍の記載を要するものとして最高裁判所の定めるものに限る。）が効力を生じた場合又は家事審判法15条の3に規定する審判前の保全処分が効力

を生じ，若しくは効力を失った場合には，裁判所書記官は，最高裁判所の定めるところにより，遅滞なく，戸籍事務を管掌する者に対し，戸籍の記載を嘱託しなければならないとされています（家事審判法15条の2）。市町村長は，この嘱託に基づき，その旨を戸籍に記載することになります（戸籍法15条）。なお，性同一性障害者の性別の取扱いの特例に関する法律（平成15年法律第111号）が平成16年7月16日に施行されたのに伴い，特別家事審判規則が改正され，家事審判法15条の2の最高裁判所の定める同法9条1項甲類に掲げる事項についての審判で戸籍の記載の嘱託を要するものは，特例法3条1項の規定による性別の取扱いの変更の審判とすることとされましたので（特別家事審判規則17条の4），性別の取扱いの変更の審判があった場合には，裁判所書記官から当該審判を受けた者の本籍地の市町村長に対し，戸籍の記載の嘱託がされることになります。

　なお，審判の効力としては，一般的には，形式的確定力，実質的確定力（既判力），形成力，執行力があると解されています（裁判所書記官研修所監修「家事審判法実務講義案4訂版」116頁）。

(2) **家事調停**

　家事調停の対象となる事項（家事調停事項）は，人事に関する訴訟事件その他一般に家庭に関するすべての事件で，家事審判法9条1項甲類に属する審判事件を除いたものであるとされています（家事審判法17条）。調停は，当事者間における紛争解決の合意を目指す手続で，この手続において合意が成立し，その旨が調書に記載されると，その記載は確定判決と同一の効力（家事審判法9条1項乙類に掲げる事項については確定審判と同一の効力）を有するものとされています（同法21条1項）。そして，調停手続において，離婚，離縁その他戸籍の届出又は訂正を必要とする事項について，調停が成立し，又は合意に相当する審判（家事審判法23条）（**注1**）若しくは調停に代わる審判（同法24条）（**注2**）が確定したときも，裁判所書記官は，遅滞なく事件本人の本籍地の戸籍事務管掌者にその旨を通知しなければならないとされています（家事審判規則142条の3）。

（注１）　家事審判法23条の審判とは，婚姻又は養子縁組の無効又は取消し等に関する事件について，当事者間に合意が成立し，その原因の有無について争いがない場合に，これによって当然に調停を成立させるのではなく，家庭裁判所が必要な事項を調査した上，当該調停委員会を組織する家事調停委員の意見を聞いて，当事者の合意を正当と認めるときにする，当該合意に相当する内容の審判です。

（注２）　家庭裁判所は，乙類に規定する審判事件以外の調停事件について，調停委員会の調停が成立しない場合に，相当と認めるときは，当該調停委員会を組織する家事調停委員の意見を聞き，当事者双方のため衡平に考慮し，一切の事情を見て，職権で，当事者双方の申立ての趣旨に反しない限度で，事件解決のため，離婚，離縁その他必要な審判をすることができるとされています（家事審判法24条）。この審判を一般に「調停に代わる審判」と呼んでいます。なお，この審判においては，金銭の支払いその他財産上の給付を命ずることができるとされています。

第2章　戸籍制度の仕組み

> **ポイント**　戸籍制度の目的と仕組み

　戸籍制度は，人の出生から死亡に至るまでの身分関係を戸籍という公簿に登録して，これを公に証明することを目的としていますが，この制度を具体的に実施していくには，戸籍事務を執行する機関をはじめ，戸籍の様式，編製基準，戸籍への記載順序・記載の方法，届出の方法等が定められ，全国統一的に処理される仕組みとなっていることが必要です。

① 　戸籍事務の執行機関

　戸籍事務は国の事務ですが，地方自治法2条9項1号に規定する第1号法定受託事務として（戸籍法1条2項），市町村長が管掌しています（戸籍法1条1項）。

② 　戸籍事務に関する国の関与

　法務大臣は市町村長が戸籍事務を処理するに当たりよるべき基準（処理基準）を定めることができるとされ（戸籍法3条1項），法務局・地方法務局の長は，市町村長に対して，求報告，助言，勧告，指示をすることができるとされています（同条2項）。

　また，戸籍事務は家庭裁判所の関与を受けることもあります。戸籍法113条，114条の戸籍訂正許可，改正戸籍法121条の市町村長の処分への不服申立てについての審判等，がその例です。

③ 　戸籍の様式・編製・記載・届出の方法等

　戸籍事務は戸籍法に基づいて処理されます。

　また，戸籍法は，戸籍事務の処理に関して必要な事項を命令で定めることを委任しており，これに基づいて戸籍法施行規則が定められています。

　戸籍に関する事務は，性質上は国の事務であり，地方自治法の法定受託事務として，全国一律の扱いが要請されるものですから，戸

籍の様式・編製・記載・届出の方法等は，戸籍法及び戸籍法施行規則において定められています。
④ 不服申立て
　戸籍事件について，市町村長の処分を不当とする者は，家庭裁判所に不服の申立てをすることができ（改正戸籍法121条），また，戸籍謄本等の交付請求及び戸籍法48条2項による届書等の閲覧・記載事項証明書の請求に関する市町村長の処分に不服がある者は，法務局・地方法務局の長に審査請求をすることができます（改正戸籍法124条）（戸籍謄本等の交付請求に対する市町村長の処分についての不服申立手続の詳細は，第8章「戸籍の公開」176頁以下を参照）。

1　戸籍事務の管掌者

　戸籍事務は，従前は，市町村長が国の機関として処理する機関委任事務とされていましたが，平成12年4月1日に施行された「地方分権の推進を図るための関係法律の整備等に関する法律」（平成11年法律第87号）により改正された地方自治法により，機関委任事務が廃止され，地方公共団体が処理する事務が，自治事務と法定受託事務に区分されたことにより，戸籍事務は法定受託事務とされ（地方自治法2条9項1号，戸籍法1条2項），市町村が戸籍事務を処理することとされました。その結果，戸籍法1条1項は，「戸籍に関する事務は，市町村長がこれを管掌する。」と規定しています。管掌するとは，市町村長が自らの名で戸籍に関する事務を処理することをいいます。

　なお，東京都の特別区及び地方自治法252条の19第1項の規定により指定される市（指定都市）においては，戸籍事務は，それぞれ区長が管掌し（戸籍法4条），都知事又はこれらの市の市長には戸籍事務を処理する権限はないとされています（（財）民事法務協会編「新版実務戸籍法」27頁）。

　市町村長に何らかの事故があるため職務を行うことができないとき又は市町村長が欠けた場合には，その職務を代理する者が戸籍事務を取り扱うこととされています（地方自治法152条）。その場合に，誰が職務代理者になるかについては地方自治法で定められています。それによりますと，第

1順位は，副市町村長です（同法152条1項）。副市町村長にも事故があるとき若しくは副市町村長も欠けたとき又は副市町村長を置かない市町村においては，次順位として，当該市町村長が指定する職員がその職務を代理するとされています（同条2項）。第2順位に指定された職員がないときは，第3順位として，当該市町村の規則で定めた上席の職員が代理することになります（同条3項）。職務代理者は，市町村長と同様に，自らの名で戸籍事務を取り扱うこととされています。戸籍法施行規則32条2項は，「市町村長の職務を代理する者が，戸籍の記載をするときは，その文の末尾に代理資格を記載して，認印をおさなければならない。」と規定しています。

2　戸籍事務に関する国の関与

(1)　直接的関与

　法務大臣は，市町村長が戸籍事務を処理するに当たりよるべき基準を定めることができることとされ（戸籍法3条1項），法務局又は地方法務局の長は，戸籍事務の処理に関し必要があるときは，市町村長に対し，報告を求め，又は助言若しくは勧告をすることができ，この場合において，戸籍事務の適正を確保するため特に必要があると認めるときは，指示をすることもできるとされています（同条2項）。また，法務大臣は，法務局又は地方法務局の所掌事務を支局に分掌させることができるとされていますので（法務省設置法18条，19条），支局管内の市町村については，当該市町村を管轄する支局長が，法務局，地方法務局の長と同様，戸籍事務に関する関与を行うことができることになります。

　このような国の機関による関与の具体的内容については，平成12年3月15日付け民二第600号民事局長通達で示されています。同通達によれば次のとおりです。

①　処理基準の定め

　処理基準とは，市町村長が戸籍事務を処理するに当たりよるべき基準のことです。この処理基準は，法務大臣，法務局又は地方法務局の長が定めることができ，法務省令，通達，通知等の形式で示されます。

② 求報告

　求報告とは，法務局・地方法務局の長が市町村長に対し戸籍事務に関し事実関係の報告，意見を求めることです。具体的には，事変を避けるため戸・除籍簿を市役所又は町村役場の外に持ち出したときの報告（戸籍法施行規則7条2項），戸籍簿又は除籍簿が滅失したときの報告及び申出による戸籍簿の再製があったときの報告（同規則9条，10条），市町村の区域変更による戸籍その他の書類の引継が完了した旨の報告（同規則80条）等を求めることなどがこれに該当します。

③ 助　言

　助言とは，法務局・地方法務局の長が市町村長に対して戸籍事務の処理について必要な事項を進言することをいいます。この助言は，法務局・地方法務局の職員が市町村に赴き，事務処理の体制，届出の受理・戸籍記載の適否，戸籍簿等の整備・保管状況を現地で把握しながら実施する現地指導や市町村の戸籍事務従事職員を対象に実施されている各種研修等を通じて行われます。

④ 勧　告

　勧告とは，法務局・地方法務局の長が市町村長に対し戸籍事務の処理に当たって必要な事項を申し出て，その申出に沿う処置を勧める行為，又はそれを促進する行為をいいます。例えば，届出事件を処理する職員を複数配置し，相互チェック体制の強化を勧めることなどがこれに該当します。

⑤ 指　示

　指示とは，法務局・地方法務局の長が市町村長に対し戸籍事務に関する具体的な方針，基準，手続，規則，計画等を示し，これを実施させることをいいます。これに該当するものとしては，戸籍法24条2項の戸籍訂正許可の指示，戸籍法施行規則82条の戸籍事務の取扱いに関する疑義の照会に対する回答，標準準則23条で規定する受理照会に対する指示等があります。

(2) 間接的関与

　戸籍事務は，間接的ながら，家庭裁判所の関与も受けます。具体的に

は，戸籍法113条，114条の戸籍訂正許可であるとか，改正戸籍法121条の市町村長の処分への不服申立てについての審判があります。

3 市町村長の処分に対する不服申立て

(1) 改正前戸籍法による不服申立て

　改正前戸籍法118条は，戸籍事件について，市町村長の処分を不当とする者は，家庭裁判所に不服の申立てをすることができると規定していました。このため，戸籍事件については，行政不服審査法による不服申立てをすることができないとされていました（改正前戸籍法119条の2）。そして，この家庭裁判所に対する不服申立ての対象となるのは，市町村長のした，届出・申請の不受理，謄抄本の交付請求の拒絶等が該当するものと解されていました。

(2) 改正戸籍法による不服申立て

　改正戸籍法においても，改正前戸籍法と同様に，戸籍事件について，市町村長の処分を不当とする者は，家庭裁判所に不服の申立てをすることができるとされ（改正戸籍法121条），戸籍事件に関する市町村長の処分については，行政不服審査法による不服申立てをすることができないとされています（同123条）。ただし，改正戸籍法では，戸籍謄本等の交付請求及び48条2項による届書等の閲覧・記載事項証明書の請求に関する市町村長の処分に不服がある者は，行政不服審査法により，市役所又は町村役場の所在地を管轄する法務局又は地方法務局の長に審査請求をすることができるとされ（同124条），当該処分の取消しの訴えは，法務局又は地方法務局の長に対する審査請求を経なければ提起することができないとされています（同125条）。このため，改正戸籍法では，戸籍謄本等の請求に係る戸籍事件を家庭裁判所に不服の申立てをすべき戸籍事件から除外しています（同121条）。

(3) 戸籍事務に関する不服申立手続

　市町村長の処分に対する不服の申立ては，家事審判法の適用に関しては，同法9条1項甲類に掲げる事項とみなすとされ（改正戸籍法122条），当該市役所又は町村役場の所在地の家庭裁判所の管轄とされています

(特別家事審判規則13条)。

　家庭裁判所は，申立てを理由がないと認めるときは，これを却下し，申立てを理由があると認めるときは，当該市町村長に対して相当な処分を命じなければならないとされています（特別家事審判規則15条）。この審判は，市町村長に告知されますので（同規則16条），審判が受理を命じるものであれば，その確定後，直ちに受理の手続をとって戸籍の記載をしなければなりません。

　なお，この処分を命じる審判又は申立てを却下する審判に対しては，高等裁判所に即時抗告をすることが許されています（同規則17条）。

第3章　戸籍の編製

ポイント　戸籍の編製

① 戸籍の編製基準
　戸籍は，市町村の区域内に本籍を定める一の夫婦及びこれと氏を同じくする子を単位として編製します（戸籍法6条）。ただし，日本人でない者と婚姻した者又は配偶者のない者について新たに戸籍を編製するときは，その者及びこれと氏を同じくする子ごとに編製することとされています（同条ただし書）。

② 編製単位の原則
　①の戸籍の編製基準は，具体的には次の諸原則から成り立っていることになります。
　i　夫婦及び同氏の子同一戸籍の原則（戸籍法6条）
　ii　三代戸籍禁止の原則（同法17条）
　iii　一夫婦一戸籍の原則（同法20条）

③ 戸籍編製基準としての本籍と氏
　i　本籍
　　本籍は，戸籍の所在場所であり，市町村長は，その市町村の区域内に本籍を定める者について戸籍を編製します（戸籍法6条）。
　ii　氏
　　氏は，個人を特定するための呼称であるとともに，個人をいずれの戸籍に記載するかを決定するための基準となります。
　　氏は，民法の規定する夫婦同氏（民法750条），親子同氏（同法790条），養子の氏（同法810条），子の氏の変更（同法791条），婚姻又は縁組の解消等の場合の復氏（同法751条，767条1項，816条1項）により決定され，原則として自由な選択は許されていません。

第1　戸籍の編製基準

1　戸籍の編製単位の原則

(1) 夫婦及び同氏の子同一戸籍の原則

　戸籍法は，戸籍は，一組の夫婦及びこれと氏を同じくする子を単位として編製するのが原則であるとしています（戸籍法6条本文）。ただし，日本人でない者と婚姻した者又は配偶者のない者について新たに戸籍を編製するときは，その者及びこれと氏を同じくする子ごとに編製すべきものとしています（同条ただし書）。

　夫婦の氏について，民法は，同氏制を採り，夫婦は必ず同一の氏を称しなければならないとしています（民法750条）。これを受けて戸籍法は，婚姻しようとする者は，協議によって夫婦が称する氏を届書に記載して届け出なければならないとしています（戸籍法74条1号）。この婚姻届によって夫婦について新戸籍が編製されますが，氏を改めない者が既に戸籍の筆頭者であるときは，氏を改めた者がその戸籍に入籍することになり，新戸籍は編製されない取扱いです（同法16条1項）。

　夫婦の間の嫡出子は，父母の氏を称し（民法790条1項），父母の戸籍に入ります（戸籍法18条1項）。父母の離婚後に出生した嫡出子は，離婚当時の父母の氏を称し（民法790条1項ただし書），離婚によって復氏しなかった父又は母の戸籍に入ります（戸籍法18条2項）。嫡出でない子は，母の氏を称し（民法790条2項），母の戸籍に入るとされています（戸籍法18条2項）。養子は，養親の氏を称し（民法810条），養親の戸籍に入るのが原則ですが（戸籍法18条3項），養子に配偶者があるときは，養親の戸籍に入らないで，別にその夫婦について新戸籍を編製することとしています（戸籍法20条）。

(2) 三代戸籍禁止の原則

　戸籍法は，戸籍の編製基準を一組の夫婦とこれと同氏の子により編製するのを原則としています。この原則に従って，上記のように，夫婦間の嫡出子は父母の戸籍に入り（戸籍法18条1項），嫡出でない子は母の戸籍に入り（同条2項），また，養子は養親の戸籍に入る（同条3項）こと

になるのですが，それでは，夫婦間の子（又は養子）が，さらにこれと同氏の子を有するに至った場合はどうなるのでしょうか。戸籍法は，この場合は，親と子と孫とが一つの戸籍に記載されることを認めず（これを「三代戸籍の禁止」といいます。），子について別に新戸籍を編製し，その戸籍に孫を入籍させることとしています（同法17条）。

(3) 一夫婦一戸籍の原則

　戸籍は，一組の夫婦を単位として編製され，二組以上の夫婦を同一戸籍に記載することは許されないものとされています（戸籍法20条）。その例が30頁(1)の末尾に述べたような養親の戸籍に入るべき養子に配偶者がある場合です。戸籍法は，この場合に，養子夫婦というもう一組の夫婦を養親夫婦と同じ戸籍に記載することを許さず，別に新戸籍を編製するものとしているのです。

2　新戸籍の編製・入籍の原因

(1) 新戸籍を編製する場合

　新戸籍を編製する場合は，次のとおりです。その詳細については，それぞれの箇所で説明します。

① 婚姻の届出の際に，戸籍の筆頭者でない夫又は妻の氏を称する旨の届出があったとき（戸籍法16条本文）

② 戸籍の筆頭者でない者と外国人との婚姻の届出があったとき（戸籍法16条3項）

③ 筆頭者及びその配偶者以外の者が，これと同一の氏を称する子又は養子を有するに至ったとき（戸籍法17条）

④ 離婚・離縁等により復氏する場合，又は生存配偶者が復氏する場合において，復籍すべき戸籍が除かれているとき，又は復氏する者から新戸籍編製の申出があったとき（戸籍法19条1項ただし書・2項）

⑤ 離婚若しくは婚姻の取消し又は離縁若しくは縁組の取消しの際に称していた氏を称する旨の届出があった場合において，その届出をした者を筆頭者とする戸籍が編製されていないとき，又はその者を筆頭者とする戸籍に他の在籍者があるとき（戸籍法19条3項）

⑥　縁組又は離縁等によって他の戸籍に入るべき者に配偶者があるとき（戸籍法20条）
⑦　戸籍法107条2項又は3項の規定によって，外国人配偶者の称している氏に変更する旨の届出があった場合，又はこの届出によって氏を変更した者から離婚等の日以後にその氏を変更の際に称していた氏に変更する旨の届出があった場合において，その届出をした者の戸籍に他の在籍者があるとき（戸籍法20条の2第1項）
⑧　筆頭者又はその配偶者でない者からその氏を外国人である父又は母の称している氏に変更する旨の届出があったとき（戸籍法20条の2第2項）
⑨　特別養子縁組の届出があったとき。ただし，養子が養親の戸籍にあるときを除く（戸籍法20条の3）
⑩　性別の取扱いの変更の審判があった場合において，当該性別の取扱いの変更の審判を受けた者の戸籍に記載されている者（その戸籍から除かれた者を含む。）が他にあるとき（この場合は，当該性別の取扱いの変更の審判を受けた者について新戸籍を編製する（改正戸籍法20条の4）。）
⑪　分籍の届出があったとき（戸籍法21条）
⑫　無籍者について新たに戸籍の記載をすべきとき。ただし，その者が父又は母の戸籍に入る場合を除く（戸籍法22条）

(2) 他の戸籍に入籍する場合
　一つの戸籍から他の戸籍に入籍する場合は，次のとおりです。これについても，詳細はそれぞれの箇所で説明します。
①　筆頭者である者とその者の氏を称する婚姻をした場合の入籍（戸籍法16条2項）
②　出生子の入籍（民法790条，戸籍法18条1項・2項）
③　養子の入籍（民法810条本文，戸籍法18条3項）
④　父又は母の氏に改めた子の入籍（民法791条，戸籍法18条2項，98条）
⑤　生存配偶者である父又は母が，自己の氏を称して婚姻し，新戸籍が編製される場合における従前戸籍に同籍していた子の入籍（平成6・11・16民二第7005号通達第1の1）

⑥ 復氏する者の従前戸籍への入籍（戸籍法19条）

第2　戸籍編製基準としての本籍と氏

1　戸籍の編製基準としての本籍

　戸籍法6条は，戸籍編製の単位を決定する基準として，夫婦及び親子の関係のほかに，本籍と氏を掲げています。このうち本籍は，ある人について，いずれの市町村長が戸籍事務の管掌者として戸籍を編製することになるのかを決定する基準となるものです。

(1)　本籍とは

　本籍は，戸籍の所在場所であり，戸籍の筆頭に記載された者の氏名とともに，戸籍を特定するための機能を有しています。本籍は，日本国の領土内で，不動産登記上の地番を有する地であれば，いずれの地に定めることも自由であるとされています。一度定めた本籍を他に移すことにも何らの制限はなく，いつでも，いかなる場所にでも転籍することができます。

(2)　本籍の表示方法

　本籍の表示方法は，行政区画・土地の名称及び地番号又は住居表示の街区符号の番号によって示されます（戸籍法施行規則3条）。ここで注意すべきは，戸籍実務の取扱いでは，地番号によって表示した本籍を街区符号によって表示する本籍に改める場合は，これを転籍として取り扱うものとされていることです（昭和51・11・5民二第5641号通達三）。すなわち，このような場合には，戸籍の筆頭者及びその配偶者から転籍の届出をしなければならないことになります（戸籍法108条）。

2　戸籍の編製基準としての氏

　氏は，個人を特定するための呼称であるとともに，個人をいずれの戸籍に記載するかを決定するための基準となるものです。

　氏は，民法における夫婦同氏（民法750条），親子同氏（同法790条），養子の氏（同法810条），子の氏の変更（同法791条），婚姻又は縁組の解消

等の場合の復氏（同法751条1項，767条1項，816条1項）の各定めにより決定され，個人が自由に選択することは許されないとされています。ただし，民法の規定により個人の氏の決定ができない場合はこの限りではありません。例えば，棄児（戸籍法57条），無国籍の父母から国内で出生した子及び帰化者は氏を自由に選択することができますし，旧国籍法に基づき婚姻又は縁組によって日本国籍を取得した者が離婚又は離縁をした場合も，同様です。

(1) 氏の取得

　氏の取得とは，人が生まれて初めて氏を称すること（氏の生来取得又は原始取得）を意味します。氏の取得において機能する基本的な原則は，親子同氏の原則です。

① 嫡出子の氏

　嫡出子は，出生により「父母の氏」を称します（民法790条1項本文）。ただし，出生前に父母が離婚している子は，「離婚の際における父母の氏」を称するものとされています（同項ただし書）。

　嫡出子とは，婚姻関係にある男女間に懐胎・出生した子をいいます。嫡出子には，嫡出性が推定される子と推定されない子とがあります。民法は，妻が婚姻中に懐胎した子は，夫の子と推定する（民法772条1項）としていますが，妻が婚姻中に懐胎したことを証明するのは必ずしも容易ではないことを考慮して，婚姻成立の日から200日後，又は婚姻の解消若しくは取消しの日から300日以内に生まれた子は，婚姻中に懐胎したものと推定しています（同条2項）。一般に「二段の推定」と呼ばれるものですが，この嫡出性の推定は法律上の推定ですから，これを覆すためには，嫡出否認の訴えによらなければならないとされています（民法774条）。

　一方，婚姻前に懐胎されたため，婚姻成立後200日以内に生まれた子は，民法の規定からすれば，嫡出の推定を受けないことになります。もっとも，判例は，内縁の妻が内縁の夫によって懐胎し，しかも右内縁の夫婦が適式に法律上の婚姻をした後に出生した子は，たとえ婚姻の届出と出生との間に200日の期間を存しない場合でも，民法上非嫡

の子をもってすべきでなく，特に父母の認知の手続を必要とせず出生と同時に当然に父母の嫡出子の身分を有するとの判断を示しており（大連判昭和15・1・23民集19巻1号54頁），戸籍実務においても，父の認知を得るまでもなく，嫡出子としての出生の届出を受理する取扱いがされています（昭和15・4・8民事甲第432号通牒）。このような子は，一般に推定を受けない嫡出子と呼ばれています。

② 嫡出でない子の氏

婚姻関係にない男女間に生まれた子を嫡出でない子又は非嫡出子といいます。

嫡出でない子は出生によって「母の氏」を称します（民法790条2項）。胎児認知がされている場合であっても（同法783条1項），出生により取得する氏は母の氏です。

③ 棄児の氏

棄児のように，父母の不明な子は，市町村長が氏を決定します（戸籍法57条2項）。その後において，父母が判明したときは，父母の氏を称することは当然ですので，戸籍訂正の手続を要します（同法59条）。

(2) 氏の変動

氏は，婚姻，離婚，養子縁組，離縁など身分関係の変動の効果として法律上当然に変更する場合と，各人の意思に基づいて変更する場合があります。

① 身分関係の変動に伴って当然に氏が変更する場合は，次のとおりです。

　ア　婚姻による氏の変動

　　　夫婦は婚姻の際に定めるところに従い，夫又は妻の氏を称するとされています（民法750条）。これを受けて戸籍法は，婚姻しようとする者は，協議によって夫婦が称する氏を届書に記載して，届け出なければならないとしています（戸籍法74条1号）。

　イ　離婚，婚姻の取消しによる復氏

　　　婚姻によって氏を改めた妻又は夫は，離婚若しくは婚姻の取消しによって当然に婚姻前の氏に復します（民法767条1項，771条，749

条)。

　その上で，民法は，婚姻前の氏に復した者は，離婚又は婚姻の取消しの日から3か月以内に届出をすることによって離婚又は婚姻の取消しの際に称していた氏を称することができるとしています（同法767条2項，戸籍法77条の2，75条の2）。「婚氏続称」と呼ばれるものですが，この場合に称する氏は，いわゆる呼称上の氏であって，民法上の氏とは異なるものであることに留意する必要があります。

　ウ　縁組による氏の変動

　　養子は，養親の氏を称します（民法810条本文）。ただし，婚姻によって氏を改めた者は，婚姻の際に定めた氏を称すべき間は，養親の氏を称しないとされています（同条ただし書）。つまり，養子が婚姻によって氏を改めていない場合は，養親の氏を称することになりますが，養子が婚姻によって氏を改めていた場合には，養親の氏を称するのではなく，婚姻の際に定めた夫婦の氏を称し続けることになるのです。

　エ　離縁，縁組の取消しによる復氏

　　養子は，離縁又は縁組の取消しによって縁組前の氏に復します（民法816条1項，808条2項）。ただし，夫婦共同縁組をした養親の一方のみとの離縁によっては，復氏しないとされています（同法816条1項ただし書）。

　　離縁の場合にも，婚氏続称と同様の制度が認められています。すなわち，養子が縁組の日から7年を経過した後に，離縁により縁組前の氏に復したときは，離縁の日から3か月以内に届出することによって，離縁の際に称していた氏を称することができます（民法816条2項，戸籍法73条の2）。これは「縁氏続称」と呼ばれ，この場合に称する氏も，呼称上の氏であって，民法上の氏とは異なります。

②　個人の意思に基づいて氏が変動する場合は，次のとおりです。

　ア　子の氏の変更

　　既に述べたように，民法は親子同氏の原則を採っていますが，父母の離婚，父又は母の一方の死亡による他方の復氏，父又は母の再

婚による氏の変更，父母を養子とする縁組，父による認知などがあった場合には，子は父又は母と氏を異にすることになります。そこで，民法は，これらの場合には，子は家庭裁判所の許可を得て，戸籍法の定めるところにより届け出ることによって，その父又は母の氏を称することができるとしています（民法791条1項，戸籍法98条）。

　これが原則ですが，父又は母が氏を改めたことにより，子が父母と氏を異にすることになった場合には，子は，父母が婚姻中に限り，家庭裁判所の許可を得ないで，戸籍法の定めるところにより届け出ることによって，その父母の氏を称することができます（民法791条2項，戸籍法98条）。例えば，父が認知した子は，その父母の婚姻によって嫡出子の身分を取得します（これを準正といいます。民法789条1項）が，その子が母の氏を称しており，婚姻した父母が父の氏を称することとなった場合には，子は母と氏を異にすることになります。この場合には，子は，上記の民法の規定により，家庭裁判所の許可を得るまでもなく，戸籍法所定の届出をすることによって母の氏（この場合は父母の氏）を称することができるのです。婚姻中の父母が養子となり養親の氏を称するに至った場合も，子が父母と氏を異にすることになりますが，この場合も，子は同様の手続で氏変更をすることができます。

　以上の氏変更の許可の申立て及び届出は，子が15歳未満であるときは，その法定代理人が子に代わってすることができるとされ（民法791条3項，戸籍法98条1項），未成年の間にされた子の氏の変更については，氏を変更した子が成年に達した時から1年以内に届け出ることによって，変更前の氏に復することができるとされています（民法791条4項，戸籍法99条）。

イ　生存配偶者の復氏

　夫婦の一方が死亡したときは，生存配偶者は，婚姻前の氏に復することができます（民法751条1項）。復氏するかどうかは生存配偶者の自由であり，この場合には，復氏の意思表示があって初めて復氏することになります。

ウ　やむを得ない事由による氏の変更

　戸籍法は，やむを得ない事由があるときに限り，戸籍の筆頭者及び配偶者は，家庭裁判所の許可を得て，市町村長に届出をすることによって氏を変更することができるとしています（戸籍法107条1項）。「やむを得ない事由」とは，現在の氏の継続を強制することが社会観念上甚だしく不当と認められる場合をいい（東京高決昭和34・1・12東高民事報10巻1号1頁），これに該当するかどうかは，個々の事件において家庭裁判所が認定することになります。例えば，一見して甚だしく難解・難読な氏や通常人が奇異と感ずる氏は，これを改めるやむを得ない事由があると解されています（名古屋高決昭和44・10・8家裁月報22巻5号62頁）。

　この氏変更は，民法の規定による身分変動に伴うものではありませんから，民法上の氏を変更するものではなく，呼称を変える（いわゆる呼称上の氏を称する。）にとどまります。したがって，この氏変更の効果は同一の戸籍内にある者すべてに及びますが，分籍した子や自己の氏を称して婚姻した子のように他の戸籍にある者については，子の氏変更の原因となるものではありません（昭和34・5・15民事甲第1012号回答）。

第4章　戸籍の記載

第1　戸籍の様式と記載事項

ポイント　戸籍の様式・記載

① 戸籍の用紙と様式
　戸籍用紙は，日本工業規格Ｂ列4番の丈夫な用紙を用い，戸籍法施行規則附録第1号様式によって調製しなければなりません（戸籍法施行規則1条）。

② 戸籍の記載事項
　戸籍の記載事項は，すべて法定されており，戸籍法13条及び戸籍法施行規則30条，33条から36条にその定めがあります。

③ 戸籍法13条に定められている戸籍に記載すべき事項は，本籍の他，次のとおりです。
　ⅰ　氏名
　ⅱ　出生の年月日
　ⅲ　戸籍に入った原因及び年月日
　ⅳ　実父母の氏名及び実父母との続柄
　ⅴ　養子であるときは，養親の氏名及び養親との続柄
　ⅵ　夫婦については，夫又は妻である旨
　ⅶ　他の戸籍から入った者については，その戸籍の表示
　ⅷ　その他法務省令で定める事項

④ 戸籍法施行規則30条に定められている戸籍に記載すべき事項は，次のとおりです。
　ⅰ　戸籍法13条1号から7号までに掲げる事項のほか，身分に関する事項
　ⅱ　届出又は申請の受付の年月日並びに事件の本人でない者が届出又は申請をした場合には，届出人又は申請人の資格及び氏名（父

又は母が届出人又は申請人であるときは，氏名を除く。）
　　iii　報告の受付の年月日及び報告者の職名
　　iv　請求，嘱託又は証書若しくは航海日誌の謄本の受付の年月日
　　v　他の市町村長又は官庁からその受理した届書，申請書その他の書類の送付を受けた場合には，その受付の年月日及びその書類を受理した者の職名
　　vi　戸籍の記載を命ずる裁判確定の年月日
⑤　戸籍の記載事項を戸籍用紙のどの欄に記載するかについては，戸籍法施行規則33条の規定により，附録第6号のひな形に定めた相当欄にしなければならないとされています。

1　戸籍の様式について

　戸籍法施行規則1条は，「戸籍用紙は，日本工業規格B列4番の丈夫な用紙を用い，附録第1号様式によって，これを調製しなければならない。但し，美濃判の丈夫な用紙を用いることを妨げない。」としています。これに対し，戸籍事務をコンピュータシステムによって取り扱う場合の戸籍（磁気ディスクをもって調製する戸籍）の証明書の様式は，同規則73条が定めるところで，付録第22号様式（日本工業規格A列4番）により作らなければならないとされています（同規則73条2項）。

戸籍法施行規則附録第1号様式　戸籍（第1条関係）

欄	名称
①	本籍欄
②	筆頭者氏名欄
③	戸籍事項欄
④	身分事項欄
⑤	父母欄
⑥	父母との続柄欄
⑦	養父母欄
⑧	養父母との続柄欄
⑨	配偶欄
⑩	名欄
⑪	出生年月日欄

戸籍法施行規則付録第22号様式（第73条第2項関係）

（2の1） | 全部事項証明

本　　籍	①
氏　　名	②
戸籍事項	③
戸籍に記載されている者	【名】　　　　　⑩ 【生年月日】　⑪　　【配偶者区分】　⑨ 【父】　　　　　⑤ 【母】　　　　　⑤ 【続柄】　　　　⑥ 【養父】　　　　⑦ 【養母】　　　　⑦ 【続柄】　　　　⑧
身分事項	④
戸籍に記載されている者	【名】 【生年月日】 【父】 【母】 【続柄】
身分事項	

発行番号　　　　　　　　　　　　　　　　　　　　　以下次頁

2　戸籍の各欄に記載すべき事項

　いかなる記載事項をいかなる欄に記載するかについては，戸籍法施行規則33条から40条，同附録第6号に定められています。

　磁気ディスクをもって調製する戸籍の証明書の様式中には，各欄の名称が記載されていますが，これは，附録第1号様式で作成される紙の戸籍に対応するもので，「本籍・氏名」の欄は「本籍欄」・「筆頭者氏名欄」に，「戸籍事項」の欄は「戸籍事項欄」に，「戸籍に記録されている者」の欄は「名欄」（身分事項欄下部全欄）に，「身分事項」の欄は「身分事項欄」にそれぞれ対応しています。また，記載事項については，記録事項証明書の記載のひな形として，戸籍法施行規則付録第24号が示され，記録事項証明書の各事項欄の記載例として同第25号記載例が示されています。したがって，磁気ディスクをもって調製する戸籍の証明書の記載は，第24号ひな形に定める相当欄に，第25号記載例に従ってしなければならないことになります（戸籍法施行規則73条6項）。

　以上の様式の説明から明らかなように，戸籍には，これを特定するための本籍及び筆頭者氏名をまず記載し，次いで戸籍事項（44頁参照）を記載した上で，その戸籍に入っている各人の氏名を記載することになるのですが，その記載の順序は戸籍法14条に定められています。これによると，第一順位は，夫婦が夫の氏を称するときは夫，妻の氏を称するときは妻，第二順位が配偶者，第三順位が子とされ（同条1項），子の記載は出生の前後によるとされています（同条2項）。また，戸籍を編製した後にその戸籍に入るべき原因が生じた者については，戸籍の末尾に記載されることになります（同条3項）。

　各欄の記載事項は，次のとおりです。

　① 　本籍欄

　　　本籍は，行政区画，土地の名称及び地番号又は街区符号の番号で記載します。行政区画は，政令指定都市及び県名と同一名の県庁所在地の市以外の市町村については，都道府県名から記載します（昭和30・4・5民事甲第603号通達，昭和46・11・17民事甲第3408号回答）。

② 筆頭者氏名欄

　戸籍の筆頭に記載された者（上記の戸籍法14条１項により戸籍に第一順位で記載された者）の氏名を記載します。筆頭者が死亡，国籍喪失等により除籍されても，本欄の記載は消除しません。

③ 戸籍事項欄

　戸籍事項欄は，戸籍内の各人に共通する戸籍全体に関する事項を記載します。

　戸籍事項欄に記載すべき事項は，(i)新戸籍の編製に関する事項，(ii)氏の変更に関する事項，(iii)転籍に関する事項，(iv)戸籍の全部の消除に関する事項，(v)戸籍の全部に係る訂正に関する事項，(vi)戸籍の再製又は改製に関する事項などです（戸籍法施行規則34条）。その詳細は後に述べます（46頁以下参照）。

　戸籍事項の記載例は，代表的事項について，戸籍法施行規則付録６号から９号，24号から28号に示されています。これを法定記載例と呼んでいます。そのほか，法務省民事局長通達によっても記載例が示されています。これを参考記載例と呼んでいます。

④ 身分事項欄

　身分事項欄には，各人の身分に関する事項を記載します。その記載事項及びこれを誰の身分事項欄に記載するかは，戸籍法施行規則35条から40条及び44条に定められています。その詳細は後に述べます（48頁以下参照）。例えば，出生に関する事項については，子の身分事項欄に記載し，認知に関する事項については，父及び子の身分事項欄に記載しなければならないとされています（同規則35条１号・２号）。記載例は，法定記載例，参考記載例等に示されています。

⑤ 父母欄

　父母欄には，実父母の氏名を記載します。嫡出でない子で，父の認知がないものについては，父欄は空欄にしておき，認知があったときに父の氏名を記載します。

　なお，紙戸籍の場合には，父母の氏が同じであるときは，母の氏を省略していますが，磁気ディスクをもって調製する戸籍については，

父母の氏が同じであっても母の氏を記載することとされています。
⑥　父母との続柄欄

　父母を同じくする嫡出子については，男女別に出生の順序により，「長男（長女）」，「二男（二女）」と記載します。嫡出でない子の父母との続柄については，父の認知の有無にかかわらず，母との関係のみにより認定し，嫡出子と同様に，「長男（長女）」，「二男（二女）」と記載するものとされています。この嫡出でない子についての取扱いは，平成16年11月1日付け民一第3008号民事局長通達で認められたもので，それ以前は，嫡出でない子についての父母との続柄は，単に「男」又は「女」と記載するものとされていました。このため，上記の通達においては，このような嫡出でない子についての従前の記載を「長男（長女）」，「二男（二女）」等の記載に更正する申出があった場合には，市町村長限りで更正するものとされています。ただし，その続柄の認定等に当たり，疑義のあるときは，管轄法務局若しくは地方法務局又は支局の指示を求めるものとされています。
⑦　養父母欄

　この欄は，紙の戸籍の様式では最初から設けられているものではなく，その記載を要する都度，この欄を設けて，養親の氏名を記載します。養親が夫婦の一方のみであるときは，その一方についての欄を設けます。また，数次縁組した養子については，最後の縁組における養父母のみを記載をします。
⑧　養父母との続柄欄

　養父母欄とともに設け，養子となる者が男のときは「養子」と記載し，女のときは「養女」と記載します。
⑨　配偶欄

　この欄も，紙の戸籍の様式では最初から設けられているものではなく，婚姻の記載をする際に設けて，「夫」又は「妻」と記載します。配偶者が死亡したとき又は離婚等によって婚姻が解消したときは，この記載を消除します。

⑩ 名　欄

　この欄には，氏を記載せず，名のみ記載します。名未定の子については，名の追完届があるまで空欄にしておきます。

　子の名には常用平易な文字を用いなければなりません（戸籍法50条1項）。常用平易な文字の範囲は，①常用漢字表（昭和56年内閣告示第1号）に掲げる漢字（括弧書きが添えられているものについては，括弧の外のものに限る），②戸籍法施行規則別表第二に掲げる漢字，③片仮名又は平仮名（変体仮名を除く）とされています（戸籍法50条2項，戸籍法施行規則60条）。

⑪ 出生年月日欄

　この欄には，各人の出生年月日を記載します。出生の時分は，出生届の記載事項とされていますが（戸籍法施行規則附録第11号様式），戸籍には記載しません。また，出生年月日が推定による場合でも，その旨は記載しない取扱いです。

3　戸籍事項欄に記載すべき事項（戸籍法施行規則34条）

　戸籍事項欄には，その戸籍に在籍する者について共通した戸籍全体に関する事項を記載するものとされています。

(1)　新戸籍の編製に関する事項

　戸籍は，一の夫婦及びこれと氏を同じくする子を単位として編製するとされています（戸籍法6条）。戸籍法は，この戸籍の編製単位を念頭に置いて，新戸籍を編製すべき場合を個別に定めています。例えば，婚姻した場合（同法16条），子を有するに至った場合（同法17条），離婚，離縁等により復氏する場合に復籍すべき戸籍が除かれているとき又は復氏者から新戸籍編製の申出があったとき（同法19条）などです（ほかに同法20条，20条の2，20条の3，20条の4，21条等）。

(2)　氏の変更に関する事項

　上記(1)の戸籍編製単位の定めにより，一の戸籍に記載される者はすべて氏を同じくします（その氏は「筆頭者氏名欄」に表示されます。）。したがって，氏に関する事項は，在籍者全員に共通する事項です。氏の変更に

関する事項が戸籍事項欄に記載されるのは，このためです。

　前述のとおり，氏は，原則として出生により原始的に取得されますが，その後に一定の身分関係の変動が生じた場合には，その効果として法律上当然に変更されますし，また，各人の意思に基づいて変更される場合もあります。詳細は，第3章「戸籍の編製」（29頁以下）を参照願います。

(3)　転籍に関する事項

　転籍とは，戸籍の所在場所である本籍を移転することです。移転後の場所が従前の市町村内である場合を管内転籍といい，他の市町村である場合を管外転籍といいます。

　管内転籍の場合は，新戸籍を編製することなく，現在の戸籍の戸籍事項欄に転籍事項を記載し，本籍欄を更正した上，当該戸籍を新しい本籍の編てつ箇所につづり替えます。管外転籍の場合は，新本籍地市町村において戸籍事項欄に転籍事項を記載して新戸籍を編製する一方，原籍地市町村においては，従前の戸籍の戸籍事項欄に転籍による除籍事項を記載して除籍の手続をとり，除籍簿への編てつ替えをします。

(4)　戸籍の全部の消除に関する事項

　一戸籍の全員がその戸籍から除かれたときは，当該戸籍は戸籍簿から除かれて除籍となります（戸籍法12条）。この場合には，戸籍事項欄に戸籍の全部消除に関する事項を記載すべきものとされています（戸籍法施行規則40条2項，42条）。

(5)　戸籍の全部に係る訂正に関する事項

　戸籍訂正とは，現になされている戸籍の記載が真実に反する場合に，これを事実に合致するよう是正する措置です。戸籍訂正には，誤って編製された戸籍全体を消除する場合，戸籍に記載された事項の全部又は一部を消除する場合等種々の態様があります。「戸籍の全部に係る訂正」を要する場合とは，例えば，夫婦である者が養子となったため，養子夫婦について新戸籍が編製されたが，その後その養子縁組無効の裁判が確定したというような場合です。この場合には，戸籍訂正申請に基づいて，事件本人の身分事項欄に養子縁組無効による戸籍訂正事項を記載した上，

戸籍事項欄に当該戸籍の消除事項を記載して除籍することになります。また，戸籍訂正には，一の戸籍を全部消除するとともに，先に除かれた従前の戸籍全部を回復する場合もありますが，この戸籍の全部の回復も戸籍の全部に関するものですから，戸籍事項欄にその旨を記載することになります。

(6) **戸籍の再製又は改製に関する事項**

　戸籍の再製とは，戸籍が滅失した場合等に滅失前の戸籍に復元することであり，戸籍の改製とは，戸籍法の改正により戸籍の様式，記載内容が変更された場合に変更後のものに改めることです。再製戸籍には再製事由を，改製戸籍には改製事由をそれぞれ記載すべきものとされていますが，これらの事由の記載は，戸籍全部に関するものですから，戸籍事項欄に記載されます。

4　身分事項欄に記載すべき事項

　各人の身分事項欄に記載すべき事項には，戸籍法施行規則35条1号から16号までに列記されています。以下に，これについて順次説明します。なお，戸籍の身分事項欄に記載すべき事項はこれ以外にもあります。例えば，婚姻が死亡によって解消した場合には，生存配偶者の身分事項欄に配偶者の死亡事項を記載すべきものとされていますし（同規則36条1項），外国人を夫又は妻とする者については，その者の身分事項欄に，夫又は妻の国籍に関する事項を記載しなければなりません（同条2項）。入籍に関する事項等の記載（同規則38条），戸籍訂正事項（同規則44条）なども身分事項欄の記載事項とされています。

(1) **出生に関する事項**（戸籍法施行規則35条1号）

　出生の届出により，出生子は，嫡出子であれば父母の戸籍に入籍し（戸籍法18条1項），嫡出でない子であれば母の戸籍に入籍します（同条2項）。戸籍に入籍した子の出生に関する事項は，子の身分事項欄に記載されます。具体的には，子の出生年月日，出生の場所，届出人の資格，届出年月日，受理者，送付年月日等です。このほか，出生届に基づいて，身分事項欄の下部の名欄，父母欄及び父母との続柄欄，出生年月日欄に

も所要の記載をします。
(2) 認知に関する事項（2号）
　　認知とは，嫡出でない子を父が自己の子であることを認め，法律上の親子関係を発生させることです（母子関係は，分娩の事実により生ずるとされています。最判昭和37・4・27民集16巻7号1247頁）。認知は，それのみによっては戸籍に変動をもたらすものではありません。そのため，認知事項は，認知者及び被認知者双方の身分事項欄に記載することとされています。認知者である父の身分事項欄に記載する認知事項は，被認知者の戸籍の表示及び氏名並びに届出年月日，受理者，送付年月日等であり，被認知者である子の身分事項欄に記載する認知事項は，認知者の戸籍の表示及び氏名並びに届出年月日，受理者，送付年月日等です。
(3) 養子縁組（特別養子縁組を除く）又は離縁に関する事項（3号）
　　養子縁組届がされると，養子は，養親の氏を称して養親の戸籍に入籍するのが原則ですが，養子が夫婦である場合，婚姻によって氏を改めた者が単独で養子となった場合等には，養親の戸籍に入籍しないこととされています（民法810条，戸籍法18条3項，20条）。この届出による養子縁組に関する事項は，養親子双方の身分事項欄に記載します。
　　養子離縁についても，養子縁組事項と同様に，養親及び養子双方の身分事項欄に記載することとされています。
(4) 特別養子縁組又はその離縁に関する事項（3号の2）
　　家庭裁判所は，養親となる者の請求により，所定の要件があるときは，養子が養親の嫡出子の身分を取得するとともに，養子と実方の父母及びその血族との親族関係が終了する特別養子縁組を，審判によって成立させることができます（民法817条の2，家事審判法9条1項甲類8号の2）。この特別養子縁組の場合には，普通養子縁組の場合と異なり，養子は必ず養親の戸籍に入籍することとなりますから，特別養子縁組に関する事項は，養子の身分事項欄にのみ記載することとされています（昭和62・10・1民二第5000号通達第6の1(2)ウ(ア)）。ただし，特別養子が日本人でない場合には，養子の戸籍が存在しないため，養親の身分事項欄に縁組事項を記載することとされています（戸籍法施行規則35条3号の2）。

特別養子縁組の離縁事項についても，養子の身分事項欄にのみ記載することになります。

(5) **縁氏続称**（戸籍法73条の2に規定する離縁の際に称していた氏を称すること）**に関する事項**（3号の3）

縁組によって氏を改めた養子は，縁組の日から7年を経過した後に離縁をし，縁組前の氏に復した場合には，離縁の日から3か月以内に戸籍法73条の2に定める届出をすることによって，離縁の際に称していた氏を称することができる（縁氏続称）とされています（民法816条2項，戸籍法19条3項）。

縁氏続称の届出は，身分法上の法律行為であり，未成年者であっても，意思能力がある限り，自らその届出をすることができますが，離縁をした者に意思能力がない場合には，その法定代理人が代わって届出をすることもできないとされています（民事月報「養子法改正特集」39頁）。このように，縁氏続称の届出はその者の身分法上の行為ですから，その戸籍の記載は，届出をした者の身分事項欄にすることとされています。

(6) **婚姻又は離婚に関する事項**（4号）

婚姻の届出により，夫婦は同籍となり，その婚姻事項は夫及び妻双方の身分事項欄に記載されます。また，離婚についても双方の身分事項欄に記載されます。

(7) **婚氏続称**（戸籍法77条の2に規定する離婚の際に称していた氏を称すること）**に関する事項**（4号の2）

婚氏続称の届出は，縁氏続称の届出と同様，身分法上の行為ですから，その戸籍の記載はその届出をした者の身分事項欄にされることになります。

(8) **親権又は未成年の後見に関する事項**（5号）

親権に関する事項とは，親権者指定届（戸籍法78条，79条），親権者変更届，親権喪失届（同法79条），親権辞任届（同法80条），父母離婚の際の親権者指定の協議（同法76条，77条）等に基づき戸籍に記載する場合の事項です。

親権に関する届出の当事者は親権者と子ですが，その戸籍の記載は，

子の身分事項欄のみにし，親権者の身分事項欄にはしないこととされています。

未成年者の後見に関する事項とは，未成年者の後見開始届（戸籍法81条），未成年後見人更迭届（同法82条），未成年後見人指定届（同法83条），未成年の後見終了届（同法84条），未成年後見監督人就職届（同法85条）等の届出に基づき戸籍に記載する場合の事項です。

未成年者の後見に関する届出の当事者は，未成年後見人若しくは未成年後見監督人及び未成年被後見人ですが，その戸籍の記載は，未成年被後見人の身分事項欄のみにすることとされています。

(9) 死亡又は失踪に関する事項（6号）

死亡届又は失踪宣告届の事件本人は，死亡者又は失踪者ですから，死亡又は失踪に関する事項は，死亡者又は失踪者の身分事項欄に記載することとされています。

なお，配偶者のある者が死亡又は失踪した場合は，生存配偶者の身分事項欄に婚姻解消の旨を記載しなければなりません（戸籍法施行規則36条1項）。

(10) 生存配偶者の復氏又は姻族関係の終了に関する事項（7号）

配偶者の一方が死亡した場合には，生存配偶者は，復氏届をすることにより，婚姻前の氏を称して復籍するか，又は新たに編製された戸籍に入ります（民法751条，戸籍法19条）。この復氏届の事件本人は復氏者自身ですから，その届出に係る事項は復氏者の身分事項欄に記載することとされています。

生存配偶者から姻族関係終了の届があっても，戸籍の変動は生じません。したがって，生存配偶者が婚姻後の戸籍に在籍のままで姻族関係終了届をした場合には，その者の身分事項欄に姻族関係終了に関する事項を記載します。また，生存配偶者が復籍後に同届出をした場合には，復籍後の戸籍の同人の身分事項欄に同事項の記載をすることになります。

(11) 推定相続人の廃除に関する事項（8号）

遺留分を有する推定相続人が，被相続人に対して虐待をし，若しくは重大な侮辱を加えたとき，又は推定相続人に著しい非行があったときは，

被相続人は，その推定相続人の廃除を家庭裁判所に請求することができます（民法892条）。相続人廃除の審判が確定したときは，その旨を市町村長に届出しなければなりません（戸籍法97条）。この届出がされた場合には，廃除された者の身分事項欄に推定相続人の廃除に関する事項を記載することとされています。

(12) **戸籍法98条又は99条に規定する入籍に関する事項**（9号）

戸籍法98条の入籍届は，民法791条1項，2項又は3項の規定による氏変更に関する届出であって，子が父母と氏を異にする場合にするものです。この入籍届があった場合には，入籍者の身分事項欄に入籍に関する事項を記載することとされています。

戸籍法99条の入籍届は，戸籍法98条の規定によって入籍した者が，成年に達した時から1年以内に従前の氏に復するためにする届出です。この届出があった場合にも，入籍する者の身分事項欄に入籍に関する事項を記載することになります。

(13) **分籍に関する事項**（10号）

成年に達した者は，戸籍の筆頭に記載した者及びその配偶者でない者でない限り，分籍をすることができます（戸籍法21条1項）。分籍の届出があったときは，新戸籍が編製され（同条2項），その新戸籍の戸籍事項欄に編製事項を記載し，分籍前・分籍後の戸籍の身分事項欄に分籍事項を記載することとされています。

(14) **国籍の得喪に関する事項**（11号）

国籍の得喪に関する届には，国籍の取得届（戸籍法102条），帰化届（同法102条の2）及び国籍喪失届（同法103条）があります。これらの届出があった場合には，国籍を取得した者又は喪失した者の身分事項欄にその旨を記載することとされています。

(15) **日本の国籍の選択の宣言又は外国の国籍の喪失に関する事項**（12号）

日本と外国との重国籍者は，一定の期限までにいずれかの国籍を選択すべき義務を負います。日本の国籍を選択する場合には，①日本の国籍を選択し，かつ，外国の国籍を放棄する旨の宣言（選択の宣言）をすること（国籍法14条2項後段），②外国の法令に基づいてその外国の国籍を

離脱すること（同項前段）が必要です。

　日本の国籍を選択したときは，①については，国籍選択届（戸籍法104条の2）に基づいて国籍選択宣言に関する事項が，また，②については，外国国籍喪失届（同法106条）に基づいて外国国籍喪失に関する事項がそれぞれ戸籍に記載されます。これらの事項は，事件本人である日本国籍選択の宣言をした者，すなわち，国籍選択届の届出人又は外国国籍を喪失した者の戸籍の身分事項欄に記載することとされています。

⒃　戸籍法107条2項から4項までに規定する氏の変更に関する事項（13号）

　①外国人との婚姻による氏変更届（戸籍法107条2項），②外国人との離婚による氏変更届（同条3項），又は③外国人父又は母への氏変更届（同条4項）がされた場合には，氏変更の効力が生じますが，その効力は，事件本人のみに及び，同籍者には及ばないとされています。したがって，上記の氏の変更に関する事項は，事件本人の身分事項欄に記載されます。

⒄　名の変更に関する事項（14号）

　名を変更する場合は，家庭裁判所の許可を得て，その旨を届け出なければならないとされています（戸籍法107条の2）。その届出があった場合の戸籍の記載は，名を変更した者の身分事項欄にします。

⒅　就籍に関する事項（15号）

　就籍をするには，家庭裁判所の就籍許可の審判又は確定判決を得て，市町村長に届出をしなければならないとされています（戸籍法110条，111条）。その届出があった場合には，就籍事項を就籍した者の身分事項欄に記載します。

⒆　性別の取扱いの変更に関する事項（16号）

　家庭裁判所は，性同一性障害者であって，一定の要件を満たすものについて，その者の請求により，性別の取扱いの変更の審判することができます（性同一性障害者の性別の取扱いの特例に関する法律3条）。性別の取扱いの変更の審判を受けた者は，その性別を他の性別に変わったものとみなされ，その者の戸籍に在る者又は在った者が他にあるときは，そ

の審判を受けた者について新戸籍を編製し（戸籍法20条の4），その戸籍の身分事項欄には，当該変更に関する事項を記載しなければならないとされています。

第2　戸籍の記載原因

ポイント　戸籍記載の事由

　戸籍の記載は，届出，報告，申請，請求若しくは嘱託，証書若しくは航海日誌の謄本又は裁判に基づいて行います（戸籍法15条）。
① 「届出」　出生届，婚姻届等がその典型例で，戸籍の記載原因の最も原則的・中心的なものです。
② 「報告」　報告による記載は，関係者からの届出を期待することが困難な場合，又は関係者に届出を強制するのが酷な場合などに補充的に認められるものです。死亡報告，国籍喪失報告等がその例です（同法89条，90条，92条，105条）。
③ 「申請」　申請による記載とは，戸籍訂正の申請をいいます（同法59条，113条〜116条）。
④ 「請求」　検察官からの戸籍記載又は訂正の請求をいいます（同法73条2項，75条2項，116条2項）。
⑤ 「嘱託」　裁判所書記官からの戸籍記載の嘱託をいいます（家事審判法15条の2）。
⑥ 「証書の謄本」　外国の方式によって証書を作らせたときは，3か月以内にその国に駐在する日本の大使，公使又は領事にその証書の謄本を提出しなければならないとされています（戸籍法41条）。
⑦ 「航海日誌の謄本」　航海中の出生又は死亡に関する事項を戸籍に記載する原因となるものです（同法55条，93条）。
⑧ 「裁判」　改正戸籍法121条の不服申立てに対する戸籍記載を命じた裁判をいいます。
⑨　例外として，市町村長の職権による戸籍の記載が認められていま

す。
  i 届出を怠った者がある場合
  ii 戸籍訂正申請を怠った者がある場合
  iii 市町村長が誤って戸籍の記載をした場合
  iv 戸籍記載が法律上許されないものである場合又はその記載に錯誤，遺漏がある場合において，関係者から戸籍訂正がない場合
  v 同一事件について数個の届出があった場合において，後に受理した届出によって戸籍記載をしたとき
  vi 本籍地の変更後に届書類を受理した場合
  vii 行政区画等の変更があった場合

　戸籍の記載は，届出，報告，申請，請求若しくは嘱託，証書若しくは航海日誌の謄本又は裁判に基づいてすることとされています（戸籍法15条）。

1　届　出

　届出は，戸籍の記載原因の最も原則的なもので，戸籍記載の中心となる重要な役割を担っています。戸籍法は，届出に関し，届出地，届出の方法，届書の記載事項等の通則的事項について規定するとともに，出生，認知，縁組，離縁，婚姻，離婚，死亡等の届出の種類ごとに具体的な定めを置いています。

　戸籍の届出には，既に生じている身分関係事実や既に効果が発生又は消滅した身分関係を戸籍に反映させるための「報告的届出」と，当該届出をすることにより身分関係が発生する「創設的届出」とがあります。前者の例としては，出生届や裁判離婚届等があります。この届出の特徴は，届出義務者と届出をすべき期間が定められ，届出を怠った者には過料を課すこととして，届出を強制していることです（改正戸籍法135条）。後者の例としては，婚姻，縁組，協議離婚等の届出があります。これらの届出及びその前提となる婚姻等の身分法上の行為をするか否かは当事者の自由な意思に委せられるべき性質のものですから，創設的届出については，届出義務者や届出期間に関する規制はなく，届出が義務付けられるということもあ

りません。また，届出の中には，国籍留保の旨を記載した出生届であるとか，裁判による離婚届において復氏者につき新本籍を定める場合の届出等のように，報告的届出と創設的届出の二つの性質を併せ有する届出もあります。

2 報告

報告とは，届出が期待できない場合に補充的に認められるもので，これにより戸籍の記載がされます。この報告については，戸籍法上，次のような定めがあります。

① 水難，火災その他の事変によって死亡した者がある場合には，その取調をした官庁又は公署は，死亡地の市町村長に死亡の報告をしなければならない（戸籍法89条）。

② 死刑の執行があったとき，又は刑事施設に収容中死亡した者の引取人がない場合には，刑事施設の長は，刑事施設の所在地の市町村長に死亡の報告をしなければならない（同法90条）。

③ 死亡者の本籍が明らかでない場合又は死亡者を認識することができない場合には，警察官は，検視調書を作り，これを添付して，死亡地の市町村長に死亡の報告をしなければならない（同法92条）。

④ 官庁又は公署がその職務上国籍を喪失した者があることを知ったときは，本籍地の市町村長に，国籍喪失を証する書面を添付して，国籍喪失の報告をしなければならない（同法105条）。

3 申請

申請とは，戸籍法113条から同法117条に規定する戸籍訂正の申請をいいます。

ここにいう「戸籍訂正」とはどういうものでしょうか。まず，その意義について説明しましょう。

戸籍法は，戸籍の記載の正確性を確保するために種々の措置を講じています。しかし，それでもなお，虚偽の届出や事務処理上の過誤等によって，戸籍に法律上許されない記載がされる場合や戸籍の記載に錯誤若しくは遺

漏が生ずる場合が少なくありません。このような場合は，速やかに，法律上許されない記載を消除したり，事実に反する記載を事実に合致させ，遺漏した事項を記載しなければなりません。この手続を「戸籍訂正」と呼びます。

　戸籍訂正には，事件本人又は利害関係人の申請に基づいてする訂正と市町村長が職権に基づいてする訂正の二つがあります。上記の戸籍法113条から117条は，前者の訂正の手続，すなわち，届出人又は届出事件の本人等が，裁判所の戸籍訂正の許可の審判又は確定判決を得て，市町村長に戸籍訂正申請をする手続について定めるものです。後者の訂正の手続については，戸籍法24条に定められています。戸籍訂正は，理論的に難しい問題を含み，戸籍実務の上でも重要な機能を果たしていますので，後に詳細に説明しますが，ここでは，とりあえず，前者の訂正の手続について簡単に触れておくこととします（後者の職権訂正については，後の61頁以下を参照して下さい。）。

(1)　**戸籍法113条に基づく訂正**

　　戸籍法113条は，「戸籍の記載が法律上許されないものであること又はその記載に錯誤若しくは遺漏があることを発見した場合には，利害関係人は，家庭裁判所の許可を得て，戸籍の訂正を申請することができる。」と規定しています。戸籍の記載が法律上許されないものとは，権限のない者がした戸籍の記載や届出義務者でない者の届出による記載等，戸籍の記載をそのままにしておくことのできないものをいいます。また，戸籍の記載に錯誤又は遺漏がある戸籍の記載とは，戸籍に記載されている事項が事実と合致していないもの，戸籍に記載しなければならない事項が一部脱漏しているものをいいます。

　　戸籍の記載に錯誤があるとして家庭裁判所の戸籍訂正許可審判を得てされる訂正の申請としては，①出生や死亡の年月日，場所，子の性別等を届書に誤記した結果，戸籍に事実に合致しない記載がされたため，その訂正を求める申請，②嫡出子を嫡出でない子として届け出て，そのまま戸籍に記載されたため，その訂正を求める申請，③届出人の錯誤により婚姻届書に，称する氏を夫（妻）とすべきを妻（夫）と表示したため，

妻を筆頭者として戸籍が編製されたため，その訂正を求める申請等がみられます。

　戸籍の記載に遺漏があるとして家庭裁判所の戸籍訂正許可審判を得てされる訂正申請の事例には，①転籍による新戸籍編製の際に，同籍者の記載を遺漏したもの，②出生年月日欄の記載を遺漏したもの，③嫡出子について父欄の記載を遺漏したもの，④父母との続柄欄の記載を遺漏したもの等があります。

(2)　**戸籍法114条に基づく訂正**

　戸籍法114条は，「届出によつて効力を生ずべき行為について戸籍の記載をした後に，その行為が無効であることを発見したときは，届出人又は届出事件の本人は，家庭裁判所の許可を得て，戸籍の訂正を申請することができる。」と規定しています。すなわち，本条による戸籍訂正は，婚姻，離婚のように届出の受理によって成立する行為について，その無効を理由として行われる訂正です。ただし，本条によって訂正が認められるのは，婚姻等の創設的届出の無効であることが戸籍上明白な場合に限られると一般に解されており，これに該当しない場合には，戸籍法116条の規定に基づき確定判決を得てする訂正によることになります。本条による戸籍訂正の申請の事例としては，婚姻の届出における当事者に人違いがあった場合，死亡者について婚姻又は離婚の届出がされた場合等における訂正申請が挙げられます。

(3)　**戸籍法116条に基づく訂正**

　戸籍法116条は，「確定判決によつて戸籍の訂正をすべきときは，訴を提起した者は，判決が確定した日から１箇月以内に，判決の謄本を添附して，戸籍の訂正を申請しなければならない。」と規定しています。本条に基づく戸籍の訂正は，親子関係存否確認，婚姻又は離婚無効確認等の人事訴訟判決又は家事審判法23条の規定による審判が確定した場合に，戸籍の記載をこれと一致させるために行われる訂正です。

4　請　求

　請求とは，公益の代表者である検察官がする戸籍の記載又は訂正の請求

（戸籍法73条2項，75条2項，116条2項）をいいます。検察官がこの請求をする場合についてみてみましょう。

(1) 婚姻の取消しの場合の請求

　　民法731条から736条までの規定に違反した婚姻（不適齢婚（同法731条），重婚（同法732条），近親婚（同法734条から736条），待婚期間内の婚姻（同法733条）など）は，各当事者のほか，その親族又は検察官からも，その取消しを家庭裁判所に請求することができるとされています（同法744条1項本文。ただし，検察官は，当事者の一方が死亡した後には，この取消しを請求することはできません。同項ただし書）。婚姻の取消しは，取消訴訟によるほか，家事審判法23条の合意に相当する審判によってもすることができます。検察官が原告となって提起した婚姻取消しの訴えにおいて，その裁判が確定したときは，検察官は，遅滞なく戸籍記載の請求をしなければならないとされています（戸籍法75条2項）。これが検察官による戸籍記載の請求の一例です。

(2) 特別養子縁組の離縁の場合の請求

　　特別養子縁組の離縁は，原則として認められませんが，家庭裁判所は，養親による虐待，悪意の遺棄その他養子の利益を害する事由があり，かつ，実父母が相当の監護をすることができる場合であって，養子の利益のため特に必要があると認めるときに限り，養子，実父母又は検察官の請求により，特別養子縁組の当事者を離縁させることができるとしています（民法817条の10）。この規定によって検察官が離縁の裁判を請求した場合には，検察官は，その裁判の確定後に，遅滞なく戸籍記載の請求をしなければなりません（戸籍法73条2項，75条2項）。

(3) 確定判決によって戸籍の訂正をする場合の請求

　　確定判決によって戸籍の訂正をすべきときは，訴えを提起した者は，判決が確定した日から1か月以内に，判決の謄本を添付して，戸籍の訂正を申請しなければならないとされていますが（戸籍法116条1項），検察官が訴えを提起した場合には，判決が確定した後に，遅滞なく戸籍の訂正を請求しなければなりません（同条2項）。

5 嘱託

　嘱託とは，裁判所書記官がする戸籍記載の嘱託をいいます（家事審判法15条の2）。親権又は管理権の喪失を宣告する審判，未成年後見人又は未成年後見監督人の辞任を許可する審判又は未成年後見人又は未成年後見監督人を解任する審判等が効力を生じた場合（家事審判規則21条の2）には，裁判所書記官は，遅滞なく戸籍事務管掌者に対し，戸籍記載を嘱託しなければならないとされています（家事審判法15条の2）。なお，嘱託についての詳細は，第1章第2の戸籍事務に関連する法令中「家事審判法・家事審判規則・特別家事審判規則」（18頁以下）の説明を参照願います。

6 証書の謄本

　証書の謄本とは，外国に居住する日本人がその国の方式に従って，婚姻，縁組，認知等の証書を作らせた場合の証書の謄本をいいます。第1章第2の戸籍事務に関連する法令中「法の適用に関する通則法」（9頁以下）のところでも説明しましたが，例えば，婚姻の方式の準拠法について，同法は，原則として婚姻挙行地の法律によるとする（法の適用に関する通則法24条2項）ほか，当事者の一方の本国法の方式によることもできるとしています（同条3項本文）。したがって，外国において日本人同士又は日本人と外国人が婚姻する場合は，婚姻挙行地である外国の法律が定める方式，あるいは，外国人配偶者の本国法が定める方式のいずれによっても婚姻することができます。

　戸籍法41条は，外国に在る日本人について，婚姻挙行地である外国の法律が定める方式又は外国人配偶者の本国法が定める方式に従って，婚姻が成立した場合は，その当事者である日本人の戸籍に婚姻が成立した旨を公示・公証する必要があるため，3か月以内に，婚姻に関する証書の謄本を，その国に駐在する日本の大使，公使又は領事に提出（報告的届出）することを義務付けています（同条1項）。そして，証書の謄本を受理した大使等は，遅滞なく外務大臣を経由して本人の本籍地の市町村長に送付しなければなりません（同法42条）。なお，大使，公使又は領事がその国に駐在しないときは，3か月以内に本人の本籍地の市町村長に直接送付しなけれ

ばならないとされています（同法41条2項）。

7　航海日誌の謄本

　航海日誌の謄本とは，一定の船舶の船長が作成を義務付けられている航海日誌（船員法18条）の謄本をいいます。航海中船舶内で出生又は死亡の事実が発生したときは，これを記載した航海日誌の謄本に基づいて戸籍の記載がされることになるのです。すなわち，出生についてみますと，船長は，国土交通省令の定める場合を除いて，航海日誌を船内に備え置かなければならず（船員法18条1項3号），航海中に出生があったときは，24時間以内に，①子の男女の別及び嫡出子又は嫡出でない子の別，②出生の年月日時分及び場所，③父母の氏名及び本籍，父又は母が外国人であるときは，その氏名及び国籍（死亡の場合には，戸籍法86条に規定する事項）を航海日誌に記載して，署名，押印すべきものとされています。そして，その後，船舶が日本の港に着いたときは，遅滞なく出生に関する航海日誌の謄本をその地の市町村長に送付しなければなりませんし，船舶が外国の港に着いたときは，遅滞なく出生に関する航海日誌の謄本をその国に駐在する日本の大使，公使又は領事に送付しなければなりません。後者の場合，大使等は，受領した航海日誌の謄本を外務大臣を経由して本籍地の市町村長に送付することになります（戸籍法55条）。

8　裁　判

　ここにいう裁判とは，戸籍事件について市町村長がした処分を不服として家庭裁判所に対して不服の申立てがあった場合（改正戸籍法121条）に，家庭裁判所が戸籍記載の処分を命じた裁判のことをいいます。なお，市町村長の処分に対する不服申立てについての詳細は，第2章戸籍制度の仕組み「3　市町村長の処分に対する不服申立て」（27頁）を参照願います。

9　職権記載

　戸籍の記載は，当事者からの届出等によってするのが原則ですが，これによることができないとき，又はそれによることが適当でないときは，市

町村長が職権ですることができます。この職権記載ができるのは，次のような場合です。
① 届出を怠った者がある場合（戸籍法44条，24条）
　市町村長は，届出を怠った者があることを知ったときは，相当の期間を定めて，届出義務者に対し，その期間内に届出をすべき旨を催告しなければならず，届出義務者が，その期間内に届出をしなかったときは，更に相当の期間を定めて，催告をすることができるとされています（戸籍法44条1項・2項）。その上で，これらの催告をすることができない場合又は催告をしても届出がない場合には，市町村長は，管轄法務局又は地方法務局の長の許可を得て戸籍の記載をすべきものとされています（同法44条3項，24条2項）。
　ところで，届出を怠った者があることを市町村長が知り得るというのは，どのような場合でしょうか。その典型的なものは，家庭裁判所において調停が成立し又は審判が確定したため，家庭裁判所書記官から事件本人の本籍地市町村長に対してその旨の通知がされた場合です（家事審判規則142条の3）。例えば，離婚，離縁その他戸籍の届出又は訂正を必要とする事項について，調停が成立し又は家事審判法23条若しくは24条1項の審判が確定した場合には，裁判所書記官から事件本人の本籍地の市町村長に対して通知がされますが，他方で，事件本人は，この離婚，離縁の調停が成立した場合には，10日以内に届出をしなければならないとされています（戸籍法73条1項，77条1項，63条1項）。そこで，市町村長は，所定の期間内に届出がされなかったときは，相当の期間を定めて，届出義務者に対し，その期間内に届出をすべき旨を催告することになるのです。
② 戸籍訂正申請を怠った者がある場合
　申請による戸籍訂正の手続については，前に触れたところですが，これには，家庭裁判所の戸籍訂正許可の審判によって申請するもの（戸籍法113条，114条）と，確定判決によって戸籍訂正をすべき場合に申請するもの（同法116条）とがあります。このうち前者の戸籍訂正許可の審判が確定したときは，届出人又は届出事件の本人は，1か月以

内に戸籍訂正の申請をしなければならないとされていますが（同法115条），他方，家庭裁判所書記官から当該戸籍のある地の市町村長に対してもその旨の通知がされることになっています（特別家事審判規則12条）。そこで市町村長は，上記の申請義務者が所定の期間内に届出をしないときは，上記の通知に基づいて，審判の結果を戸籍に反映させるため，申請義務者に対して申請の催告をし，それでも申請がないときは，①で述べたと同様の手続により，戸籍の記載（訂正）をすることになります。

③　戸籍記載が法律上許されないものである場合又はその記載に錯誤，遺漏がある場合において，関係人から戸籍訂正申請がない場合

　戸籍の記載が法律上許されないものであること又はその記載に錯誤若しくは遺漏があることを発見した場合には，市町村長は，遅滞なく届出人又は届出事件の本人にその旨を通知しなければなりません（戸籍法24条1項本文）。市町村長は，この通知を受けた者から戸籍訂正の申請があるのを待って，訂正（戸籍の記載）をするのが原則ですが，その通知をすることができないとき又は通知しても戸籍訂正の申請をする者がないときは，管轄法務局の長の許可を得て，職権で戸籍訂正をすることができます（同条2項）。

④　市町村長が誤って戸籍の記載をした場合

　③で述べたように，戸籍の記載に錯誤又は遺漏があることを発見した場合には，市町村長は，届出人又は届出事件の本人にその旨を通知しなければならないのですが（戸籍法24条1項本文），その錯誤又は遺漏が市町村長の過誤によるものであるときは，この限りでないとされています（同項ただし書）。このような場合，届出人等に対して戸籍訂正の申請をするよう求めることは，届出人等に理由のない負担を強いることになって，相当でないからです。そこで，市町村長は，このような場合には，届出人等に通知するまでもなく，管轄法務局又は地方法務局の長の許可を得て，職権で戸籍の訂正をすることができるとされています（同法24条2項）。例えば，嫡出でない子について父の認知届がされた場合に，市町村長の過誤によって当該子を父の戸籍に入籍

させたようなときです。このような場合は，事件本人を父の戸籍から消除し，母の戸籍に回復させる必要があります。

なお，市町村長が，管轄法務局の長に対し戸籍訂正許可の申請をするには，訂正の趣旨及び事由を記載した許可申請書を提出する方法によってします。

⑤　同一事件について数個の届出があった場合において，後に受理した届出によって戸籍記載をしたとき

同一の事件について，数人の届出人から各別に届出があった場合に，後に受理した届出によって戸籍の記載をしたときは，前に受理した届出に基づいてその戸籍の訂正をしなければならないとされています（戸籍法施行規則43条）。例えば，同一当事者の離婚の届出がA市とB市の双方にされ，後に受理された届書により，復籍者について従前の本籍地と同一場所で新戸籍が編製された後，先に受理された届書が送付されてきたような場合です。この場合は，後に受理された届出に基づいて編製された新戸籍の記載を消除し，先に受理された届出に基づき改めて新戸籍を編製することになります。これらの戸籍訂正の手続は，新本籍地において，市町村長の職権ですることができます。

なお，上記の場合の職権訂正は，市町村長限りですることができるものです。市町村長の職権による戸籍訂正は，正確性を期するために，管轄法務局又は地方法務局の長の許可を得た上で行われるのが原則ですが，その訂正すべき錯誤又は遺漏が，戸籍面上からみて客観的に明白であり，内容的にも軽微なものであって他に影響を与えるおそれがない場合には，管轄法務局の長の許可を得るまでもなく，市町村長限りの職権で訂正することが認められています。このような職権訂正の対象となる事項は，戸籍法施行規則に規定されているほか，先例により個別的又は包括的に認められています。

⑥　本籍地の変更後に届書類を受理した場合

本籍地の変更の後に，原籍地の市町村長が，届書，申請書その他の書類を受理したときは，新本籍地の市町村長にこれを送付し，かつ，その書類によってした戸籍の記載は，これを消除して，戸籍にその事

由を記載しなければならないとされています（戸籍法施行規則41条1項）。また，この場合，新本籍地の市町村長が，その書類の送付を受けたときは，これによって戸籍の記載をしなければなりません（同条2項）。転籍の届出が転籍地でされ，その届出が原籍地に送付されるまでの間に，原籍地において他の届出を受理し，戸籍の記載が完了したような場合が，上記の規定の適用をみる場面です。このような場合には，原籍地においては，⑤の場合と同様に，市町村長限りの職権で，他の届出により記載した事項を消除して，その事由を戸籍に記載した上，受理した他の届書等を転籍後の新本籍地の市町村長に送付しなければならず，新本籍地の市町村長においては，その送付された届書等によって戸籍の記載をすることになるのです。

⑦ 行政区画等の変更があった場合

　行政区画，土地の名称，地番号又は街区符号の変更があったときは，戸籍の記載は，訂正されたものとみなすとされています（戸籍法施行規則45条本文）。したがって，行政区画，土地の名称，地番号又は街区符号の変更があった場合は，本籍地の記載を改めていなくても，更正されたものとみなされます。もっとも，本籍地の記載を更正することが禁止されるものではなく，このような場合に，当然記載を更正することを妨げないとされていますから（同条ただし書），結局，更正するか否かは市町村長の任意に委ねられることになります。

　この点に関する戸籍実務の取扱いは，利害関係人からの申出等により，変更後の地番号が明らかとなった場合には，従前の記載を更正する取扱いが妥当であるとしています（昭和33・12・20民事甲第2612号通達四）。

　なお，行政区画，土地の名称，地番号又は街区符号の変更があった場合において，本籍欄の記載を更正する方法は，戸籍法施行規則附録第10号様式により，従前のその部分の記載に朱線を文字の中央に一本引き，その右側に変更後の行政区画，土地の名称，地番号又は街区符号を記載する方法によります。この場合，戸籍事項欄に更正事由を記載する必要はありません（同規則46条）。

第3　戸籍の記載方法

1　戸籍の記載に当たって注意すべき事項

ポイント　戸籍の記載方法

① 常用漢字，平仮名及び片仮名を用いて字画を明らかにし，略字や符号を用いることはできません（戸籍法施行規則31条1項）。
② 年月日を記載するには，壱，弐，参，拾の多画文字を用いなければなりません（同条2項）。
③ 戸籍事項，身分事項の書き始めは一字下げ，事件ごとに行を改めます。
④ 文字は改変してはならず（同条3項），文字の訂正，追加又は削除をしたときは，その字数を欄外に記載し，認印を押し，かつ，削除された文字は，なお明らかに読むことができるようにしておかなければなりません（同条4項）。
⑤ 記載欄を用い尽くしたときは掛紙をします（同規則2条2項）。
⑥ 戸籍が数葉にわたるときは，職印で契印をし，丁数を記入しなければなりません（同条1項）。
⑦ 文末には認印を押さなければなりません（同規則32条）。

(1) 戸籍記載の文字

① 戸籍の記載は，公正証書の原本としての品位を保ち，また改ざんを防止するため，①略字又は符号は使用できないとされ（戸籍法施行規則31条1項）。②年月日時分を記載するには，壱，弐，参，拾の多画文字を用いなければならないとされています（同条2項）。ただし，本籍欄又は身分事項欄に記載する地番の記載については，一，二，三，十を用いても差し支えありません（大正3・12・28民第893号回答五）。

　戸籍事務をコンピュータシステムにより処理する場合に，記録事項証明書に年月日を記載するには，アラビア数字を用いることができます（戸籍法施行規則73条5項）。

② 戸籍の記載をする文字は，字画を明瞭に記載しなければならず，戸籍に記載した文字は，改変してはならないとされています（戸籍法施行規則31条1項・3項）。戸籍の記載をするに当たって文字の訂正，追加又は削除をしたときは，その字数を欄外に記載し，市町村長がこれに認印を押し，かつ，削除された文字は，いかなる文字であったか読むことができるように字体を残しておかなければなりません（同条4項）。

(2) **記載道具**

　記載道具及び戸籍の記載に使用するインク等については，戸籍事務取扱準則制定標準（平成16・4・1民一第850号通達）43条に，「戸籍又は除かれた戸籍の記載をするときは，紙質の破損又は文字の汚損若しくは退色のおそれがあるインク等を使用してはならない。」との定めが置かれていますが，それ以外の規制は，戸籍法又は戸籍法施行規則上にはありません。

　ただし，戸籍実務書では，戸籍記載の一般的注意事項として，①原則として墨汁を使用する，②リソー・オーケーペンを使用することは差し支えない，③不動文字の印判を使って差し支えないが，この場合には，油性の肉汁を使用するのが相当である，④カーボンリボンテープ，活字式プリンターを使用することは差し支えないが，インク，炭酸紙（カーボン紙）等は相当でないなどとしています（(財)民事法務協会編「新版実務戸籍法」61頁）。

(3) **事項欄の記載**

　事項欄（戸籍事項欄，身分事項欄）の記載は，記載例に従い，事件ごとに行を改めて記載し（戸籍法施行規則33条2項），各事項ごとに初行は一字下げて書き始めることとされています。

(4) **記載事項の文末認印**

　戸籍の記載の正確性を担保し，責任の所在を明確にするため，市町村長は，戸籍の記載をするごとに，その文の末尾に認印を押さなければならないとされています（戸籍法施行規則32条1項）。市町村長に事故等があり，市町村長の職務を代理する者が，戸籍の記載をするときは，その

文の末尾に代理資格を記載して，認印を押さなければなりません（同条2項）。

　ところで，市町村長に事故等がある場合に誰が職務代理者になるかについては，地方自治法で定められています。それによりますと，第1順位は副市町村長（地方自治法の改正前にあっては「助役」）です（地方自治法152条1項，平成18年法律第91号により改正），副市町村長にも事故があるとき若しくは副市町村長が欠けたとき又は副市町村長を置かない市町村においては，次順位として，当該市町村長が指定する職員（地方自治法の改正前にあっては「吏員」）がその職務を代理します（同条2項）。第2順位に指定された職員がないときは，第3順位として，当該市町村の規則で定めた上席の職員が代理することになります（同条3項）。ちなみに，助役が職務代理者である場合の代理資格の表示は「……助役㊞」となり，地方自治法152条2項又は3項の規定による職務代理者の場合は「……吏員㊞」とすれば足りるとされています（昭和54・8・3民二第4257号通知）。

(5) 丁数の記載と契印

　戸籍が数葉にわたるときは，戸籍の散逸を防止するため，市町村長は，職印で毎葉のつづり目に契印をし，かつ，その毎葉に丁数を記入しなければならないとされています（戸籍法施行規則2条1項）。丁数の記入箇所は，用紙の表右側下部欄外とし，記載する数字は，アラビア数字でも日本文字でも差し支えありません（昭和34・1・29民事甲第123号回答）。また，2葉以下の用紙には，表右側下部欄外に，筆頭者氏名をも記載することとされています（昭和33・12・20民事甲第2612号通達）。戸籍の契印は，毎葉のづづり目の上部欄外にする取扱いです（標準準則44条1項）。

(6) 掛　紙

　戸籍用紙の一部分を用い尽くしたときは，掛紙をすることができ，この場合には，市町村長は，職印で掛紙と本紙とに契印をしなければならないとされています（戸籍法施行規則2条2項）。掛紙は，事項欄と同じ様式で同じ大きさの用紙を使用することとされています。

(7)　磁気ディスクをもって調製される戸籍

　磁気ディスクへの記録方法については，戸籍法施行規則等において目に見える記録事項証明書の記載方法について規定することにより，間接的に磁気ディスクをもって調製される戸籍の記録方法を定めています。

① 　記録事項証明書の様式と記載事項

　磁気ディスクをもって調製された戸籍の記録事項証明書の様式は，戸籍法施行規則付録第22号様式（同規則73条2項）で定められ，同様式は，日本工業規格A列4番の用紙を用いるものとし，左横書きとされています。記録事項証明書の記載は，付録第24号ひな形に定める相当欄に，同第25号記載例に従ってしなければならないとされています（同規則73条6項）。

　ひな形の戸籍事項欄及び身分事項欄には，戸籍に記録した事件の種別，記録原因等が一目でわかるように，各記録事項ごとにその左側にタイトルが付されます。記載例は，紙の戸籍における文章形式のものに代えて，その内容を各要素に分解し，その要素ごとに項目化し，項目名により記録内容を記載するものとなっています。例えば，付録第24号ひな形を見てみますと，出生事項の記載は，【出生日】【出生地】【届出日】【届出人】等の要素ごとに項目化して記載することとされ，婚姻事項の記載は，【婚姻日】【配偶者氏名】【従前戸籍】等の要素ごとに項目化して記載することとされています。

② 　記録事項証明書に記載する文字

　記録事項証明書に記載する文字については，紙の戸籍の場合と同様に，略字又は符号を用いず，字画を明らかにしなければならないとされています（戸籍施行規則31条1項）。ただし，年月日を記載するには，紙の戸籍の場合と異なり，アラビア数字を用いることができます（同規則73条5項）。

③ 　市町村長の識別番号の記録

　戸籍事務を電子情報処理組織（コンピュータシステム）によって取り扱う場合には，戸籍の記録をするごとに，市町村長又はその職務を代理する者は，その識別番号を記録しなければならないとされていま

す（戸籍法施行規則77条）。
　紙の戸籍の場合には，前述したように，市町村長は，戸籍の記載をするごとに，その文の末尾に認印を押さなければならず，市町村長の職務を代理する者が戸籍の記載をするときは，その文の末尾に代理資格を記載して認印を押さなければなりません（同規則32条）。戸籍事務をコンピュータシステムによって取り扱う場合には，この措置が採れないことになりますが，コンピュータシステムによって取り扱う場合でも，戸籍の記載の正確性を担保し，責任の所在を明らかにする必要がありますから，戸籍の記録をするごとに，市町村長又はその職務を代理する者の識別番号を記録するものとされています（同規則77条）。この場合には，市町村長の職務を代理する者の代理資格を記録する必要はありません（平成6・11・16民二第7000号通達第5の2）。
　なお，記録事項証明書には，この識別番号は出力しないものとされています（平成6・11・16民二第7002号通達第5の5⑶）。

2　氏名の記載順序

ポイント　氏名の記載の順序

> 　一つの戸籍に2人以上を記載する場合には，次の順序で記載します（戸籍法14条）。
> 　　i　夫婦が夫の氏を称するときは夫，妻の氏を称するときは妻
> 　　ii　配偶者
> 　　iii　子

　一つの戸籍に二人以上を記載する場合の記載の順序について，戸籍法は，夫婦が，夫の氏を称するときは夫，妻の氏を称するときは妻を第一順位とする旨定めています（戸籍法14条1項）。夫婦の氏について，民法は，夫婦は婚姻の際に定めるところに従い，夫又は妻の氏を称するものとし（民法750条），これを受けて戸籍法は，婚姻をしようとする者は，夫婦が称する氏を届書に記載して届け出なければならないとしています（戸籍法74条1

号)。上記の戸籍に記載される者の順位の定めは，この婚姻の際の定めにより夫婦の氏とされた氏を称する者を第一順位とするという趣旨です。

　第二順位に記載される者は，第一順位に記載された筆頭者の配偶者です(戸籍法14条1項)。すなわち，夫が筆頭者であれば，その妻が，妻が筆頭者であれば，その夫が第二順位に記載されることとされています(同項)。

　第三順位には子を記載します(同項)。夫婦間に子が出生したときは，出生の順に記載していくことになります(同条2項)。なお，嫡出でない子の出生の届出がされた場合には，子の父母との続柄は，父の認知の有無にかかわらず，母との関係のみにより認定し，母が分娩した嫡出でない子の出生の順により，届書及び戸籍の父母との続柄欄に「長男(長女)」，「二男(二女)」等と記載するものとされています(平成16・11・1民一第3008号通達)。

　また，戸籍を編製した後にその戸籍に入るべき原因が生じた者については，戸籍の末尾にこれを記載するとされています(戸籍法14条3項)。これに該当するのは，例えば，離婚又は離縁等により復籍する者です。すなわち，婚姻によって氏を改めた夫又は妻は，離婚によって法律上当然に婚姻前の氏に復するとされ(民法767条)，復氏した者は，婚姻前の戸籍に入るものとされています。縁組によって氏を改めた養子が離縁した場合も，同様の復氏(同法816条)・復籍を生じます。そして，これらの者が，婚姻又は縁組前の戸籍に記載される順序は，その戸籍の末尾ということになります。

第4　戸籍記載の消除

ポイント　戸籍記載の消除

① 一戸籍内の全員をその戸籍から除いたときは，その戸籍はこれを戸籍簿から除いて，除籍簿に移します。
② 戸籍に記載されている者について，新戸籍が編製され又は他の戸籍に入ることになったときは，その者は従前の戸籍から除籍されま

す（戸籍法23条）。
③　戸籍に記載されている者が，死亡し，失踪の宣告を受け，又は国籍を喪失したときも除籍されます（同条）。

1　戸籍の全部の消除

　戸籍内の全員が除籍になる場合の消除の方法は，その事由を戸籍事項欄に記載して，「除籍」の朱印を押印します（戸籍法施行規則42条，同規則附録第8号第1の様式）。その後に，戸籍を除籍簿に移します。

2　戸籍の一部の消除

　戸籍法16条から21条の規定により，ある者について，新戸籍が編製され又は他の戸籍に入ることになったときは，その者は従前の戸籍から除籍されます（戸籍法23条前段）。消除の方法は，除籍される者の身分事項欄にその事由を記載し（戸籍法施行規則40条1項），名欄に朱線交さをします（同規則附録第8号第2の様式）。

　なお，配偶欄の記載がある者について除籍する場合は，一般的には，配偶欄にかけて名欄に朱線交さをしますが，縁組届，離縁届，入籍届等により婚姻継続中の夫婦が除籍される場合には，配偶欄を外して，名欄のみに朱線交さをする取扱いです。

3　届出等により記載を消除する場合

　次のような場合には，消除する事由を身分事項欄に記載して，消除すべき事項を縦に一本の朱線を引いて消します（戸籍法施行規則附録第8号第2の様式）。
　①　失踪宣告の取消しがあった場合における失踪の記載の消除
　②　推定相続人廃除の取消しがあった場合における排除の記載の消除
　③　離縁届による養父母の記載の消除（離縁によって戸籍に異動がない場合）
　④　配偶者の一方の死亡又は離婚の場合における配偶欄の記載の消除
　なお，磁気ディスクをもって調製される戸籍については，戸籍の全部若

しくは一部又はその記録を消除した場合に記録事項証明書にその旨を記載するには，戸籍法施行規則付録第26号様式によらなければならないとされています（同規則73条7項）。

第5　戸籍訂正による戸籍記載の消除・回復

ポイント　戸籍訂正による戸籍記載の消除

> ① 虚偽の届出や事務処理上の過誤等によって，戸籍に法律上許されない記載がある場合又は戸籍の記載に錯誤若しくは遺漏が生じた場合には，法律上許されない記載を消除し，事実に反する記載をこれに合致させ，遺漏した事項を記載しなければなりません。
> ② 婚姻，養子縁組などによって他の戸籍に入籍したためその戸籍から除かれた者について，その婚姻，養子縁組の無効の裁判が確定したときは，戸籍訂正の手続により，従前の戸籍の末尾にその者の記載を復活させます。

1　戸籍訂正手続の原則

　戸籍訂正の手続は，届出人又は届出事件の本人等が，家庭裁判所による戸籍訂正の許可の審判（戸籍法113条，114条）又は身分関係についての確定判決（同法116条，家事審判法23条，24条）を得て，市町村長に戸籍訂正の申請をすることとされています。ただし，戸籍の記載の誤りが市町村長の過誤によるものである場合は，市町村長が管轄法務局又は地方法務局の長の許可を得て，職権で訂正することができるとされています（戸籍法24条2項）。なお，戸籍法施行規則及び先例により，管轄法務局又は地方法務局の長の許可を要しないで，市町村長限りの職権による訂正が認められているものもあります。

2 訂正の方法

(1) 戸籍全部の訂正

戸籍全部の訂正とは，戸籍の編製手続，編製原因等に錯誤があるため，訂正手続により戸籍全部を消除することをいいます。例えば，夫婦である者が養子となったため，その養子夫婦について新戸籍が編製されたが（戸籍法20条参照），その後養子縁組無効の裁判が確定して，戸籍訂正申請がされた場合には，事件本人の身分事項欄に養子縁組無効による戸籍訂正事項を記載した上，無効な養子縁組事項を朱線を交さして消除する処理をすることになります。なお，夫婦養子縁組は無効であっても，その夫婦の婚姻は継続していますので，配偶欄は消除しないで，名欄のみに朱線交さをすることになります。そして，戸籍事項欄に当該戸籍の消除事項を記載して除籍します（戸籍法施行規則34条，44条，同規則附録第9号第1の様式）。

(2) 戸籍の一部の訂正

戸籍の一部訂正とは，戸籍に記載されている者を訂正手続により消除することをいいます。例えば，婚姻無効の裁判が確定したことにより戸籍訂正の申請がされた場合（戸籍法116条参照）には，戸籍訂正の事由を当該事件本人の身分事項欄に記載するとともに，婚姻の記載を朱線交さにより消除します（戸籍法施行規則44条，同規則附録第9号第2の様式）。

(3) 戸籍の全部又は一部の回復

戸籍訂正の結果，戸籍の全部を回復する場合には，消除された従前の戸籍の戸籍事項欄又は身分事項欄における消除又は除籍に関する事項の記載を消除するとともに，改めてその戸籍の全部の記載を回復します。戸籍の一部を回復する場合，例えば，婚姻無効により消除された妻（夫）について従前の戸籍を回復する場合にも，上と同様の処理をして，同人に関する記載を回復します。回復の際に移記する事項は，新戸籍編製の場合の移記すべき事項と同様です（戸籍法施行規則39条2項）。なお，磁気ディスクをもって調製される戸籍については，戸籍の訂正をした場合に記録事項証明書にその旨を記載するには，戸籍法施行規則付録第27号様式によらなければならないとされています（同規則73条8項）。

第6　戸籍の更正

ポイント　戸籍の更正

① 戸籍の更正とは，戸籍の記載が当初は正しいものであったが，その後発生した事由によって，正しいものでなくなったため従前の記載を変更後のものに改めることをいいます。
② 行政区画，土地の名称，地番号又は街区符号については，その変更があった場合には，戸籍の記載が訂正されたものとみなされ，これを更正するか否かは任意とされています（戸籍法施行規則45条）。ただし，利害関係人からの申出等によって，変更後の地番号が明らかになった場合には，更正しなければなりません。

　戸籍の記載を更正する場合には，紙の戸籍にあっては，従前の記載に朱線を引いて，その右横に変更後の記載をし，戸籍事項欄には何ら変更事項を記載する必要はないとされています（戸籍法施行規則46条，同規則附録第10号様式）。

　磁気ディスクをもって調製する戸籍にあっては，戸籍事項欄に変更に関する事項を記録しなければならないとされています（同規則73条9項，同規則付録28号様式）。

第5章　戸籍記載の移記

ポイント　重要な身分事項の移記

① 新戸籍編製又は入籍の場合の移記
　ア　身分事項欄の移記すべき事項（戸籍法施行規則39条）
　　i　出生に関する事項
　　ii　嫡出でない子について，認知に関する事項
　　iii　養子について，現に養親子関係の継続するその養子縁組に関する事項
　　iv　夫婦について，現に婚姻関係の継続するその婚姻に関する事項及び配偶者の国籍に関する事項
　　v　現に未成年者である者についての親権又は未成年者の後見に関する事項
　　vi　推定相続人の廃除に関する事項でその取消しのないもの
　　vii　日本の国籍の選択の宣言又は外国の国籍の喪失に関する事項
　　viii　名の変更に関する事項
　　ix　性別の取扱いの変更に関する事項
　イ　移記事項の変遷
　　上の移記すべき事項は，時代により変遷がありますので，戸籍をみる際には注意を要します。
② 管外転籍の場合の移記
　管外転籍をする場合には，戸籍の謄本を届書に添付しなければならない（戸籍法108条2項）とされ，届書に添付した戸籍の謄本に記載した事項は，転籍地の戸籍にこれを記載しなければならないとされています（戸籍法施行規則37条）。ただし，次のアに掲げた事項については，転籍戸籍に移記を要しないとされています。
　ア　転籍戸籍に移記を要しない事項
　　i　新戸籍の編製に関する事項

ii　転籍に関する事項
　　iii　戸籍の全部の消除に関する事項
　　iv　戸籍の全部に係る訂正に関する事項
　　v　戸籍の再製又は改製に関する事項
　　vi　戸籍の筆頭に記載した者以外で除籍された者に関する事項
　　vii　戸籍の筆頭に記載した者で除籍された者の身分事項欄に記載した事項
　　viii　その他新戸籍編製の場合に移記を要しない事項
　イ　転籍戸籍に移記を要すべき事項
　　i　やむを得ない事由による氏の変更に関する事項（戸籍法107条1項）
　　ii　外国人との婚姻による氏の変更に関する事項（同条2項）
　　iii　外国人との離婚等による氏の変更に関する事項（同条3項）
　　iv　外国人父母の氏への変更に関する事項（同条4項）
　　v　婚氏続称に関する届出に関する事項（同法77条の2）
　　vi　縁氏続称に関する届出に関する事項（同法73条の2）

　戸籍記載の移記とは，ある人について，①新戸籍を編製する場合，②他の戸籍に入籍する場合，③従前の戸籍に復籍する場合に従前戸籍の戸籍事項欄及び身分事項欄に記載されている事項を新戸籍又は入籍・復籍する戸籍に記載することをいいます。

　戸籍の移記に関する取扱いについては，戸籍法施行規則37条及び39条等に定められています。以下に，これについて順次説明します。なお，実務上戸籍の記載例には変遷があるところですが，旧記載例で表示されている事項を移記する際に，新記載例に引き直して記載することができるかという問題があります。この点について通達（昭和45・6・16民事甲第2757号通達）は，移記後の戸籍の記載の統一を図るため，新記載例に引き直すことができるものは引き直して記載して差し支えないとしています。

第1　新戸籍編製又は入籍の場合の移記

1　身分事項欄の移記すべき事項

　戸籍法施行規則39条1項は，「新戸籍を編製され，又は他の戸籍に入る者については，次の各号に掲げる事項で従前の戸籍に記載したものは，新戸籍又は他の戸籍にこれを記載しなければならない。」と規定しています。

　同項が掲げる移記すべき事項は次のとおりです。

(1)　出生に関する事項

　出生に関する事項を移記する場合に注意を要するのは，出生の場所及び届出人の記載です。

　実際の戸籍にみられる出生事項の記載においては，出生の場所が，「本籍で出生」と略記されていることもあれば「東京都千代田区平河町一丁目4番地で出生」と地番号まで記載されていることもあります。これは，出生事項中に記載すべき出生の場所について，従前は，行政区画，土地の名称及び地番号まで具体的に記載することを原則としつつも，他方で，本籍で出生した場合には，「本籍で出生」と略記することも認められていたことによるものです。しかし，昭和45年の戸籍記載例の改正（昭和45年法務省令第8号による戸籍法施行規則の改正）により，出生の場所については，最小行政区画まで記載すれば足りるとされました。そこで，出生事項を移記する場合には，出生の場所が町名地番まで記載されているときは，町名地番を省略して移記し，「本籍で出生」とあるときは，これを最小行政区画に引き直して移記することとされています。

　出生事項中の届出人の記載には，例えば，「父甲野義太郎届出」のように，届出人の氏名まで記載されている例がありますが，これを移記する場合には，氏名を省略して，「父届出」と記載することとされています（昭和45年法務省令第8号による戸籍法施行規則30条2号の改正）。

　なお，父母の婚姻によって嫡出子の身分を取得した子の出生事項が旧法における庶子出生届による記載である場合に，同事項を移記するには，戸籍法施行規則附録第7号戸籍記載例1の振り合いに引き直して移記して差し支えないとされています（昭和24・11・5民事甲第2563号通達）。

(2) 嫡出でない子についての認知に関する事項

　　認知に関する事項は，父（認知者）及び子（被認知者）の双方の身分事項欄に記載するとされています（戸籍法施行規則35条2号）。このうち，父についての認知事項は，同人について婚姻又は縁組等により新戸籍が編製され，又は同人が他の戸籍に入籍した場合でも，その新戸籍又は入籍戸籍に移記する必要はないとされています（同規則39条1項2号）。

　　これに対して，子についての認知事項は移記することを要します。ただし，父に認知された子の父母が婚姻する場合には，その子は嫡出子の身分を取得しますので，その父母の婚姻中は家庭裁判所の許可を得ないで，入籍届によって父母の氏を称し，父母の戸籍に入ることができるとされており（民法791条2項，戸籍法98条1項），この場合には，認知事項の移記は要しないとする取扱いです。

(3) 養子について現に養親子関係の継続するその養子縁組に関する事項

　　縁組事項の移記に関しては，「養子について，現に養親子関係の継続するその養子縁組に関する事項」（戸籍法施行規則39条1項3号）と規定されていますので，養親については縁組事項の移記を要しないことになります。

　　なお，戸籍実務の取扱いでは，配偶者とともに養子となった者について，離婚又は配偶者の一方の死亡による婚姻解消の後，他の者の氏を称する婚姻等によって新戸籍が編製され又は他の戸籍に入籍する場合において，その新戸籍又は入籍戸籍に養子縁組事項を移記するには，「夫某（又は妻某）とともに」の記載及び「夫（又は妻）とともに」の記載を省略して移記する取扱いをして差し支えないとされています（昭和55・3・26民二第1913号通達）。

(4) 夫婦について現に婚姻関係の継続するその婚姻に関する事項及び配偶者の国籍に関する事項

　① 夫婦で養子となって新戸籍を編製する場合（戸籍法18条，20条），夫婦で養子離縁をして新戸籍を編製する場合（同法19条，20条）等には，現に継続する婚姻事項を移記することが必要になります。養子の婚姻が離婚，婚姻の取消し，又は配偶者の一方の死亡等により既に解消し

ている場合には婚姻事項の移記を要しません。
② 次に，配偶者の国籍に関する事項についてですが，外国人を夫又は妻とする者については，その者の身分事項欄に，夫又は妻の国籍に関する事項を記載しなければならないとされています（戸籍法施行規則36条2項）。このため，例えば，夫婦の一方が日本国籍を離脱した場合（国籍法13条）や，夫婦の一方が外国に帰化して日本国籍を喪失した場合（同法11条）等には，他方の配偶者の身分事項欄に，「夫（妻）国籍アメリカ合衆国㊞」の振り合いにより，その国籍を記載することとなります（参考記載例187）。そして，このような日本国籍を喪失した者の配偶者について新戸籍を編製する場合には，従前戸籍に記載されている婚姻事項のほか，配偶者の国籍に関する事項を移記することになるのです。

　同様に，日本人と外国人が婚姻した場合には，日本人の戸籍における婚姻事項中には，配偶者の国籍が記載されます。例えば，「平成八年壱月拾七日国籍アメリカ合衆国ファンデンボッシュ、ウエイン（西暦千九百六拾六年壱月壱日生）と婚姻届出東京都千代田区平河町一丁目四番地乙野忠治戸籍から入籍㊞」（法定記載例74）のように記載されます。そして，この日本人について，新戸籍が編製されたり，他の戸籍への入籍があった場合には，上記の婚姻事項がそのまま移記されることになります。

(5) 現に未成年者である者についての親権又は未成年の後見に関する事項
　親権又は未成年の後見に関する事項は，未成年者の身分事項欄に記載されるだけで，親権者又は未成年後見人の身分事項欄には記載されないこととされています（戸籍法施行規則35条5号）。したがって，未成年者についての親権又は後見に関する事項のみが移記の対象となります。もっとも，未成年者が成年に達していれば，これらの事項の移記は不要です。戸籍実務でも，従前の戸籍において親権事項が消除されていないとき又は未成年後見終了の記載がされていないときでも，戸籍上においてもはや親権又は未成年後見に服していないことが明らかであれば，その移記を要しないとされています（昭和24・5・26京都地方法務局舞鶴支局

管内戸籍事務協議会決議)。

(6) 推定相続人の廃除に関する事項でその取消しのないもの

　遺留分を有する推定相続人が被相続人に対して虐待をし，若しくはこれに重大な侮辱を加えたとき，又は推定相続人にその他の著しい非行があったときは，被相続人は，その推定相続人の廃除を家庭裁判所に請求することができます（民法892条）。推定相続人とは，相続が開始した場合に相続人となるべき者をいいますが，廃除の対象となるのは遺留分を持つ推定相続人に限られます。したがって，遺留分を持たない兄弟姉妹は廃除の対象とはなりません（同法1028条）。

　推定相続人の廃除に関する事項は廃除された者の身分事項欄に記載されますので，廃除された者が新戸籍又は他の戸籍に入る場合には，その新戸籍又は入籍戸籍にこの事項を移記する必要があります。

　家庭裁判所がした廃除の裁判は，後に取り消されることもあります。すなわち，被相続人は，いつでも，推定相続人の廃除の取消しを家庭裁判所に請求することができ，廃除取消しの裁判が確定した場合には，10日以内に戸籍届出をしなければならないとされています（戸籍法97条）。この取消しがあった場合は，従前の廃除に関する事項を移記する必要がないことは，いうまでもありません。

(7) 日本の国籍の選択の宣言又は外国の国籍の喪失に関する事項

　外国の国籍を有する日本国民は，重国籍となった時が20歳に達する以前であるときは22歳に達するまでに，重国籍となった時が20歳に達した後であるときはその時から2年以内に日本か当該外国のいずれかの国籍を選択しなければならないとされています（国籍法14条1項）。この国籍選択制度は，外国国籍を有する日本国民に対し，いずれかの国籍の選択を義務付けることによって重国籍の解消を図ろうとするもので，重国籍者が日本の国籍を選択するには，外国の国籍を離脱するか，戸籍法の定めるところにより，日本の国籍を選択し，かつ，外国の国籍を放棄する旨の宣言（以下「選択の宣言」といいます。）をする方法によらなければなりません（同条2項）。

　これを受けて戸籍法は，選択の宣言は，市町村又は在外公館に届出す

ることを要すると定めています（同法104条の2）。国籍選択宣言の届出があった場合は，宣言をした者の身分事項欄にその旨を記載します（戸籍法施行規則35条12号）。また重国籍者が外国の国籍を離脱することによってその国籍を喪失したときは，その者は，喪失の事実を知った日から1か月以内（その者がその事実を知った日に国外に在るときは，その日から3か月以内）に，外国国籍の喪失を証する書面を添付して市町村長等に外国国籍喪失の届出をしなければならないとされています（戸籍法106条）。この届出により，その者の戸籍に外国国籍喪失の旨の記載がされます（同法施行規則35条12号）。

　以上により戸籍に記載された国籍選択事項及び外国国籍喪失事項は，当該者が新戸籍又は他の戸籍に入る場合には，移記されることになります（同規則39条1項7号）。

(8) 名の変更に関する事項

　正当な事由によって名を変更しようとするときは，家庭裁判所の許可を得た上，届け出ることによって，これをすることができるとされています（戸籍法107条の2）。この変更届があった場合には，名を変更した者の身分事項欄に名の変更に関する事項が記載されます（戸籍法施行規則35条14号）。そして，名の変更に関する事項は移記の対象とされているのです。

　なお，この移記に関し，独特に取扱いがされる事例として，特別養子縁組の場合があります。すなわち，養子が養親の戸籍に在る場合に，両者の間に特別養子縁組が成立したときは，その特別養子は同戸籍の末尾に記載されることになります（戸籍法20条の3，14条3項，同法施行規則40条1項・3項）。この場合，養子が特別養子縁組前に名を変更していたとしますと，その名の変更に関する事項を特別養子の身分事項欄に移記する必要があるのですが，この移記事項のうちの届出人の資格については，「養父母」を「父母」と更正することなく，直ちに届出人の資格を「父母」と引き直して移記して差し支えないとされています（昭和63・12・24民二第7362号回答）。

(9) 性別の取扱いの変更に関する事項

　性同一性障害者の法令上の性別の取扱いを変更する制度を創設する「性同一性障害者の性別の取扱いの特例に関する法律」が平成15年7月16日公布され，平成16年7月16日から施行されています。これにより，性同一性障害者について，家庭裁判所の審判がされた場合には，法令上の性別の取扱いが変更されることになりました。

　戸籍の取扱いにおいては，家庭裁判所からの嘱託に基づき，上記の審判を受けた者について，新たに編製した戸籍（改正戸籍法20条の4）又は従前の戸籍において，性別の取扱いの変更に関する事項を表示した上（戸籍法施行規則35条16号），父母との続柄欄の記載を更正することとされています。また，上記の変更に関する事項は，当該者が，新戸籍を編製され，又は他の戸籍に入る場合には，新戸籍又は他の戸籍に移記すべきものとされています（同規則39条1項9号）。

　具体的な取扱いは次のとおりです。

① 性別の取扱いの変更の審判があった場合において当該審判を受けた者の戸籍に記載されている者（その戸籍から除かれた者を含む。）が他にある場合

　その者の戸籍の身分事項欄に，「平成何年何月何日平成拾五年法律第百十一号三条による裁判発効同月何日嘱託何県何市何丁目何番地に新戸籍編製につき除籍㊞」と記載し，変更者を除籍した上，従前の本籍と同一の場所を本籍として，変更者を筆頭者とする新戸籍を編製します（改正戸籍法20条の4参照）。新戸籍には，身分事項欄に，「平成何年何月何日平成拾五年法律第百十一号三条による裁判発効同月何日嘱託何県何市何丁目何番地何某戸籍から入籍父母との続柄の記載更正㊞」と記載し，父母との続柄を更正します。

　変更者が管外転籍した場合には，性別の取扱いの変更に関する事項は，転籍後の戸籍の身分事項欄に移記し，父母との続柄の記載は，変更後の続柄をもって移記することになります。

② 性別の取扱いの変更の審判があった場合において変更者が筆頭者であって他に在籍者のない場合

その者の戸籍の身分事項欄に,「平成何年何月何日平成拾五年法律第百十一号三条による裁判発効同月何日嘱託父母との続柄の記載更正㊞」と記載し,父母との続柄を更正します。

2　移記事項の変遷

　戸籍は,身分関係をその成立の順序に従って正確に登録し,これを公証するものですから,新戸籍が編製され,又は,ある者が他の戸籍に入籍する場合等においては,従前戸籍に記載されている身分事項を変動後の戸籍にも記載して,その者の身分関係がすべて判明するようにしておくことが望ましいといえます。しかしながら,身分事項の中には既に除籍された者に関する事項や,離婚・離縁に関する事項等も含まれていることから,その全部を記載することは,かえって,現在の身分関係の公証に支障を来すことにもなりかねません。そこで,いままでみてきましたように,戸籍法施行規則39条により,変動後の戸籍には特に重要と認められる事項についてのみ移記すれば足りるとされているのです。

　ところで,移記すべき事項については,戸籍法施行規則の改正等により変更されてきていますので注意を要します。ここでは,その変遷について簡単に説明しておくことにします。

　①　現行の戸籍法施行当時（昭和22年法律第224号,昭和23年1月1日施行）
　　　移記事項を規定していた戸籍法施行規則39条は,「新戸籍を編製され,又は他の戸籍に入る者については,その者の身分に関する重要な事項で従前の戸籍に記載したものは,新戸籍又は他の戸籍にこれを記載しなければならない。」と規定するにとどめ,具体的な移記事項については,戸籍法及び同法施行規則の施行の際に発出された通達（昭和23・1・13民事甲第17号通達）で示されていました。

　②　昭和42年法務省令第14号による戸籍法施行規則の一部改正（昭和42年4月1日施行）
　　　この改正により,移記すべき事項として,戸籍法施行規則39条1項に次のような1号から7号の規定が新設されました。従前,通達等によって指示されていた移記事項を整理し,条文化したものです。

1　出生に関する事項（1号）
2　嫡出でない子について，認知に関する事項（2号）
3　養子について，現に養親子関係の継続するその養子縁組に関する事項（3号）
4　夫婦について，現に婚姻関係の継続するその婚姻に関する事項及び配偶者の国籍に関する事項（4号）
5　現に無能力者である者についての親権，後見又は保佐に関する事項（5号）
6　推定相続人の廃除に関する事項でその取消のないもの（6号）
7　名の変更に関する事項（7号）

③　昭和59年法務省令第40号による戸籍法施行規則の一部改正（昭和60年1月1日施行）

　この規則の改正では，従前の39条1項7号（上記②の7）を同8号とし，7号に「日本の国籍の選択の宣言又は外国の国籍の喪失に関する事項」とする規定が新設されました。この7号の新設は，国籍法及び戸籍法の一部改正（昭和59年法律第45号）に伴うものです。

④　平成12年法務省令第7号による戸籍法施行規則の一部改正（平成12年4月1日施行）

　この改正では，民法の一部を改正する法律（平成11年法律第149号）及び任意後見契約に関する法律（平成11年法律第150号）により，禁治産・準禁治産制度が後見・保佐・補助制度に改められたことに関連して，従前の同規則39条1項5号中，「無能力者」が「未成年者」に，「後見又は保佐」が「又は未成年者の後見」に改められています。

⑤　平成16年法務省令第46号による戸籍法施行規則の一部改正（平成16年7月16日施行）

　この改正では，性同一性障害者の性別の取扱いの特例に関する法律（平成15年法律第111号）が施行され，同法附則4により戸籍法に第20条の4の規定が新設されたことに伴い，戸籍法施行規則39条1項9号に「性別の取扱いの変更に関する事項」の規定が新設されました。

第2　管外転籍の場合の移記

　転籍とは，本籍を移転することです。転籍には，同一市町村内に本籍を移転する場合（管内転籍）と，他の市町村に本籍を移転する場合（管外転籍）とがあります。

　転籍届があった場合の戸籍の処理は，管内転籍の場合には，新戸籍を編製することなく，戸籍の戸籍事項欄に転籍事項を記載し，本籍欄を更正した上，当該戸籍をつづり替えることになります。管外転籍の場合には，転籍地において新戸籍が編製され，従前の戸籍は除籍されて，除籍簿への編てつ替えがされます。そして，従前の戸籍に記載されていた事項を新戸籍に移記することになりますが，この場合に移記されるべき事項については，戸籍法施行規則37条に規定されています。

1　規定の内容

　戸籍法施行規則37条本文は，管外転籍の場合には，届書に添付した戸籍の謄本に記載した事項を転籍地の戸籍に記載しなければならないと定めていますから，原籍地の戸籍に記載してある事項は，すべて転籍地の戸籍に記載するのが建前ですが同条ただし書1号から5号（2号は削除）において，移記を要しない事項を定めています。このうち，1号は，戸籍事項欄に記載されている事項で移記を要しないものを定めており，ここには，同規則34条各号が列記する戸籍事項欄記載事項のうち同条2号の氏の変更に関する事項以外のものが掲げられています。これらの事項のほか，同規則37条ただし書の各号に掲げられている事項は次のとおりです。

①　新戸籍の編製に関する事項（同規則37条ただし書1号，34条1号）
②　転籍に関する事項（同ただし書1号，34条3号）
③　戸籍の全部の消除に関する事項（同ただし書1号，34条4号）
④　戸籍の全部に係る訂正に関する事項（同ただし書1号，34条5号）
⑤　戸籍の再製又は改製に関する事項（同ただし書1号，34条6号）
⑥　戸籍の筆頭に記載した者以外で除籍された者に関する事項（同ただし書3号）

すなわち，除籍者に関する事項ついては転籍戸籍への移記を要しません。
⑦　戸籍の筆頭に記載した者で除籍された者の身分事項欄に記載した事項（同ただし書4号）
　　　筆頭者が除籍されている場合には，その者の従前の身分事項欄の記載は移記を要しないとされていますが，身分事項欄以外の名欄，父母欄，父母との続柄欄，養父母欄，生年月日欄等の各記載は移記を要するものとされています。なお，名欄は朱線を交さし，除籍された者であることを明らかにすることとされています。
⑧　その他新戸籍編製の場合に移記を要しない事項（同ただし書5号）

2　移記を要する氏の変更に関する事項

　前述のとおり，戸籍事項欄に記載された氏の変更に関する事項は，転籍戸籍に移記しなければならないものとされています。ここにいう「氏の変更」とは，民法791条にいう氏の変更ではなく，戸籍法107条に規定する氏の変更をいうと解されています。したがって，上記の関係で移記すべき事項は，次のようなものです。
①　やむを得ない事由による氏の変更に関する事項（戸籍法107条1項）
②　外国人との婚姻による氏の変更に関する事項（同条2項）
③　外国人との離婚等による氏の変更に関する事項（同条3項）
④　外国人父母の氏への変更に関する事項（同条4項）
⑤　婚氏続称に関する届出に関する事項（同法77条の2）
⑥　縁氏続称に関する届出に関する事項（同法73条の2）

第6章　戸籍に関する帳簿

ポイント　戸籍に関する帳簿の調製・保存・廃棄

戸籍に関する主な帳簿
① 戸籍簿
　i　戸籍簿は，戸籍をつづって帳簿としたものです（戸籍法7条）。戸籍の編綴順序は，市町村長が定める区域ごとに，本籍を表示する地番号若しくは街区符号の番号の順序又はその区域内に本籍を有する者の戸籍の筆頭に記載した者の氏の（あ）（い）（う）（え）（お）の順序に従ってつづるものとされています（戸籍法施行規則3条）。
　ii　磁気ディスクによる戸籍簿の調製（改正戸籍法119条1項・2項）
　　　コンピュータシステムを用いて戸籍事務を処理する場合には，戸籍は，磁気ディスク（これに準ずる方法により一定の事項を確実に記録することができる物を含む。以下同じ。）に記録し，これをもって調製するとされています。この磁気ディスクをもって調製された戸籍を蓄積して戸籍簿とします。
② 除籍簿
　i　一戸籍内の全員をその戸籍から除いたときは，その戸籍は，これを戸籍簿から除いて別につづり，除籍簿として保存するとされています（戸籍法12条）。
　ii　磁気ディスクによる除籍簿の調製（改正戸籍法119条2項）
　　　コンピュータシステムを用いて戸籍事務を処理する場合には，磁気ディスクをもって調製された除かれた戸籍を蓄積して，除籍簿とします。
③ 改製原戸籍簿
　　戸籍の様式が改正されたことにより書き替えた従前の戸籍を改製原戸籍といいます。改正戸籍法119条の規定により，磁気ディスクをもって調製する戸籍に改製した従前の戸籍も改製原戸籍といいま

す（平成6年法務省令第51号附則2条）。
④　再製原戸籍簿
　　滅失した戸籍・除籍又は滅失のおそれのある戸籍・除籍を再製した場合（戸籍法11条，平成16・11・1民一第3008号通達4の申出による再製を含む。）並びに不実の記載等及びその訂正がされた戸籍又は文字の訂正，追加又は削除がされた戸籍を再製した場合における再製前の戸籍・除籍を再製原戸（除）籍といいます。
　　再製原戸（除）籍は，戸籍法上の戸籍たる性質を失い，公開の対象とはなりません。
⑤　戸籍及び除籍の副本
　　市町村長は，戸籍正本を市町村において保管するほか，副本を作成し，1か月ごとに，管轄法務局に送付することとされています。副本は，法務局で保管されます（戸籍法8条，同法施行規則15条1項）。
　　副本の送付を要する場合は次のとおりです。
　i　新たに戸籍を編製したとき（同規則15条1項1号）
　ii　戸籍編製の日から25年を経過したとき（2号）
　iii　戸籍の全部を消除したとき（3号）
　iv　管轄法務局からその送付を求められたとき（同条2項）
⑥　見出帳・見出票
　　戸籍・除籍等の検出を容易にするため，戸籍簿及び除籍簿について各別に見出帳・見出票を調製することとされています（戸籍法施行規則6条）。
⑦　受附帳
　　受附帳は，市町村長が毎年調製し，その年度内に受理し又は送付を受けた事件について，受附の順序に従い，所定の事項を記載する帳簿です（同規則21条）。
⑧　その他の帳簿
　　管轄法務局の長が定めた戸籍事務取扱準則において必要な帳簿が定められています。

第1　帳簿の調製

　戸籍法及び同法施行規則に定める戸籍に関する主な帳簿としては，①戸籍簿，②除籍簿，③改製又は再製原戸籍簿，④戸籍及び除籍の副本，⑤見出帳・見出票，⑥受附帳等があります。そのほか，戸籍事務取扱準則制定標準（平成16・4・1民一第850号通達）を参考に管轄法務局の長が定めた戸籍事務取扱準則において，必要な帳簿及び書類つづりが定められています（改正標準準則55条）。

1　戸籍簿

　戸籍法7条は，「戸籍は，これをつづつて帳簿とする。」と定めています。この帳簿を戸籍簿といいます。戸籍用紙については，全国的な統一を図るため，その規格及び様式が法務省令をもって定められており（戸籍法施行規則1条，同規則附録第1号様式），これと異なる戸籍用紙の使用は認められません。戸籍実務では，市町村長は，戸籍法施行規則の附録様式と相違する原本用紙が使用されていることを発見したときは，戸籍法24条2項により管轄法務局の長の許可を得て，当該戸籍を消除した上，適法な用紙を用いて戸籍を編製することとされています（昭和26・5・10民事甲第947号回答(4)）。

　また，戸籍が数葉にわたるときは，市町村長は，職印で毎葉のつづり目に契印をし，かつ，その毎葉に丁数を記入しなければならないとされ（戸籍法施行規則2条1項），戸籍の編綴は，市町村長が定める区域ごとに，本籍を表示する地番号若しくは街区符号の番号の順序又はその区域内に本籍を有する者の戸籍の筆頭に記載した者の氏の50音順に従ってつづるものとされています（同規則3条）。

　なお，戸籍事務を電子情報処理組織（コンピュータシステム）によって取り扱う場合においては，戸籍は，磁気ディスクに記録し，これをもって調製することとされ，調製された戸籍を蓄積して戸籍簿とするとされています（改正戸籍法119条）。

2　除籍簿

　戸籍法12条1項は，一戸籍内の全員をその戸籍から除いたときは，その戸籍は，これを戸籍簿から除いて別につづり，除籍簿とすると規定しています。すなわち，除籍簿とは，一戸籍内の全員が婚姻，死亡等により消除された場合，あるいは他の市町村への転籍等により戸籍簿から除かれた場合に，その除かれた戸籍をつづって帳簿としたものをいいます。除籍簿は，年ごとにこれを別冊とし，丁数を記入し，その表紙に「平成何年除籍簿」と記載しなければならないとされていますが，相当と認めるときは，これを分冊するか，又は数年度の除籍簿を一括してつづることもできるとされています（戸籍法施行規則5条）。

　戸籍事務を電子情報処理組織によって取り扱う場合には，磁気ディスクをもって調製された除かれた戸籍を蓄積して除籍簿とするとされています（改正戸籍法119条）。

3　改製原戸籍

　戸籍の改製とは，戸籍法及び戸籍法施行規則の改正により，戸籍の様式又は戸籍の編製基準が変更された場合に，旧法の規定による戸籍を新法の規定による戸籍に編製替えすることをいいます。この戸籍の編製替えが行われた場合，その改製後の新様式に書き換えられた従前の戸籍を改製原戸籍といいます。最近における改製は，昭和32年6月1日付け法務省令第27号に基づく改製があります。この改製は戸籍法128条（改正戸籍法附則3条）に基づくもので，現在使用中の用紙がこれに当たります。

　他方，コンピュータ庁の指定を受けた市町村長（改正戸籍法118条）は，従前の戸籍を改正戸籍法119条の戸籍に改製しなければならないとされています（平成6年法務省令第51号附則2条1項）から，この規定により戸籍が改製された場合における改製前の戸籍も改製原戸籍ということになります。改製原戸籍は，その消除原因が一般の除籍とは異なるため，除籍簿とは別綴りにして保管されていますが，改正戸籍法12条の2及び戸籍法施行規則12条・14条でいう除かれた戸籍に含まれると解されていますので，その公開に当たっては，除籍と同一の取扱いがされます。

（参考）昭和32年法務省令第27号による改製

　昭和22年法律第222号によって民法の第4編親族及び第5編相続が全面改正され，「家」の制度が廃止されました。この結果，従前は同じ「家」に入ることによって同じ氏を称するものとされていた夫婦・親子について，改めて夫婦同氏・親子同氏の原則が採用されるに至ったのです。これに伴って，戸籍法も同年法律第224号により全面改正され，戸籍は，一の夫婦及びこれと氏を同じくする子ごとに編製し（同法6条），三代戸籍は編製しないものとされました（同法17条）。

　これにより，上記改正法によって改正される前の戸籍法（旧戸籍法）の下で編製された戸籍を改製する必要が生じたのですが，この点について同改正法128条1項（平成19年法律第35号による改正後の戸籍法（改正戸籍法）附則3条1項に相当）は，「旧法の規定による戸籍は，これを新法の規定による戸籍とみなす。ただし，新法施行後10年を経過したときは，旧法の規定による戸籍は，法務省令の定めるところにより，新法によってこれを改製しなければならない。」と規定しました。これを受けて，昭和32年法務省令第27号により，戸籍の全面改製作業が第1次改製及び第2次改製の2段階に分けて行われました。

　第1次改製では，①旧法戸籍のうち新法戸籍と内容を同じくする戸籍については，その戸籍の筆頭に記載した者の事項欄に改製の事由を記載するにとどめられました。この記載は「昭和参拾弐年法務省令第二十七号により昭和何年何月何日本戸籍改製㊞」とされました。また，②旧法戸籍のうちには，新法戸籍の編製基準（一の夫婦及びこれと氏を同じくする子ごと）に従えば，当該戸籍に在籍すべきでない者を含んでいるものが多数ありました。そこで，そのような在籍者については，新法戸籍の編製基準に従って新戸籍を編製し，その戸籍事項欄に改製の事由を記載することとされました。この記載は「昭和参拾弐年法務省令第二十七号により改製昭和年月日同所同番地何某戸籍から本戸籍編製㊞」とされました。③この新戸籍が編製されたときには，旧法戸籍に残った者については新法戸籍と内容を同じくする戸籍となりますので，従前の戸籍の筆頭に記載した者の事項欄に，①と同様の記載をしなければならないとさ

れました。

　第2次改製では，上記の①及び③により改製（いわゆる簡易改製）された戸籍を新法用紙に書き換える作業が行われました。

4　再製原戸籍

　再製原戸籍とは，戸籍簿・除籍簿の全部若しくは一部が何らかの事由によって滅失した場合又は滅失のおそれのある場合に戸籍・除籍を再製したとき（戸籍法11条），及び虚偽の届出等により戸籍の記載を訂正した場合に申出によって再製したとき（同法11条の2）の，再製前の戸籍・除籍をいいます。

　改製原戸籍は除籍に相当するとされていますが，再製原戸籍は，法定帳簿ではなく，公開の対象にはなりません。戸籍実務の取扱いでは，用紙粗悪で滅失のおそれがあるため再製した戸籍の原戸籍について謄抄本の請求があった場合，交付して差し支えないかとの照会に対し，「再製原戸籍は，滅失した戸籍の再製後における仮戸籍等と同様に戸籍としての効力はなく，その戸籍の再製資料として保存するものであるから，特にその必要がある場合には一般行政証明として取扱うのが相当である。」とされています（昭和37・11・2民事甲第3175号回答）。

5　戸籍及び除籍簿の副本

(1)　戸籍及び除籍の副本の取扱い

　戸籍法8条1項は，「戸籍は，正本と副本を設ける。」と規定し，同条2項では，「正本は，これを市役所又は町村役場に備え，副本は，管轄法務局若しくは地方法務局又はその支局がこれを保存する。」と規定しています。

　この副本制度の目的は，正本が火災等で滅失した場合に再製資料とすること及び管轄法務局が市町村の戸籍事務が適正に処理されているか否かをチェックすることにあります。

　そのため，市町村長は，次に掲げる場合には，1か月ごとに，遅滞なく戸籍又は除かれた戸籍の副本をその目録とともに，管轄法務局等に送付しなければならないとされています（戸籍法施行規則15条1項）。

① 新たに戸籍を編製したとき（戸籍法施行規則15条1項1号）
新たに戸籍を編製したときとは，次のような場合です。
　a　婚姻の届出により夫婦について新戸籍が編製された場合（戸籍法16条1項）
　b　戸籍の筆頭者でない者と外国人の婚姻の届出により新戸籍が編製された場合（同条3項）
　c　筆頭者及びその配偶者以外の者が，これと同一の氏を称する子又は養子を有するに至ったことにより新戸籍が編製された場合（同法17条）
　d　離婚・離縁等により復氏する場合若しくは生存配偶者が復氏する場合において，復籍すべき戸籍が除かれていることにより，又は復氏者から新戸籍編製の申出があったことにより新戸籍が編製された場合（同法19条1項・2項）
　e　離婚・婚姻の取消し又は離縁・縁組の取消しの際に称していた氏を称する旨の届出があった場合において，その届出をした者を筆頭者とする戸籍が編製されていないことにより，又はその者を筆頭者とする戸籍に他の在籍者があることにより新戸籍が編製された場合（同法19条3項）
　f　縁組又は離縁等によって他の戸籍に入るべき者に配偶者があったことにより新戸籍が編製された場合（同法20条）
　g　外国人配偶者の称している氏に変更する旨の届出があった場合，又はこの届出によって氏を変更した者から離婚等の日以後にその氏を変更の際に称していた氏に変更する旨の届出があった場合において，その届出をした者の戸籍に他の在籍者があったことにより新戸籍が編製された場合（同法20条の2第1項）
　h　筆頭者又はその配偶者でない者からその氏を外国人である父又は母の称している氏に変更する旨の届出がされたことにより新戸籍が編製された場合（同条2項）
　i　特別養子縁組の届出により養子について新戸籍が編製された場合（同法20条の3）

j　性同一性障害者の性別の取扱いの特例に関する法律3条1項の規定による性別の取扱い変更の審判があった場合において，その変更の審判を受けた者について新戸籍が編製された場合（同法20条の4）
　　　k　分籍の届出により新戸籍が編製された場合（同法21条）
　　　l　無籍者について新たに戸籍の記載をするため新戸籍が編製された場合（同法22条）
　　　以上のほか，転籍により戸籍が編製されたとき，戸籍訂正により従前の戸籍が回復されたとき等も「新たに戸籍を編製したとき」に当たるものと解されています。
　②　戸籍編製の日から25年を経過したとき（同法施行規則15条1項2号）
　③　戸籍の全部を消除したとき（同項3号）
　　　戸籍の全部を消除したときとは，戸籍に記載されている者の全員が，死亡，婚姻，縁組等によってその戸籍から除かれたことにより，又は転籍・戸籍訂正がされたことにより戸籍の全部を消除したとき等が該当します。
　④　管轄法務局等からその送付を求められたとき（同条2項）
(2)　磁気ディスクにより調製されている場合の副本の取扱い
　　戸籍又は除籍が磁気ディスクをもって調製される場合であっても，戸籍法8条の規定の適用があるとされていますので，正本と副本を設ける必要があります。この場合は，副本も磁気ディスクをもって調製されることはいうまでもありません。この副本の法務局への送付については，戸籍法施行規則75条1項により前述した同規則15条1項の規定の適用が排除され，市町村長は，1年ごとに，磁気ディスクをもって調製された副本を管轄法務局若しくは地方法務局又はその支局に送付しなければならないとされています。

6　見出帳・見出票

　　市町村長は，戸籍簿及び除籍簿の検索を容易にするため，戸籍法施行規則附録第3号様式（97頁）によって，戸籍簿及び除籍簿について各別に見出帳を調製し，これに戸籍の筆頭に記載した者の氏の(い)(ろ)(は)順又は

戸籍法施行規則附録第3号様式　見出帳（日本工業規格B列四番の丈夫な用紙、横書きとすることができる。）（第6条関係）

第一　戸籍簿の見出帳

筆頭者氏名	本籍	戸籍編製年月日	備考

戸籍簿見出帳　何町村役場

第二　除籍簿の見出帳

筆頭者氏名	本籍	年度	冊数	丁数	備考

除籍簿見出帳　何市役所

戸籍法施行規則附録第 4 号様式　見出票（第 6 条関係）

筆　頭　者氏　　　名					
本　　　　籍					
戸籍編製年　月　日					
除　　　籍年　月　日		冊数		丁数	
備　　　考					

　(あ)(い)(う)(え)(お)順に従い，その者の氏名，本籍その他の事項を記載しなければなりません（同規則6条1項）。ただし，市町村長は，相当と認めるときは，附録第4号様式（上記）による見出票に筆頭者の氏名，本籍等を記載し，これを戸籍の筆頭に記載した者の氏の(い)(ろ)(は)順等に整序して，見出帳に代えることができるとされています（同条2項）。

　なお，磁気ディスクをもって調製される戸籍簿及び除籍簿については見出帳及び見出票を調製することを要しません（同規則71条）。

7　受附帳

　受附帳は，市町村長が受理し又は他の市町村長から送付を受けた戸籍の届出，報告，申請等に係る事件について，受附の順序に従って，所定の事項を記載する帳簿です（戸籍法施行規則21条）。

(1)　**受附帳の調製**

　　受附帳の調製は，規則の附録第5号様式（100頁参照）によって毎年調製しなければならないとされています。この附録第5号で示されている様式は縦書きですが，様式中の注記で，「日本工業規格Ｂ列四番の丈夫な用紙，横書きとすることができる。」とされていますので，受附帳を横書様式で調製することも可能です（昭和36・12・5民事甲第3061号通達）。

受附帳は，市町村長が相当と認めるときは，本籍人に関するもの及び非本籍人に関するものを各別に調製することができます（同規則21条2項）。戸籍実務の取扱いでは，さらに，本籍人に関する受附帳を「受理事件」と「送付事件」に分けて調製することも認められています（昭和43・5・16民事甲第1663号回答）。

(2) 受附帳の記載

　受附帳には，その年内に受理し又は送付された事件について，受附の順序に従って，記載しなければなりません（戸籍法施行規則21条1項）。

　受附帳に記載すべき事項は，次のとおりです。

① 件名

　件名とは，事件の種類を意味し，これは，戸籍法第4章第2節から第16節に掲げる事件の区別に従って，定められます（同法施行規則23条1項）。第2節から順次掲げますと，出生，認知，養子縁組，養子離縁，婚姻，離婚，親権及び未成年者の後見，死亡及び失踪，生存配偶者の復氏及び婚姻関係の終了，推定相続人の廃除，入籍，分籍，国籍の得喪，氏名の変更，転籍及び就籍です。このほか，届出の追完及び戸籍の訂正についても事件の一の種目として定めなければならないとされています（同条2項）。

② 届出事件の本人の氏名及び本籍又は国籍

③ 届出人が事件本人以外の者であるときは，届出人の資格及び氏名

　事件本人と届出人が相違する出生届，死亡届，代諾による養子縁組等の場合に，事件本人のほか，届出人の資格及び氏名をも記載すべきものとする趣旨です。

④ 受附の番号及び年月日

　受附の年月日は，事件を受理した日ではなく，届出等の書類を受領した日です。届出等の受理について管轄法務局の長の指示を得なければならない場合は，その指示を得，指示書の送付を受けた日の受附番号を記載しますが，この場合でも，受附年月日は，届出等のあった日を記載することになります。

⑤ 受理し又は送付を受けたことの別

⑥　出生の届出については，出生の年月日
⑦　死亡又は失踪の届出については，死亡の年月日時分又は死亡とみなされる年月日
⑧　戸籍法施行規則79条の2第2項の規定による届出等であるときは，その旨

　受附帳の記載事項は上記のとおりですが，このうち，③，⑥，⑦の事項は，当該市町村長が受理した事件についてのみ記載すれば足りるとされています（同規則21条1項）。他の市町村長が受理して送付を受けた事件については，当該他の市町村長が調製する受附帳にこれらの事項が記載されますから，重複して記載するまでもないとする趣旨です。

　受附帳は，届出等のあったことを証明する重要な資料となるものですから，どのような内容の届出等であったかを届書等廃棄後であっても知りうるようにしておくことが望ましいといえます。そのために，規則に定めはないものの，戸籍実務では，出生届があった場合には事件本人の出生地又は父母との続柄の記載を，死亡届があった場合には死亡地等の

戸籍法施行規則附録第5号様式　　受附帳　（日本工業規格B列四番の丈夫な用紙，横書きとすることができる。）　（第21条関係）

平成何年　戸籍受附帳　何町村役場

| 受附番号 | 受理送付の別 | 受附事件発生年月日 | 件名 | 届出事件本人の氏名（届出人の資格氏名） | 本籍又は国籍 | 備考 |

標準準則付録第43号様式（第56条第1項関係）

（表　紙）

平成　　年

戸　籍　発　収　簿

保存年限　3年

〇〇市役所（町村役場）

（注）保存年限は、朱書きする。

（目　録）

進行番号	発収の月日	差出人	発送先	書面の要旨	備　考

記載を受附帳の備考欄にしている例が多いようです。
(3) 磁気ディスクにより調製されている場合の受付帳

戸籍事務を電子情報処理組織（コンピュータシステム）で取り扱う場合には，受付帳は磁気ディスクをもって調製するとされています（戸籍法施行規則76条1項）。ただし，受付帳の保存については，市町村長が相当と認めるときは，磁気ディスクをもって調製された受付帳に代えて，これに記録されている事項の全部を記載した書面を保存することができるとされています（同条2項）。

8 その他の帳簿

戸籍に関する帳簿については，戸籍法及び同法施行規則に定めるもののほかに，戸籍事務取扱準則制定標準（平成16・4・1民一第850号通達。以下「標準準則」という。）を参考として管轄法務局の長が定めた戸籍事務取扱準則において必要な帳簿及び書類つづりが定められています。

ここでは，その一つである戸籍発収簿について説明することとします。

戸籍発収簿とは，戸籍に関する文書で他の帳簿に記載しない文書を発送し又は収受したときに記載する帳簿です（標準準則28条）。戸籍の届書，申請書その他の書類を受理し又はその送付を受けたときは，受附帳に記載しますから，戸籍発収簿への記載を要しませんが，届書等について即日に受理又は不受理の処分ができないときは，その届書等に受領の年月日を記載し，戸籍発収簿にその旨を記載しなければならないとされています（標準準則30条1項）。また，当該届書等について受理又は不受理の処分をしたときも，戸籍発収簿にその旨を記載しなければなりません（同条2項）。

戸籍事務を電子情報処理組織（コンピュータシステム）により取り扱う場合には，戸籍発収簿（標準準則30条に規定する事項その他電子情報処理組織によって取り扱うことが必要な事項に係るもの）は，磁気ディスクをもって調製しなければならないとされています（標準準則65条）。

第2　帳簿の保存及び廃棄

ポイント　帳簿の保存及び廃棄

① 保存期間
　ア　戸籍簿
　　　保存期間の定めはなく，常に備え付ける必要があります。
　イ　除籍簿
　　　除籍となった年度の翌年から80年とされています（戸籍法施行規則5条4項，88条3項）。
　ウ　改製原戸籍
　　ⅰ　戸籍法施行細則（大正3年司法省令第7号）48条及び51条に規定する改製原戸籍は80年（戸籍法施行規則88条4項）
　　ⅱ　改正前戸籍法128条1項の規定に基づく法務省令（昭和32年法務省令第27号）による改製原戸籍は80年（同省令7条）
　　ⅲ　戸籍法施行規則（平成6年法務省令第51号）附則2条による改製原戸籍は100年（同附則2条6項）
　エ　再製原戸籍
　　ⅰ　戸籍法11条の規定による再製原戸籍は，当該年度の翌年から1年（戸籍法施行規則10条の2第1項）
　　ⅱ　戸籍法11条の2第1項の規定による再製原戸籍は，当該年度の翌年から80年（戸籍法施行規則10条の2第2項）
　　ⅲ　戸籍法11条の2第2項の規定による再製原戸籍は，当該年度の翌年から1年（戸籍法施行規則10条の2第3項）
　オ　受附帳
　　　当該年度の翌年から50年（戸籍法施行規則21条3項）
　カ　その他の帳簿等については，管轄法務局の長が定める戸籍事務取扱準則で定めています。
② 保管施設
　　戸籍簿，除籍簿は施錠のある耐火性の書箱又は倉庫に保管しなけ

> ればならないとされています（戸籍法施行規則8条，平成6・11・16民二第7000号通達第2の2）。
> ③ 持出禁止（戸籍法施行規則7条）
> 　戸籍簿又は除籍簿は，事変を避けるためでなければ，市役所又は町村役場の外にこれを持ち出すことはできません。

1　戸籍簿・除籍簿

　戸籍簿及び除籍簿は，日本国民の身分関係を登録・公証する重要な公文書ですから，施錠のある耐火性の書箱又は倉庫に蔵めてその保存を厳重にしなければなりません（戸籍法施行規則8条）。戸籍簿及び除籍簿を市役所又は町村役場の外に持ち出すことも，事変を避けるためでなければすることができず（同規則7条1項），この目的のために持ち出したときは，市町村長は，遅滞なくその旨を管轄法務局若しくは地方法務局又はその支局に報告しなければならないとされています（同条2項）。

　保存期間は，戸籍簿についてはその定めがなく，戸籍簿である限り，備え付けられていなければなりませんが，除籍簿については，除籍となった年度の翌年から80年とされています（同規則5条4項，88条3項）。磁気ディスクをもって調製された除籍簿（改正戸籍法119条2項）も同様です。

2　改製原戸籍

　改製原戸籍の保存期間については，次のとおりとされています。
① 戸籍取扱手続（明治19年内務省令第22号）5条による改製原戸籍については50年（同手続7条）
　＊（戸籍取扱手続第5条）
　　戸籍簿ノ改製ヲ要スルトキハ管轄庁ノ許可ヲ受ケテ之ヲ為スヘシ
　（同手続第7条）
　　戸籍簿ノ改製又ハ編製ヲ為シタルトキハ郡長又ハ管轄庁ニ差出シ其ノ検査ヲ受クヘシ但改製ニ係ル原戸籍簿ハ少クモ50年間之ヲ保存スヘシ
② 戸籍法施行細則（大正3年司法省令第7号）48条及び51条に規定する

改製原戸籍については80年（戸籍法施行規則88条4項）。
　＊　（戸籍法施行細則（大正3年司法省令第7号）第48条）
　　戸籍法第184条第2項又ハ第185条ニ依リテ戸籍ヲ改製シタル場合ニ於テハ原戸籍ノ保存期間ハ改製ノ翌年ヨリ50年トス
　　（同細則第51条1項2号）
　　旧戸籍法第221条第1項ニ依リ戸籍ヲ改製シタル場合ニ於ケル原戸籍　50年（改製の翌年から起算する－同条2項）
　＊　（戸籍法施行規則88条4項）
　　戸籍法施行細則第48条及び第51条に規定する原戸籍の保存期間は，改製の翌年から80年とする。
③　改正前戸籍法128条1項の規定に基づく法務省令（昭和32年法務省令27号）による改製原戸籍については，80年保存しなければならないとされています（同省令7条）。
　＊　（戸籍法第128条第1項の戸籍の改製に関する省令第7条）
　　第5条第1項の規定により，新戸籍を編製した場合において従前の戸籍の全部を消除したときは，その除かれた戸籍及びその副本の保存期間は，当該年度の翌年から80年とする。第4条第2項（第5条第2項で準用する場合を含む。）の規定によりあらたに戸籍を編製した場合における従前の戸籍及びその副本の保存期間についても，同様とする。
④　平成6年法務省令第51号附則2条1項（磁気ディスクをもって調製する戸籍の改製）による改製原戸籍については100年（同省令附則2条6項）。
　＊　（平成6年法務省令第51号附則2条1項）
　　戸籍法第118条第1項（改正前戸籍法117条の2第1項）の市町村長は，電子情報処理組織によって取り扱うべき事務に係る戸籍を戸籍法第119条第1項（改正前戸籍法117条の3第1項）の戸籍に改製しなければならない。ただし，電子情報処理組織による取扱いに適合しないものは，この限りでない。

（同省令2条6項）
　第1項の規定により戸籍を改製して従前の戸籍の全部を消除したときは，その除かれた戸籍及びその副本の保存期間は，改製の日から100年とする。

3　再製原戸籍

　再製原戸籍の保存期間については，次のとおり定められています。すなわち，①戸・除籍の全部又は一部が滅失したため又は滅失のおそれがあるために再製された戸籍又は除かれた戸籍の原戸籍については，当該年度の翌年から1年（戸籍法施行規則10条の2第1項），②虚偽の届出等により戸籍の記載を訂正した場合に申出によって再製された戸籍又は除かれた戸籍の原戸籍については，当該年度の翌年から80年（同条2項），③市町村長が記載をするに当たって文字の訂正等をした戸籍について，申出によって再製された戸籍又は除かれた戸籍の原戸籍については，当該年度の翌年から1年（同条3項）とされています。

4　戸籍及び除籍の副本

　戸籍及び除籍の副本の保存期間は，当該年度の翌年から80年とされています（戸籍法施行規則18条2項，5条4項）。ただし，管轄法務局若しくは地方法務局又はその支局が，戸籍編製の日から25年を経過したこと（同規則15条1項2号）若しくは戸籍の全部を消除したこと（同項3号）により市町村長から副本の送付を受けたとき，又は管轄法務局等が市町村長に副本を送付させたとき（同条2項）は，上記の保存期間の定めにかかわらず，前に送付を受けた戸籍の副本を廃棄することができるとされています（同規則19条）。
　なお，戸籍又は除かれた戸籍が磁気ディスクをもって調製されているときは，市町村長は，1年ごとに，磁気ディスクをもって調製された副本を管轄法務局等に送付しなければならないとされています。管轄法務局等がこの副本の送付を受けたときは，この副本を，後に戸籍又は除かれた戸籍の副本の送付を受けるまで，保存しなければなりません（同規則75条）。

5　見出帳・見出票

　見出帳・見出票については保存期間の定めはありません。これらは，常に備え付けられていなければならないことになります。

6　受附帳

　受附帳の保存期間は，当該年度の翌年から50年とされています（戸籍法施行規則21条3項）。

第7章　戸籍簿，除籍簿の再製・補完

ポイント　戸籍簿，除籍簿の再製・補完

① 戸籍簿又は除籍簿の全部又は一部が滅失した場合の再製（戸籍法11条，12条2項）
② 戸籍簿又は除籍簿の滅失のおそれがある場合の再製又は補完（戸籍法11条，12条2項）
③ 申出による戸籍又は除かれた戸籍の再製
　ア　申出再製の要件（戸籍法11条の2，12条2項）
　　(ア)　戸籍法11条の2第1項（同法12条2項において準用する場合を含む。以下この章において同じ。）の申出再製の要件
　　　i　虚偽の届出等（届出，報告，申請，請求若しくは嘱託，証書若しくは航海日誌の謄本又は裁判をいう。以下，この章において同じ。）若しくは錯誤による届出等又は市町村長の過誤によって戸籍又は除かれた戸籍に不実の記載がされたこと
　　　ii　不実の記載について戸籍訂正手続により訂正がされていること
　　　iii　当該戸籍に記載されている者（その戸籍から除かれた者を含む。）から申出があったこと
　　(イ)　申出再製をすることができない場合
　　　i　戸籍法11条の2第1項本文の要件を満たさない場合
　　　　・　嫡出否認や親子関係不存在の裁判確定により嫡出性を排除する旨の訂正がされている場合
　　　　・　父の認知又は父母の婚姻により準正した子及び同一父母の嫡出子の父母との続柄につき訂正がされている場合
　　　　・　婚姻等の取消しの裁判に基づく記載がされている場合
　　　　・　戸籍の記載が更正されている場合
　　　ii　戸籍法11条の2第1項ただし書に該当する場合（再製によ

> って記載に錯誤又は遺漏がある戸籍となるとき。)
> ・ 父からの嫡出子出生届により父母の戸籍に入籍している子について，母との親子関係不存在確認の裁判が確定し，同裁判の理由中に戸籍上の父と子との間に事実上の親子関係のあることが認定されている場合
> ・ 婚姻後に出生した嫡出子がある夫婦について，婚姻無効の裁判が確定した場合
> ・ 訂正によって除かれた戸籍となった場合
> (ウ) 戸籍法11条の2第2項の申出再製（市町村長が記載をするに当たって文字の訂正，追加又は削除をした戸籍）
> イ 申出再製の対象となる戸籍の範囲
> ④ 後見又は保佐の登記の通知による戸籍の再製（後見登記等に関する法律附則2条4項・5項）

　戸籍の再製とは，新たな戸籍用紙を用いて，従前と同一内容の戸籍を復元することをいい，現行法上，次の場合に認められています。
　① 戸籍簿又は除籍簿の全部又は一部が滅失した場合（戸籍法11条，12条2項）
　② 戸籍簿又は除籍簿の全部又は一部が滅失するおそれがある場合（同）
　③ 戸籍又は除かれた戸籍に，虚偽の届出等若しくは錯誤による届出等又は市町村長の錯誤による記載がされ，かつ，その記載につき所定の訂正がされている場合において，当該戸籍又は除かれた戸籍に記載されている者から，再製の申出があったとき（同法11条の2第1項）
　④ 戸籍又は除かれた戸籍に，市町村長が記載をした戸籍に文字の訂正，追加又は削除がされた場合において，当該戸籍又は除かれた戸籍に記載されている者から，再製の申出があったとき（同法11条の2第2項，12条2項）
　⑤ 民法の一部を改正する法律（平成11年法律第149号）附則3条1項又は2項の規定により成年被後見人又は被保佐人とみなされる者（同法による改正前の禁治産者又は準禁治産者）について後見の登記又は保佐

の登記がされ，登記官から市町村長にその旨の通知があった場合（この場合には，当該通知に係る成年被後見人とみなされる者又は被保佐人とみなされる者の戸籍を再製する。）

第1　戸籍簿又は除籍簿の全部又は一部が滅失した場合の再製

　戸籍簿又は除籍簿の全部又は一部が滅失した場合には，法務大臣の指示により，これを滅失当時の状態に回復します（戸籍法11条）。これを，実務上「滅失再製」といいます。戸籍等の滅失の原因としては，火災，水害，虫害等の自然的な原因によるもの，あるいは，盗難，紛失，破損，掛紙の剝離等の人為的な原因によるものがあります。

　市町村長は，戸籍簿又は除籍簿の全部又は一部が滅失したときは，遅滞なく，その事由，年月日，帳簿の名称，冊数，滅失の状態，滅失発見の原因及び年月日，再製方法その他必要な事項を記載した書面により，管轄法務局若しくは地方法務局又はその支局に報告しなければなりません（戸籍法施行規則9条1項）。この場合の報告は，戸籍事務取扱準則制定標準（以下「標準準則」という。）付録第13号の書式（113頁）によってすることとされています（標準準則15条）。報告を受けた管轄法務局等の長は，担当者を派遣するなどの方法により，報告事項の確認等必要な調査をし，その再製の方法を具して，これを法務大臣に具申します（戸籍法施行規則9条2項）。

　法務大臣は，管轄法務局等の長からの滅失の具申に基づき，滅失した戸籍，除籍を一般に周知させ，かつ，必要な場合には関係市町村長又は関係人から再製資料の送付又は提出などを求めるために，滅失したことを官報に告示し，管轄法務局等の長に再製について必要な処分を訓令します（戸籍法11条，12条2項）。管轄法務局等の長は，この訓令に基づいて当該市町村長に対し指示をして，再製をさせることになります。

　市町村長は，管轄法務局等の長の指示に基づき，再製作業を実施します。この作業が完了しますと，市町村長は，管轄法務局等の長にあてて再製戸籍の写しを添えて再製完了報告をしなければなりません（標準準則16条1項）。この場合の報告の様式は，標準準則の付録第15号書式（116頁）によ

ってすることになります（同条2項）。この報告を受けた管轄法務局等の長は，報告書に添付されている戸籍の写しと，戸籍簿滅失報告書に添付されている資料等を照合し，適正に再製されているか否かを調査をした上，市町村長に対し再製完了通知を発出します。この調査が完了した時に，再製戸（除）籍が戸（除）籍としての効力を生じます（大正13・5・6民事第7383号回答）。そこで，市町村長は，この通知に基づいて戸籍に再製年月日を記載し，副本を作成して，管轄法務局等の長に送付します（戸籍法施行規則15条1項）。

　最後に，管轄法務局等の長は，法務大臣に対し再製完了報告をします。

標準準則付録第13号書式 （第15条関係）

```
                              戸発第        号
                              平成  年  月  日
○○法務局（○○支局）長　殿
              ○○市（町村）長　　氏　名　[職印]

           戸籍簿（除籍簿又は改製原戸籍簿）滅失の報告

  当庁備付けの戸籍簿（除籍簿又は改製原戸籍簿）が下記のとおり滅失
しましたので，報告します。
                       記
1　滅失した戸籍（除籍又は改製原戸籍）の表示
      ○　○（又は別紙目録記載のとおり）
2　滅失の状態
      ○　○
3　戸籍の編製（除籍，改製）の年月日
      ○　○
4　滅失の年月日（又はその推定年月日）
      ○　○
5　滅失の事由（又はその推定事由）
      ○　○
6　滅失発見の原因及び年月日
      ○　○
7　副本の有無及び再製方法その他必要な事項
      ○　○


（注）戸籍簿（除籍簿又は改製原戸籍簿）1冊全部が滅失した場合には，
「平成　年度 ｛自1月 至6月｝ 1冊」の振り合いによる。


（別紙）
　目　　録
　　本籍の表示　　　　　　　筆頭者の氏名
　　○○県○○市○○町○○番地　　甲　野　太　郎
　　同所　　　　　　○○番地　　乙　野　梅　吉（第二葉）
　　同市　　　○○町○○番地　　丙　山　一　郎
```

第2　戸籍簿又は除籍簿の全部又は一部が滅失するおそれがある場合の再製又は補完

　戸籍簿又は除籍簿の全部又は一部が滅失するおそれがあるときは，法務大臣の指示により，これを再製又は補完します（戸籍法11条，12条2項）。「滅失するおそれがあるとき」とは，戸籍用紙の摩耗・汚損・折目が切れたりすること等により，その記載が判読困難となっているような場合をいいます。

　上記のようなおそれがあるときは，戸籍簿が滅失した場合の例に準じて報告及び具申がされることになります。すなわち，市町村長は，滅失のおそれがある戸籍又は除籍を発見したときは，遅滞なく，滅失のおそれのある戸籍又は除籍の表示及び事由を記載して管轄法務局等の長に報告しなければなりません。この場合の報告は，標準準則の付録第14号書式（116頁）によってします（標準準則15条）。この報告を受けた管轄法務局等の長は，法務大臣に再製又は補完の方法を具申することになります（戸籍法施行規則9条3項）。

　このように，滅失のおそれのある戸籍・除籍への対処としては，再製と補完の方法があります。再製とは，既に説明しましたとおり，新たな戸籍用紙を用いて同一内容の戸籍・除籍を復元することです。補完とは，滅失のおそれのある戸籍・除籍の当該用紙でもってその内容を明確にし，さらには，戸籍簿・除籍簿としての保存に十分耐えられるように補強することをいいます。再製，補完のいずれも，その手続は同じですから，ここでは，再製の手続を中心に説明します。

　滅失のおそれがある戸籍簿又は除籍簿の再製指示については，戸籍事務についての専決に関する訓令（平成14・12・18民一訓第2999号法務大臣訓令，同日付け民一第3002号依命通達）により，管轄法務局長又は地方法務局長が専決することができることとされています。この専決権を有する法務局長又は地方法務局長の決済があったときは，法務大臣の名において，戸籍法11条の再製に必要な処分の指示が発せられます。書式を援用して説明しますと，管轄法務局等の長は，まず，法務大臣の名をもって，依命通達で定める第1号様式（117頁）により指示書を作成し，これを受けて管轄法務

局等の長から第3号様式（117頁）により市町村長に対し再製に関する指示を発します（平成14・12・18民一第3002号依命通達1）。併せて，管轄法務局等の長は，戸籍等の再製の状況を把握するために，第5号様式（118頁）による戸籍再製簿を備え付けなければなりません（同通達2）。なお，大臣訓令においては，支局の長には市町村長に対し再製の指示を発する権限が与えられていませんので，支局の長が管轄の市町村長から滅失のおそれのある戸籍・除籍を発見した旨の報告を受けたときは，管轄法務局等の長に一件書類を添えて，具申しなければならないとされています。管轄法務局等の長の市町村長に対する再製指示は，支局を経由して行うことになります。

　再製指示を受けた市町村長は，滅失のおそれがある戸籍等につき再製措置を実施し，再製が完了したときは，その旨を標準準則の第15号書式（116頁）により，管轄法務局等に報告しなければならないとされています（標準準則16条）。

標準準則付録第14号書式 （第15条関係）

```
                              戸発第        号
                              平成   年  月  日
○○法務局（○○支局）長　殿
            ○○市（町村）長　氏　名　[職印]

  滅失のおそれがある戸籍簿（除籍簿又は改製原戸籍簿）の報告

  当庁備付けの戸籍簿（除籍簿又は改製原戸籍簿）が下記のとおり滅失するおそれがありますので，報告します。
                    記
1  滅失のおそれがある戸（除）籍の表示
       ○　　○　（又は別紙目録記載のとおり）
2  滅失のおそれがある事由
       ○　○
3  戸籍の編製（除籍，改製）の年月日
       ○　○
（注）　別紙目録は，付録第13号書式の別紙目録と同じ様式による。
```

標準準則付録第15号書式 （第16条第2項関係）

```
                              戸発第        号
                              平成   年  月  日
○○法務局（○○支局）長　殿
            ○○市（町村）長　氏　名　[職印]

  戸籍簿（除籍簿又は改製原戸籍簿）再製（補完）完了報告

  平成○年○月○日付け第○○号指示による滅失（滅失のおそれがある）戸籍簿（除籍簿又は改製原戸籍簿）の再製（補完）は，平成○年○月○日に完了しましたので，報告します。
```

第1号様式（平成14・12・18民一第3002号依命通達）

```
                                              何地方法務局長

  何県何市役所備付けの下記戸籍は滅失のおそれがあるから，次の再製手続
をしてください。
1  何市長をして，滅失のおそれがある当該戸籍に基づき，これを再製させ
  ること。
2  前項により戸籍を再製したときは，同市長をして，その旨を報告させ，
  この報告を受けたときは，相当の調査をすること。

    平成    年    月    日

                                        法  務  大  臣

                              記

    何県何市        番地            何某
                    番地            何某    何葉
```

第3号様式（平成14・12・18民一第3002号依命通達）

```
日記第        号
                                  何市長    氏    名

            滅失のおそれがある戸籍の再製等に関する指示

    平成    年    月    日付け第    号で滅失のおそれがある戸籍
として報告のあった貴庁備付けの別紙目録記載の戸籍の再製について，
法務大臣から訓令が発せられたので，次の再製手続をしてください。
1  貴庁備付けの滅失のおそれがある当該戸籍に基づき，これを再製
  すること。
2  前項により戸籍を再製したときは，速やかにその旨を当局（何支
  局）に報告すること。

    平成    年    月    日

                    何地方法務局長    氏    名  ㊞

(別紙目録)
    何県何市        番地            何某
                    番地            何某    何葉
```

第5号様式（平成14・12・18民一第3002号依命通達）

```
              戸　籍　再　製　簿
           （滅失のおそれがある戸籍の再製）

                              何地方法務局
```

市区町村名						
報告年月日	戸籍・除籍等の別	戸籍の数	滅失のおそれが生じた原因	再製年月日	摘要

注1　市区町村ごとに別葉とする。同一市区町村にあっては，報告のあった都度，順次継続記載する。
　2　「報告年月日」欄には，市区町村長から滅失のおそれがあることの報告がされた日を記載する。
　3　「戸籍・除籍等の別」欄には，戸籍・除籍又は改製原戸籍の別を記載する。
　4　「戸籍の数」欄には，戸籍の一部を再製するときも，一戸籍として計上する。
　5　「再製年月日」欄には，再製完了年月日を記載する。
　6　「摘要」欄には，例えば，複写機の操作によって滅失のおそれが生じた場合には，その機械の名称，機種その他の参考事項を記載する。

第3　再製戸籍の記載

1　再製の方法

　上に述べましたように，戸籍の再製とは，新しい戸籍用紙を用いて従前と同一内容の戸籍を回復することですから，この再製作業は，戸籍の移記作業に類似するものということができます。この点に関しては，多くの先例があり，再製作業に関する具体的方法について示していますので，この作業を行う場合には，これらの先例等に当たることも必要です。以下において，参考となる，いくつかの先例を掲げておきます。

① 　再製戸籍には，入籍・離婚・離縁，旧法当時の認知・分家・他家相続及び新法施行後の生存配偶者の復氏・分籍，自己の氏を称する婚姻による新戸籍編製，養子をする縁組による新戸籍編製等による除籍者はすべて記載する。除籍の再製についても同様である（昭和25・4・18民事甲第1012号回答(1)，昭和26・3・30民事甲第666号回答）。

② 　旧記載例による戸籍を再製する場合に，新記載例に引き直して記載できるものについては，新記載例によっても差し支えない（昭和48・11・17民二第8522号通知）。

③ 　戸籍・除籍の掛紙のみが滅失した場合又は滅失のおそれのある場合は，掛紙の貼付されている一葉全部を再製する（昭和40・10・2民事甲第2887号回答）。

④ 　再製原戸籍に，市町村長の過誤で転籍事項等を誤っているときは，原戸籍の記載を訂正することなく，各種資料によって再製戸籍に正当の記載をしてよい。なお，その場合には再製原戸籍についても記載を補正しておくのが望ましい（昭和32・1・17民事甲第75号回答）。

⑤ 　市町村長限りで訂正した事項については，すべて訂正後の事項を移記すれば足りる。婚姻・縁組等の事項中，従前の戸籍の表示を訂正したもの，その他届出人の資格氏名の記載遺漏を補記したものも同様である（昭和36・8・7民事甲第1943号回答）。

2　再製事項の記載

　戸籍を再製した場合には，その戸籍がいつ，どのような理由で再製されたのかを戸籍面上明らかにしておく必要があります。この記載を再製事項といい，戸籍事項欄に記載することとされています。この記載例については，参考記載例（平成2・3・1民二第600号通達）によって定められています。

① 戸（除）籍が火災により滅失したために再製した場合

　　再製戸（除）籍の戸籍事項欄に記載する再製事項は，「平成五年拾弐月六日火災のため滅失につき平成六年六月拾五日再製㊞」とします。

　　コンピュータシステムによる証明書の記載例は，次のとおりです（参考記載例219）。

戸籍再製	【再製日】平成6年6月15日 【再製事由】平成5年12月6日火災のため滅失

② 戸（除）籍が滅失した年月日及び滅失の原因が明らかでないときに戸（除）籍を再製した場合

　　再製戸（除）籍の戸籍事項欄に記載する再製事項は，「平成五年拾壱月弐拾弐日滅失発見につき同年拾弐月弐拾五日再製㊞」とします。

　　コンピュータシステムによる証明書の記載例は，次のとおりです（参考記載例220）。

戸籍再製	【再製日】平成5年12月25日 【再製事由】平成5年11月22日滅失発見

③ 戸（除）籍が滅失するおそれあるために再製した場合

　　再製戸（除）籍の戸籍事項欄に記載する再製事項は，「平成拾弐年拾月弐拾参日再製㊞」とします。

　　コンピュータシステムによる証明書の記載例は，次のとおりです（参考記載例221）。

| 戸籍再製 | 【再製日】平成１２年１０月２３日 |

　ところで，上記の滅失のおそれのある戸（除）籍を再製する場合には，再製の対象となる戸（除）籍が存在します（これに対し，上記①及び②の場合は，再製の対象となる戸（除）籍は滅失していて，存在しません。）。このような再製の対象となった滅失のおそれのある戸（除）籍は，再製がされた時点から戸（除）籍としての効力を失うことになります（再製原戸（除）籍となる。）。そこで，このことを明確にするため，再製原戸（除）籍の戸籍事項欄に再製事項として，「平成拾弐年拾月弐拾参日再製につき消除㊞」のように記載します。
　コンピュータシステムによる証明書の記載例は，次のとおりです（参考記載例222）。

| 戸籍消除 | 【消除日】平成１２年１０月２３日
【特記事項】再製につき消除 |

④　戸（除）籍の一部（第二・三葉）が滅失のおそれがあるために再製した場合
　再製戸（除）籍の戸籍事項欄に記載する再製事項は，「平成拾弐年拾月六日第二・三葉再製㊞」とします（参考記載例223）。この場合，滅失のおそれがある戸（除）籍については，その戸籍用紙初葉の上部右側欄外に「平成拾弐年拾月六日再製につき消除（東京都千代田区平河町一丁目四番地甲野義太郎戸籍第二・三葉）㊞」と記載します（参考記載例224）。

第4　申出による戸籍の再製

　申出による戸籍の再製制度は，平成14年12月18日公布・施行された「戸籍法の一部を改正する法律」（平成14年法律第174号）により導入された制

度です（戸籍法11条の２，12条２項）。この制度は，虚偽の届出等若しくは錯誤による届出等又は市町村長の過誤によって不実の記載がされ，かつ，その記載につき訂正がされた戸（除）籍について，当該戸（除）籍に記載されている者からの申出による戸（除）籍の再製の制度を設けることにより，不実の記載等の痕跡のない戸籍の再製を求める国民の要請に応えようとするものです（平成14・12・18民一第3000号通達第１参照）。以下，この制度による戸（除）籍の再製を「申出再製」といいます。

１　申出再製の要件

　戸籍法は，「虚偽の届出等（届出，報告，申請，請求若しくは嘱託，証書若しくは航海日誌の謄本又は裁判をいう。以下この項において同じ。）若しくは錯誤による届出等又は市町村長の過誤によつて記載がされ，かつ，その記載につき第24条第２項，第113条，第114条又は第116条の規定によつて訂正がされた戸籍について，当該戸籍に記載されている者（その戸籍から除かれた者を含む。次項において同じ。）から，当該訂正に係る事項の記載のない戸籍の再製の申出があつたときは，法務大臣は，その再製について必要な処分を指示する。ただし，再製によつて記載に錯誤又は遺漏がある戸籍となるときは，この限りでない。」と規定し（改正戸籍法11条の２第１項），同条２項では，「市町村長が記載するに当たつて文字の訂正，追加又は削除をした戸籍について，当該戸籍に記載されている者から，当該訂正，追加又は削除に係る事項の記載のない戸籍の再製の申出があつたときも，前項本文と同様とする。」と規定しています。

　　以上の要件を整理しますと，次のとおりです。
(1)　戸籍法11条の２第１項の申出再製の要件
　　①　虚偽の届出等若しくは錯誤による届出等又は市町村長の過誤によって戸籍又は除かれた戸籍に不実の記載がされたこと
　　　ア　虚偽の届出等により不実の記載がされたこと
　　　　　ここでいう虚偽の届出とは，真実と異なることを認識してされた届出をいい，届出行為に虚偽がある場合と届出内容の全部又は一部に虚偽がある場合の双方を含むと解されています（平成14・12・18

民一第3000号通達第2の1(1)ア)。前者は，例えば，第三者が勝手に他人の婚姻届を偽造して届出をしたような場合であり，後者は，例えば，養親及び養子ともに実際には養親子関係を成立させる意思がないにもかかわらず，養子の氏を変える手段として養子縁組の届出をしたような場合です。

イ　錯誤による届出等により不実の記載がされたこと

　錯誤による届出とは，真実と異なることを認識せずにされた届出をいい，届出行為に錯誤がある場合と届出内容の全部又は一部に錯誤がある場合の双方を含むと解されています。前者は，例えば，届書を作成して使者に託したところ，その提出を指示する前に使者が誤って届出をしてしまった場合の届出のように，届出意思がないにもかかわらず届出がされた場合をいい，また，後者は，届出人が真実の届出事項を覚知していたにもかかわらず届書に誤記した場合と届出人が真実の届出事項を覚知していなかった場合の双方をいうと解されています（前掲通達第2の1(1)イ)。

ウ　市町村長の過誤により不実の記載がされたこと

　市町村長の過誤により戸籍に不実の記載がされた場合とは，届出内容は真実に合致し，かつ，届出行為に瑕疵はなかったが，市町村長が真実とそごし，又は法律上許されない戸籍の記載をした場合をいうと解されています（前掲通達第2の1(1)ウ)。法律上許されない戸籍の記載とは，例えば，胎児認知届については，それが受理されても，戸籍には何らの記載をせず，胎児の出生届があって初めて記載する処理をすべきところ，市町村長が，胎児認知届がされた段階で，これに基づき戸籍に認知事項を記載してしまった場合です。これは，戸籍に記載することが許されない事項を記載してしまったという例です。また，例えば，親を筆頭者とする戸籍に入っている女性が自分と同一の氏を称する子をもうけた場合に，出生届に基づき，その子を同じ戸籍に入籍させる処理をした場合も，法律上許されない戸籍の記載に当たります（三代戸籍の禁止)。これは，戸籍に入ることができない者を入籍してしまったという例です。

② 不実の記載について戸籍訂正手続により訂正がされていること
　　すなわち，不実の記載につき，戸籍法24条2項，113条，114条又は116条の規定によって戸籍訂正がされていることが要件です（前掲通達第2の1(2)）。
③ 当該戸籍に記載されている者（その戸籍から除かれている者を含む。）から申出があったこと
　　上記の①及び②の要件が満たされている場合に，戸籍を再製するか否かは，当事者の意思（申出）に委ねられています（改正戸籍法11条の2第1項）。
　　申出をすることができる者は，不実の記載について訂正がされた戸籍に記載されている者（その戸籍から除かれた者を含む。）すべてとされています。すなわち，不実の記載について訂正がされた戸籍の筆頭者又はその配偶者のみならず，当該戸籍に在り又は在ったすべての者を含みます。申出をしようとする者が15歳未満であるときは，申出は法定代理人がすることができます。
　　申出は，戸籍に記載されている者（その戸籍から除かれている者を含む。）1名以上から書面又は口頭でしなければなりません（前掲通達第2の1(3)）。なお，申出を書面で行う場合の参考様式（再製申出書）が定められています（平成14・12・18民一第3001号依命通知，125頁参照）。

(2) **申出再製をすることができない場合**
① 戸籍法11条の2第1項本文の要件を満たさない場合
　　戸籍法11条の2第1項本文の要件を満たさないため申出再製をできない場合に該当する主な事例は，次のとおりです（前掲通達第5の1）。
ア　嫡出否認や親子関係不存在確認の裁判確定により嫡出性を排除する旨の訂正がされている場合
　　例えば，父母の婚姻中に出生し，嫡出子として戸籍に入籍した子について，嫡出否認の裁判が確定し，その旨の戸籍の訂正がされている場合です。この場合には，当該訂正の対象となった出生届は，民法の規定に基づき嫡出推定を受ける母の夫の子として届け出られたものであって，この，届出に虚偽又は錯誤がないため，上記戸籍

(平成14・12・18民一第3001号依命通知による参考様式)

再 製 申 出 書

再製すべき戸籍または除籍の表示	本　　　　籍	
	筆 頭 者 氏 名	
	消 除 年 月 日 （除籍の場合）	
申　出　事　項		上記戸籍（除籍）につき，戸籍法第11条の２の規定により再製されたく，申出をする。
申　出　人	住　　　　所	
	氏　　　　名	㊞
申　出　年　月　日		

法の規定が定める要件を満たさないとされるのです（民事月報58巻1号79頁）。
イ　父の認知又は父母の婚姻により準正した子及び同一父母の嫡出子の父母との続柄につき訂正がされている場合
　　例えば，婚姻外で出生した子が，父の認知及び父母の婚姻により，嫡出子（準正子）として父母の戸籍に入り，その続柄を長男と変更されたため，それまで戸籍上長男とされていた者について，父母との続柄を二男とする訂正がされたような場合が，これに当たります。この場合の戸籍訂正は，認知及び婚姻という新たな身分行為の届出の結果としてされたものであり，これらの届出自体には虚偽も錯誤もありませんから，上記戸籍法の規定が定める要件を満たさないとされるのです。
ウ　婚姻等の取消しの裁判に基づく記載がされている場合
　　例えば，婚姻の取消しの裁判が確定し，戸籍法に基づいてされたその旨の届出により，婚姻事項の訂正がされた場合です。この場合は，有効な身分行為（婚姻）に基づいてされた戸籍の記載が，その後，その身分行為が取り消され，戸籍法上の届出義務に基づく届出がされたことにより訂正（新たな戸籍の記載）がされたものであり，戸籍の記載に当初から誤りがある場合の是正手段である戸籍の訂正の概念には当てはまらないと考えられます。そのため，上記の戸籍法の規定に定める要件を満たさないとされるのです。
　　上記の婚姻の取消しの裁判と同様戸籍法上の届出が義務付けられているものとしては，縁組取消し（戸籍法69条），離縁取消し（同法73条），婚姻取消し（同法75条），離婚取消し（同法77条），親権又は管理権の喪失の宣告の取消し（同法79条），失踪宣告取消し（同法94条）及び推定相続人の廃除取消し（同法97条）の各裁判等があります。なお，認知の取消しの裁判については，このような届出義務がなく，戸籍の訂正がされることとされています。そこで，この訂正がある場合には，申出再製ができるとされています（前掲通達第5の1(3)）。

エ　戸籍の記載が更正されている場合

例えば，行政区画，土地の名称又は地番号に変更があったため（戸籍法施行規則45条，46条），これと合致する戸籍の記載がされた場合，申出により戸籍上の氏名の文字の字体を旧字体から新字体に変更した場合が，これに該当します。

上記のような戸籍の記載の変更は，当該戸籍の記載がその記載がされた時点においては事実に合致していたものであったのに，これが後発的な事情により事実に反することとなったために行われたものです。戸籍の記載がその当初から誤りである場合の是正手段である戸籍訂正の概念には当てはまらないと解されています（民事月報58巻1号80頁）。

② 戸籍法11条の2第1項ただし書に該当する場合

戸籍法11条の2第1項本文に定める再製の要件が満たされている場合であっても，再製によって記載に錯誤又は遺漏がある戸籍となるときは，再製が許されないものとされています（同項ただし書）。

戸籍の記載に「錯誤又は遺漏がある」とは，戸籍の記載が真実に合致しないことをいいます。このうち，「錯誤がある」とは記載されている事項が真実と異なることをいい，「遺漏がある」とは戸籍に記載すべき事項の一部が脱漏していることをいい，具体的には，前後の戸籍との関連が付かなくなる場合や当該戸籍において記載内容に矛盾が生ずる場合などをいうと解されています（平成14・12・18民一第3000号通達第5の2）。この解釈を前提に，上記の戸籍法11条の2第1項ただし書の趣旨を考えてみますと，同項本文の規定による申出再製がされた場合には，当該不実記載の部分及び訂正の趣旨・事由部分は再製後の戸籍に移記されないことになるのですが，このような取扱いの結果として，再製した戸籍が上記のような「錯誤又は遺漏がある」ものとなると認められるときは，正確な身分関係を登録・公証する戸籍制度の目的に照らし，相当でないとして，再製を許さないというにあるということができます。

この「錯誤又は遺漏がある」戸籍に該当する主な事例は，次のとおりです（前掲通達第5の2(1)から(3)）。

ア　父からの嫡出子出生届により父母の戸籍に入籍している子について，母との親子関係不存在確認の裁判が確定し，同裁判の理由中に戸籍上の父と子との間に事実上の親子関係のあることが認定されている場合

　　母子の親子関係不存在確認の裁判確定により戸籍訂正がされた場合，子は実母の戸籍に入籍し，父の届出に係る出生事項及び訂正による移記事項（親子関係不存在確認の裁判確定及び移記元の父の戸籍の表示）が記載されるのですが，この実母の戸籍について仮に申出再製を認めることとしますと，上記の移記事項が記載されないこととなる結果，戸籍面上，嫡出でない子であるのに，届出資格のない父が出生届をした旨の記載だけが残り，記載に錯誤がある戸籍となります。

　　のみならず，この場合，本来，父からの出生届には認知の効力が認められるのですが（昭和57・4・30民二第2972号通達参照），実母の戸籍について仮に申出再製を認めることとしますと，再製後の戸籍には「父届出」との記載しかされず，戸籍訂正による移記元の父の戸籍の表示がされないため，戸籍面上，父の戸籍とのつながりが不明となり，認知の事実が明らかとはならず，「記載に遺漏がある戸籍」ともなります。

イ　婚姻後に出生した嫡出子がある夫婦について，婚姻無効の裁判が確定した場合

　　婚姻無効の裁判が確定した場合，母子は，母の婚姻前の実方戸籍に入籍・除籍されて，母の新戸籍に入籍する（三代戸籍禁止の原則があるため，母子について新戸籍を編製せざるを得ない。）のですが，この母の婚姻前の実方戸籍について仮に申出再製を認めることとしますと，移記先の戸籍の表示が記載されず，戸籍面上，母について前後のつながりが不明となり，記載に遺漏がある戸籍となります。

ウ　訂正によって除かれた戸籍となった場合

　　婚姻無効の裁判確定により戸籍訂正がされた場合，虚偽の婚姻届等によって新たに編製された戸籍は，当該訂正によって除かれた戸

籍となりますが，これについて仮に申出再製を認めることとしますと，本籍欄及び筆頭者氏名欄の記載，戸籍事項欄中の新戸籍の編製に関する事項及び身分事項欄中の出生事項しか移記されない全く意味不明の戸籍を作り出す（戸籍面上，関係の不明な二人が同籍することになる。）ことになり，記載に遺漏がある戸籍となります。

(3) 戸籍法11条の2第2項の申出再製

市町村長が記載をするに当たって文字の訂正，追加又は削除をした戸籍について，当該戸籍に記載されている者から，当該訂正，追加又は削除に係る事項の記載のない戸籍の再製の申出があったときは，法務大臣は，その再製について必要な処分を指示することとされています（戸籍法11条の2第2項，同条1項本文）。

なお，市町村長は，戸籍の記載をするに当たって文字の訂正，追加又は削除をしたときは，その字数を欄外に記載し，これに認印を押し，かつ，削除された文字をなお明らかに読むことができるようにしておかなければならないとされています（戸籍法施行規則31条4項）。一般に欄外訂正と呼ばれています。

2 申出再製の対象となる戸籍の範囲

申出再製の対象となるのは，戸籍法（昭和22年法律第224号）及び戸籍法施行規則（同年司法省令第94号）によって規定されている現行の戸籍様式の戸籍に限ります。除かれた戸籍のうち，旧戸籍法（明治19年内務省令第22号，明治31年法律第12号及び大正3年法律第26号）に基づく旧様式の戸籍（改正前戸籍法128条1項ただし書の規定による改製によって除かれたもの又は当該改製前に除かれたもの（明治19年式戸籍，明治31年式戸籍及び大正4年式戸籍）を指す。）は，申出対象とはならないとされています（平成14・12・18民一第3000号通達第3の2）。

3 市町村及び管轄法務局等における再製の手続

戸籍法11条の2（同法12条2項において準用する場合を含む。）の再製の申出があったときは，戸籍簿又は除籍簿の全部又は一部が滅失した場合の例

に準じて報告及び具申をしなければならないとされています（戸籍法施行規則10条，9条1項・2項）。

　これを受けて，標準準則では，戸籍又は除かれた戸籍について再製の申出があった場合において，市町村長が戸籍法施行規則10条の規定によってその報告をするときは，付録第16号書式（131頁）によってしなければならないとしています（標準準則17条）。次いで，管轄法務局等の長の具申を受けて法務大臣が再製について必要な処分を指示することになりますが，この指示については，戸籍簿又は除籍簿の全部又は一部が滅失するおそれがある場合において法務大臣がする指示の場合と同様，法務局長又は地方法務局長が専決することができるとされています（平成14・12・18民一訓第2999号法務大臣訓令）。法務大臣による上記の指示は，まず，同大臣から管轄法務局等の長に対する訓令を発し，次いで，管轄法務局等の長から市町村長宛の指示により示されることになります。この場合の大臣訓令は平成14年12月18日付け民一第3002号民事局長依命通達第2号様式（132頁）により，市町村長に対する指示は第4号様式（132頁）によってそれぞれ行うものとされています（前掲依命通達1の(3)）。

標準準則付録第16号書式（第17条関係）

```
                              戸発第        号
                              平成　年　月　日
○○法務局（○○支局）長　殿
            ○○市（町村）長　氏　名　[職印]

            戸籍法第11条の2の申出の報告

　当庁備付けの戸籍（除籍又は改製原戸籍）につき，戸籍法第11条の2の申
出がありましたので，報告します。
                    記
1　申出のあった戸籍（除籍又は改製原戸籍）の表示
      ○　○（又は別紙目録記載のとおり）
2　戸籍の編製（除籍，改製）の年月日
      ○　○
3　申出の年月日
      ○　○
（注）　別紙目録は，付録第13号書式の別紙目録と同じ様式による。
```

標準準則付録第17号書式（第18条第2項関係）

```
                              戸発第        号
                              平成　年　月　日
○○法務局（○○支局）長　殿
            ○○市（町村）長　氏　名　[職印]

        戸籍（除籍又は改製原戸籍）再製完了報告

　平成○年○月○日付け第○○号指示による戸籍（除籍又は改製原戸籍）の
再製は，平成○年○月○日に完了しましたので，報告します。
```

第 2 号様式（平成14・12・18民一第3002号依命通達）

　　　　　　　　　　　　　　　　　　　　　　　　何地方法務局長

　何県何市役所備付けの下記戸籍につき戸籍法第11条の2第1項（又は第2項）の申出があったから，次の再製手続をしてください。
1　何市長をして，申出があった当該戸籍に基づき，これを再製させること。
2　前項により戸籍を再製したときは，同市長をして，その旨を報告させ，この報告を受けたときは，相当の調査をすること。

　　平成　　年　　月　　日

　　　　　　　　　　　　　　　　　　　　　　　　　法　務　大　臣

　　　　　　　　　　　　　　記

　　　何県何市　　　番地　　　　　何某
　　　　　　　　　　番地　　　　　何某　　何葉

第 4 号様式（平成14・12・18民一第3002号依命通達）

　日記第　　　号
　　　　　　　　　　　　　　　　　何市長　　氏　　名

　　戸籍法第11条の2の申出による戸籍の再製等に関する指示

　平成　年　月　日付け第　　号で戸籍法第11条の2の申出があった戸籍として報告のあった貴庁備付けの別紙目録記載の戸籍の再製について，法務大臣から訓令が発せられたので，次の再製手続をしてください。
1　貴庁備付けの戸籍法第11条の2の申出があった当該戸籍に基づき，これを再製すること。
2　前項により戸籍を再製したときは，速やかにその旨を当局（何支局）に報告すること。
　　平成　　年　　月　　日
　　　　　　　　　　　　　　何地方法務局長　　氏　　名　㊞
（別紙目録）
　　　何県何市　　　番地　　　　　何某
　　　　　　　　　　番地　　　　　何某　　何葉

第6号様式（平成14・12・18民一第3002号依命通達）

```
           戸　籍　再　製　簿
     （戸籍法第11条の2の申出による戸籍の再製）

                    何地方法務局
```

市区町村名						
報告年月日	戸籍・除籍等の別	戸籍の数	申出年月日及び申出の根拠	再製年月日	摘要	

注1　市区町村ごとに別葉とする。同一市区町村にあっては，報告のあった都度，順次継続記載する。
　2　「報告年月日」欄には，市区町村長から戸籍法第11条の2の申出があったことの報告がされた日を記載する。
　3　「戸籍・除籍等の別」欄には，戸籍・除籍又は改製原戸籍の別を記載する。
　4　「戸籍の数」欄には，戸籍の一部を再製するときも，一戸籍として計上する。
　5　「申出年月日及び申出の根拠」欄には，当該戸籍に記載されている者から申出があった年月日及び当該申出の根拠として戸籍法第11条の2第1項又は第2項の別を記載する。
　6　「再製年月日」欄には，再製完了年月日を記載する。
　7　「摘要」欄には，例えば，戸籍訂正の態様その他の参考事項を記載する。

4　申出再製をした場合の再製事項の記載

　申出により戸籍を再製した場合にも，その戸籍がいつ，どのような理由で再製されたのかを戸籍面上明らかにしておく必要があります。この記載例については，参考記載例に定められています。

①　戸籍法11条の2第1項の申出があった場合

　　再製戸（除）籍の戸籍事項欄に記載する再製事項は，「平成拾五年壱月拾五日再製㊞」とします。

　　コンピュータシステムによる証明書の記載例は，次のとおりです（参考記載例225）。

戸籍再製	【再製日】平成１５年１月１５日 【再製事由】戸籍法第１１条の２第１項

　他方，上記の場合において，戸籍訂正がされた戸（除）籍の戸籍事項欄に記載する再製事項は，「平成拾五年壱月拾五日戸籍法第十一条の二第一項の規定による再製につき消除㊞」とします。

　コンピュータシステムによる証明書の記載例は，次のとおりです（参考記載例226）。

戸籍消除	【消除日】平成１５年１月１５日 【特記事項】戸籍法第１１条の２第１項の規定による再製につき消除

②　戸籍法11条の2第2項の申出があった場合

　　再製戸（除）籍の戸籍事項欄に記載する再製事項は，「平成拾五年壱月拾五日再製㊞」とします（参考記載例227）。

　　他方，文字の訂正，追加又は削除がされた戸（除）籍の戸籍事項欄に記載する再製事項は，「平成拾五年壱月拾五日戸籍法第十一条の二第二項の規定による再製につき消除㊞」とします（参考記載例228）。

第5　後見又は保佐の登記の通知による戸籍の再製

　民法等の一部を改正する法律（平成11年法律第149号）により，民法の禁治産者・準禁治産者の制度が廃止され，新たに成年後見・保佐・補助の制度が創設されました。これに伴う経過措置として，上記改正法附則3条1項に，上記改正前の民法の規定による禁治産の宣告は改正後の後見開始の審判とみなし，当該禁治産の宣告を受けた禁治産者は当該後見開始の審判を受けた成年被後見人とみなす旨の規定が設けられました。準禁治産の宣告及び当該宣告を受けた準禁治産者についても，改正後の保佐開始の審判及び被保佐人とみなす旨の経過措置が設けられました（同条2項）。

　この経過措置を受けて，後見登記等に関する法律（平成11年法律第152号）附則2条5項は，同経過措置により成年被後見人とみなされる者又は被保佐人とみなされる者について，後見の登記又は保佐の登記がされ，登記官から当該者の戸籍事務を管掌する市町村長に対しその旨の通知がされた場合には，当該市町村長は，当該者の戸籍から禁治産又は準禁治産に関する事項を削除するため新戸籍を再製するものとされています（戸籍法施行規則（平成12年法務省令第7号）附則4条）。なお，再製の対象となるのは，現に効力を有する後見開始の審判又は保佐開始の審判とみなされる禁治産宣告又は準禁治産宣告に係る事項の記載のある戸籍です。

　この場合の戸籍の再製は，基本的には，滅失のおそれがある戸籍の再製の手続に準じて行うこととされています（平成12・3・15民二第600号通達第2の3(2)）。したがって，市町村長は，登記官から後見の登記又は保佐の登記がされた旨の通知を受けたときは，遅滞なく，管轄法務局若しくは地方法務局又はその支局に対し，その旨及び年月日，再製の対象となる戸籍の表示及び編製年月日を報告しなければなりません（戸籍法施行規則10条，9条）。

　再製の方法は，禁治産宣告又は準禁治産宣告に係る事項の記載がある者の在籍する戸籍が一葉であるときは，全部再製の手続を行うものとされ，この場合，再製戸籍の記載は参考記載例番号221により，再製される従前戸籍の記載は同記載例番号222によります（120，121頁参照）。また，上記事項の記載がある者の同籍する戸籍が数葉にわたるときは，当該記載のあ

る一葉のみを対象とする一部再製手続を行うものとされ，この場合，再製戸籍の記載は参考記載例番号223により，再製される従前戸籍の記載は同記載例番号224によります（121頁参照）。戸籍が磁気ディスクをもって調製がされている場合の再製は，禁治産宣告又は準禁治産宣告に係る事項の記録がある戸籍の全部再製の手続を行うものとされ，この場合，再製戸籍の記録事項証明書の記載は参考記載例番号221により，再製される従前戸籍の記録事項証明書の記載は同記載例番号222によります（120，121頁参照）。

第6　嫡出でない子の戸籍における父母との続柄欄の記載が更正された場合の戸籍の再製

　従来，戸籍の記載における父母との続柄は，嫡出子については「長男，長女」，「二男，二女」と記載されるのに対し，嫡出でない子については「男，女」と記載されてきましたが，平成16年11月1日付け法務省令第76号をもって戸籍法施行規則の一部が改正されて，嫡出でない子の続柄の記載は嫡出子のそれと同様とすることとされました。その結果，嫡出でない子の出生届がされた場合には，子の父母との続柄は，父の認知の有無にかかわらず，母との関係のみにより認定し，母が分娩した嫡出でない子の出生の順により，戸籍の父母との続柄欄に「長男，長女」，「二男，二女」等と記載することとされました（平16・11・1民一第3008号通達1）。既に戸籍に記載されている嫡出でない子の父母との続柄欄の記載については，上記取扱いの変更との均衡を図るため，更正の申出により，当該記載を市町村長限りで更正することとされています（前掲通達2）。そして，この続柄欄の記載が更正された場合において，申出人から当該更正に係る事項の記載のない戸籍の再製の申出があったときは，戸籍を再製することができるとされています（前掲通達4）。

　戸籍に記載されている者からの申出による戸籍の再製については，前述したとおり，戸籍法11条の2の規定が設けられています。しかし，同条に基づく再製の対象となる戸籍は，虚偽の届出若しくは錯誤による届出又は市町村長の過誤によって記載がされ，かつ，その記載につき戸籍訂正がさ

第6　嫡出でない子の戸籍における父母との続柄欄の記載が更正された場合の戸籍の再製　　137

れた戸籍とされており，上記のように戸籍の記載方法の変更に伴う更正があった戸籍について，この規定を適用ないし準用することはできません。そこで，前掲通達により，滅失のおそれがある戸籍の再製の手続（戸籍法施行規則9条）に準じて再製することとされています（同通達4）。

1　更正の手続

　嫡出でない子（事件本人）の父母との続柄欄の記載について更正の申出をすることができるのは，事件本人（事件本人が15歳未満のときは，法定代理人）又は母（事件本人が15歳以上の場合で，母が事件本人と同一戸籍に在籍するとき又は在籍していたときに限るものとする。）に限られており，この申出は，事件本人の本籍地の市町村長に対してします。申出の対象となる戸籍は，申出のあった事件本人の戸籍のみであり，事件本人が従前に在籍していた戸（除）籍は対象とはされない取扱いです。

　市町村長は，上記の申出に際し，申出人から，母と嫡出でない子との身分関係を記載した申述書の添付を求めるものとするとされ，戸籍の記載又は調査のため必要があるときは，戸（除）籍の謄本等の提出を求めることができるとされています。

　市町村長が更正を行う場合には，事件本人の身分事項欄に下記の例による記載をした上で，父母との続柄欄における「男（女）」の記載を「長男（長女）」等と記載するものとされています。

　①　事件本人が15歳未満の場合（前掲通達2の(5)ア）

　　「親権者母（父）の申出により平成拾七年壱月弐拾五日父母との続柄の記載更正㊞」と記載します。

　　コンピュータ戸籍の場合には，次のように記載します。

身分事項　　　更　　正	【更正日】平成１７年１月２５日 【更正事項】父母との続柄 【更正事由】親権者母（父）の申出 【従前の記録】

	【父母との続柄】男（女）

② 事件本人が15歳以上の場合（前掲通達2の(5)イ）

「(母の)申出により平成拾七年壱月弐拾五日父母との続柄の記載更正㊞」と記載します。

コンピュータ戸籍の場合には、次のように記載します。

身分事項 更　正	【更正日】平成17年1月25日 【更正事項】父母との続柄 【更正事由】(母の)申出 【従前の記録】 　　【父母との続柄】男（女）

2　嫡出でない子が準正により嫡出子の身分を取得した場合の取扱い

父母との続柄欄の記載の更正の申出により、嫡出でない子の父母との続柄欄の記載が「長男（長女）」、「二男（二女）」等の記載に更正されている者について、父の認知及び父母の婚姻により嫡出子の身分を取得した場合には、当該続柄欄の記載を更正することとされています。すなわち、申出により父母との続柄欄が「男」から「長男」に更正されている嫡出子でない子が、嫡出子の身分を取得した場合には、「長男」という続柄の表記は変わらないものの、嫡出子たる「長男」となった旨の訂正をすることとなるのです。この場合の続柄の訂正は、戸籍法施行規則附録第7号記載例及び同規則付録第25号記載例（番号15、16、78、79及び80）に基づいてするものとされています（前掲通達2の(7)）。

3　申出による戸籍の再製

① 再製する戸籍（前掲通達4の(1)）

申出に基づき父母との続柄欄の記載が更正された場合において、申

出人から当該更正に係る事項の記載のない戸籍の再製の申出があったときは，滅失のおそれがある戸籍の再製の手続（戸籍法施行規則9条）に準じて再製することができます。この場合，再製戸籍の戸籍事項欄には，再製事項として，「平成拾七年壱月弐拾五日再製㊞」と記載します。

コンピュータ戸籍の場合には，次のように記載します。

戸籍事項	
戸籍再製	【再製日】平成17年1月25日

② 更正がされた戸籍

更正がされた戸籍の戸籍事項欄には，再製事項として，「平成拾七年壱月弐拾五日再製につき消除㊞」と記載します。

コンピュータ戸籍の場合には，次のように記載します。

戸籍事項	
戸籍消除	【消除日】平成17年1月25日
	【特記事項】再製につき消除

第7　再製原戸籍の保存期間

戸籍法11条の規定により戸籍簿又は除籍簿の全部又は一部につき滅失のおそれのあるときに再製がされた場合の再製原戸籍の保存期間は，当該年度の翌年から1年とされています（戸籍法施行規則10条の2第1項）。戸籍法11条の2第1項の規定により再製された戸籍又は除かれた戸籍の原戸籍の保存期間は，当該年度の翌年から80年，また，同法11条の2第2項の規定により再製された戸籍又は除かれた戸籍の原戸籍の保存期間は，当該年度の翌年から1年とされています（戸籍法施行規則10条の2第2項・3項）。

第8章　戸籍の公開

> **ポイント**　戸籍の公開制度

　戸籍法の一部を改正する法律（平成19年法律第35号，以下「改正戸籍法」という。）では，戸籍の公開制度について，個人情報を保護する観点から，戸籍謄本等の交付請求をすることができる場合を限定するとともに，その交付請求の際に交付請求者の本人確認を行うことにより不正な請求を防止するなど，大幅な見直しがされました。

　具体的には，①戸籍の謄抄本等の交付請求，②本人確認，③説明要求，④制裁の強化等について見直され，これらに関する規定が新設されています。

① 戸籍の謄抄本等の交付請求

　戸籍の交付請求に関し，請求者の区分により，(i)**本人等請求**（改正戸籍法10条1項），(ii)**第三者請求**（同法10条の2第1項），(iii)**公用請求**（同法10条の2第2項），及び(iv)**弁護士等による請求**（同法10条の2第3項から5項）の類型を設け，それぞれについて詳細な規制がされています。

② 本人確認等（改正戸籍法10条の3第1項）

　戸籍謄本等の交付請求において，現に請求の任に当たっている者は，市町村長に対して，運転免許証を提示する方法等により当該請求の任に当たっている者を特定するために必要な事項を明らかにしなければならないとされています。

③ 説明要求（改正戸籍法10条の4）

　市町村長は，第三者請求，公用請求，及び弁護士等請求については，交付要件の存否を認定するに際し，それぞれの請求において明らかにすべき事項が明らかにされていないと認めるときは，請求者に対して必要な説明を求めることができるとされています。

④ 制裁の強化（改正戸籍法133条）

偽りその他不正の手段により戸籍謄本等又は除籍謄本等の交付を受けた者に対する改正前戸籍法の5万円以下の過料の制裁が強化され，30万円以下の罰金に処するとされています。

⑤ 不服申立手続

戸籍謄本等の交付請求及び戸籍法48条2項による届書等の閲覧・記載事項証明書の請求に関する市町村長の処分に不服がある者は，市役所又は町村役場の所在地を管轄する法務局又は地方法務局の長に審査請求をすることができるとされ，当該処分の取消しの訴えは，同審査請求を経なければ提起することができないとされています（改正戸籍法124条，125条）。

第1　戸籍の公開

1　戸籍法改正の経緯

戸籍の公開制度は，明治31年戸籍法（明治31年法律第12号）によって採り入れられたものです。同法13条では，「何人ト雖モ手数料ヲ納付シテ身分登録簿ノ閲覧又ハ登記ノ謄本若クハ抄本ノ交付ヲ請求スルコトヲ得」と規定され，同法174条において，この規定を戸籍簿並びに戸籍の謄本及び抄本に準用していました。この戸籍公開の原則は，その後に制定された大正3年戸籍法（大正3年法律第26号）に踏襲され，同法14条1項においては，「戸籍簿ヲ閲覧シ又ハ戸籍ノ謄本若クハ抄本ノ交付ヲ受ケントスル者ハ手数料ヲ納付シテ之ヲ請求スルコトヲ得」と定められました。次いで，この原則は現行戸籍法（昭和22年法律第224号）に引き継がれ，同法10条1項では，「何人でも，手数料を納めて，戸籍簿の閲覧又は戸籍の謄本若しくは抄本の交付を請求することができる。戸籍の謄本若しくは抄本の記載事項に変更がないことの証明又は戸籍に記載した事項に関する証明についても，同様である。但し，市町村長は，正当な理由がある場合に限り，本項の請求を拒むことができる。」と定められました。しかし，戸籍の記載事項の中には，例えば，嫡出でない子であることや，離婚歴など，他人に

知られたくないと思われるものが含まれていることも少なくないため，国民のプライバシー保護のため，昭和51年法律第66号をもって戸籍法の一部が改正され，これにより，戸籍簿及び除籍簿の閲覧制度が廃止されるとともに，戸籍の謄抄本等を請求する場合には，法務省令で定める場合を除き，請求の事由を明らかにしてしなければならないこととされ，市町村長は，請求が不当な目的によることが明らかなときは，これを拒むことができることとされました（改正前戸籍法10条）。また，除籍の謄抄本等の請求については，除籍の性質を考慮して，第三者の請求が認められる場合を，相続関係を証明する必要がある場合などに限定し，その公開については戸籍よりも厳しい制限が付されました（同法12条の2）。

ところが，近年，自己のプライバシー情報を他人に知られたくないという国民の意識の高まりを背景に個人情報の保護に関する社会的要請が強まり，また，他人の戸籍謄本等を不正に取得するという事件が発生・発覚したことを踏まえ，個人情報を保護する観点から，平成19年5月11日に公布された「戸籍法の一部を改正する法律」（平成19年法律第35号）により，戸籍の公開制度の在り方が見直され，戸籍謄本等の交付請求をすることができる場合が限定されるとともに，その交付請求の際に交付請求者の本人確認を行うことにより不正な請求を防止するための措置が講じられています。

2　戸籍謄本等の交付の請求 （165頁以下「表1」参照）

(1) 本人等請求（改正戸籍法10条1項の請求）

① 改正戸籍法は，戸籍に記載されている者又はその配偶者，直系尊属若しくは直系卑属は，改正前戸籍法と同様，請求の理由を明らかにすることなく，当該戸籍の謄抄本等の交付請求をすることができるとしています（改正戸籍法10条1項）。ただし，市町村長は，この場合においても，当該請求が不当な目的によることが明らかなときは，これを拒むことができるとされています（同条2項）。

「不当な目的」とは，嫡出でない子であることや離婚歴等他人に知られたくないと思われる事項をみだりに探索し又はこれを公表するなどプライバシーの侵害につながるもの，その他戸籍の公開制度の趣旨

を逸脱して戸籍謄本等を不当に利用する目的をいうと解されています（平成20・4・7民一第1000号通達（以下「1000号通達」という。）第1の1）。

② 改正戸籍法10条1項にいう「戸籍に記載されている者」とは，戸籍の「名」欄に記載されている者であり，当該戸籍から除かれた者も含まれます。ただし，除かれた者のうち，その者に係る全部の記載が市町村長の過誤によってされたものであって，当該記載が24条2項の規定によって訂正された場合は，当該戸籍に記載されている者には含まれないものと解されています（小出邦夫「戸籍法の一部を改正する法律の解説」民事月報62巻6号11頁。以下「解説」という。）。

③ 戸籍に記載されている者の配偶者が，配偶者の資格でその戸籍の謄抄本等の交付請求をする場合とは，妻が婚姻前の夫の戸籍についての戸籍謄本等の交付請求をする場合や，外国人である妻が日本人である夫の戸籍の謄抄本等の交付請求をする場合であると解されています（解説10頁）。

(2) **第三者請求（改正戸籍法10条の2第1項の請求）**

戸籍に記載されている者等以外の者は，以下の場合に限り，その理由を明らかにして戸籍謄本等の請求をすることができるとされています。この場合において，当該請求をする者は，以下の当該各号に定める事項を明らかにしてこれをしなければなりません（改正戸籍法10条の2第1項）。

① 自己の権利を行使し，又は自己の義務を履行するために戸籍の記載事項を確認する必要がある場合

この場合に明らかにすべき事項は，権利又は義務の発生原因及び内容並びに当該権利を行使し，又は当該義務を履行するために戸籍の記載事項の確認を必要とする理由です（同項1号）。例えば，債権者が，貸金債権を請求するに当たり，死亡した債務者の相続人を調べて相続人に債務の履行を請求するという場合には，交付請求者は，「平成○年○月○日Aに対して金○万円を貸し付けたが，Aは平成○年○月○日に死亡したので，債務の支払いを請求する相続人を特定するためにAの戸籍謄本が必要である。」といった程度の具体性のある記載を必

要とすると解されています（解説10頁）。このほか，上記の場合に該当する事例としては，生命保険の受取人となっている者が，保険会社に保険金を請求するに当たり，死亡した被保険者の戸籍の記載事項を確認する場合，詐害行為の立証のために債務者と財産譲受人との間に親族関係があるかどうかを確認する場合，結婚詐欺を理由とする損害賠償請求のために婚約当時の相手方の戸籍の記載事項を確認する場合等が考えられます。

② 国又は地方公共団体の機関に提出する必要がある場合

この場合に明らかにすべき事項は，戸籍謄本等を提出すべき国又は地方公共団体の機関及び当該機関への提出を必要とする理由です（同項2号）。

例えば，兄が，死亡した弟の財産を相続により取得し，その相続税の確定申告書の添付書面として，弟の戸籍謄本を税務署に提出する必要があるため，兄からその戸籍謄本の交付請求をする場合がこれに該当します。

③ その他戸籍の記載事項を利用する正当な理由がある場合

この場合に明らかにすべき事項は，戸籍の記載事項の利用の目的及び方法並びにその利用を必要とする事由です（同項3号）。

「その他戸籍の記載事項を利用する正当な理由」とは，権利行使又は義務履行に準ずる場合，すなわち，権利義務関係にはないが，社会通念上他人の戸籍の記載事項を利用してある行為をすることが一般に期待され又は許容される場合であると解されています（解説12頁）。

この関係で問題になるのは，婚姻しようとする相手方の婚姻要件等又は財産的取引をしようとする相手方の行為能力等を確認するために，当該相手方の戸籍の記載事項を利用することが，上記の「正当な理由」に当たるかです。この問題については種々の見解があり得るところですが，法務省は，これを否定する見解に立っています（1000号通達第1の2）。上記のような場合は，一方で，市町村の窓口において，請求者がこれから婚姻等の身分行為や取引行為を行おうとしているかどうかの真偽を確かめることは難しく，プライバシーの侵害の防止の観

点からは問題があり，他方で，このような場合には当事者間に対立関係がなく，相手方から戸籍謄本等の交付を受ける方法を採り得ることなどが考慮されたものと考えられます（解説12頁参照）。これに対し，例えば，民生委員や成年後見人であった者が死亡した当該高齢者の遺品を相続人たる親族に渡すため，当該高齢者の戸籍謄本を請求するような場合は，「正当な理由」がある場合に当たると解されます（解説12頁）。

(3) 交付請求書の様式

戸籍謄抄本等の交付請求書は，別紙の標準様式とされています（平成20・4・7民一第1001号依命通知1。163頁参照）。

(4) 公用請求（改正戸籍法10条の2第2項の請求）

国又は地方公共団体の機関は，法令に定める事務を遂行するために必要がある場合には，請求の任に当たる権限を有する職員が，①その官職，②当該事務の種類，③根拠となる法令の条項，④戸籍の記載事項の利用の目的を明らかにして戸籍謄本等の交付の請求をすることができるとされています（改正戸籍法10条の2第2項）。国又は地方公共団体の機関による請求は，法令に根拠を置く事務処理の必要性に基づき，その機関における決裁手続を経て機関の行為としてされるものであって，通常，その必要性は明確であり，かつ不正な請求が行われる可能性も低いことから，上記のような抽象的な要件で足りるとされたものです。

改正前戸籍法においては，国又は地方公共団体の職員が職務上請求する場合には請求事由の記載を要しないとされていましたが，この取扱いは改められています。ただし，公用請求の性質にかんがみ，第三者請求の場合と同程度の詳細な記載までは要しないものと解されます。例えば，地方公共団体が生活保護の決定に際して要保護者の扶養義務者の有無を確認する場合には，上記②の事務の種類は生活保護決定事務とし，同③の根拠となる法令の条項は生活保護法19条1項，同④の戸籍の記載事項の利用の目的は扶養義務者の有無の確認と記載することで足りると解されます（解説15頁）。

なお，改正戸籍法では，公用請求の主体を国又は地方公共団体の機関に限定することとされ，改正前戸籍法施行規則別表第一に掲げられた法

人に関する例外的な取扱いは廃止されました。これら法人は，改正戸籍法下では，第三者請求の規律に従って戸籍謄本等の交付請求を行うことになります（解説15頁）。

(5) 弁護士等請求（改正戸籍法10条の2第3項から第5項までの請求）
　① 改正戸籍法10条の2第3項の請求
　　ア 弁護士，司法書士，土地家屋調査士，税理士，社会保険労務士，弁理士，海事代理士又は行政書士（海事代理士を除き，弁護士法人等の各資格者法人を含む。以下「弁護士等」という。）は，受任している事件又は事務に関する業務を遂行するために必要がある場合には，①その有する資格，②当該業務の種類，③当該事件又は事務の依頼者の氏名若しくは名称，④当該依頼者についての改正戸籍法10条の2第1項各号に定める第三者請求に際して明らかにすべき事項を明らかにして戸籍謄本等の交付請求をすることができるとされています（改正戸籍法10条の2第3項）。
　　イ 「受任している事件又は事務に関する業務を遂行するために必要がある場合」とは，弁護士等が特定の依頼者からその資格に基づいて処理すべき事件又は事務の委任を受けて，当該事件又は事務に関する業務を遂行するために必要がある場合をいうと解されています（1000号通達第1の4(1)）。これにより，弁護士等は，受任している事件又は事務に関する業務を遂行するために必要がある場合には，依頼者からの個別の委任がなくても，戸籍謄本等の交付請求ができることになります。この場合には，依頼者からの委任状の提出を要しないものとされています（1000号通達第1の4(1)）。資格者法人（海事代理人を除き弁護士法人等の各資格者法人を含む。）が上記の事件又は事務の委任を受けた場合において，当該資格者法人に所属する弁護士等が当該事件又は事務に関する業務を遂行するために戸籍謄本等の交付の請求をするときも，上記に該当するものとして取り扱って差し支えないとされています（1000号通達第1の4(1)）。
　② 改正戸籍法10条の2第4項の請求
　　ア 第三者請求（改正戸籍法10条の2第1項）及び改正戸籍法10条の2

第 3 項の規定にかかわらず、弁護士等（海事代理士及び行政書士を除く）は、各士業ごとの改正戸籍法10条の 2 第 4 項各号に掲げられた業務を遂行するために必要がある場合には、①有する資格、②当該事件の種類、③その業務として代理し又は代理しようとする手続、④戸籍の記載事項の利用の目的を明らかにして戸籍謄本等の交付請求をすることができるとされています（改正戸籍法10条の 2 第 4 項）。

イ 「改正戸籍法10条の 2 第 4 項各号に掲げられた業務を遂行するために必要がある場合」とは、弁護士等が現に紛争処理手続における代理業務を行っている場合のほか、紛争処理手続の対象となり得る紛争について準備・調査を行っている場合も含まれると解されています（1000号通達第 1 の 4 (2)）。弁護士等が受任している事件に紛争性がある場合には、依頼者の権利行使等の意思は明確である上、争われている権利の実現のため、当該権利の存在及び範囲を紛争の相手方や事件に関係する第三者に係る戸籍の記載事項を利用して対外的に証明する必要性が類型的に存在するといえます。加えて、弁護士等がそのような紛争性のある事件について単に法的なアドバイスをしたり、代書をするにとどまらず、自ら裁判手続その他紛争処理手続において依頼者を代理する場合は、その権利の実現のために十分な立証活動をする必要があります。そこで、上記の規定は、弁護士等が自ら裁判手続その他紛争処理の手続の代理業務を遂行するために必要がある場合を改正戸籍法10条の 2 第 3 項の特則として独立の要件とし、本項各号において、弁護士等の資格者ごとにそのような代理業務の別を明らかにしたものです。

この場合には、依頼者の氏名や受任事件の詳細を明らかにする必要はなく、交付請求書における記載についても、例えば、弁護士又は認定司法書士であれば、「貸金請求訴訟提起の準備のため」、土地家屋調査士であれば、「土地の表示登記申請却下処分についての法務局に対する審査請求の準備のため」というような記載をすることになると考えられます（解説16頁）。

弁護士等がこの要件による交付の請求をする場合は、依頼者から

の委任状の提出は要しないものとされています（1000号通達）。
③　改正戸籍法10条の2第5項の請求
　　第三者請求（改正戸籍法10条の2第1項）及び改正戸籍法10条の2第3項の規定にかかわらず，弁護士は，刑事事件における弁護人としての業務，少年の保護事件における付添人としての業務，人身保護法の規定により裁判所が選任した代理人としての業務等，改正戸籍法10条の2第5項に掲げられた業務を遂行するために必要がある場合には，①弁護士の資格，②改正戸籍法10条の2第5項に掲げられた業務の別，③戸籍の記載事項の利用の目的を明らかにして戸籍謄本等の交付の請求をすることができるとされています（同法10条の2第5項）。この規定は，同条4項が適用される場合である，依頼者から個別的な事件を受任し，かつ，その依頼者を代理して業務を行う場合には当たりませんが，弁護士が特定の者のために定型的に紛争性がある事件において活動する場合の特則について規定するものです。すなわち，国選弁護人は，他人から個別的な事件を受任しているわけではなく，同条4項の適用はありませんが，その権限は他人の利益の実現を目的とし，かつ，定型的に紛争性のある事件において行使されるため，同項に準じて扱うのが適当ですし，また，私選弁護士は，他人（依頼者）から個別的な事件を受任してはいますが，当該他人を代理する業務ではないため，同項の適用はないものの，その権限は定型的に紛争性がある事件において行使されるものですから，同項に準じて扱うのが適当と考えられます。そこで，改正戸籍法10条の2第5項は，このような観点から，特にそのような業務を具体的に列挙し，そのような業務を遂行するために必要がある場合を同条1項及び3項の特則として，独立の要件とすることを明らかにしたものです。

3　現に請求の任に当たっている者を特定するための方法（改正戸籍法10条の3第1項）（173頁以下「表2」参照）

　戸籍謄本等の交付の請求において，現に請求の任に当たっている者は，市町村長に対して，運転免許証を提示する方法等により当該請求の任に当

たっている者を特定するために必要な事項を明らかにしなければならないとされています（改正戸籍法10条の3第1項）。戸籍謄本等の交付請求がされた際に本人確認を行うとするものです。

　この本人確認は，本来，当該戸籍謄本等の交付請求をすることができない者が，他人になりすますことによって不正に当該戸籍謄本等の交付を受けることを未然に防止するために行うものであり，また，戸籍謄本等の交付を受けた者が第三者請求，公用請求又は弁護士等請求の要件を偽ったことが事後に発覚した場合には，この本人確認を行うことにより，不正取得者に対する事後的な責任を追及する手がかりを得ることもできますから，この本人確認を実施することは，このような不正行為を防止する効果を有するものと考えられます。

　現に請求の任に当たっている者とは，請求が市町村長の窓口への出頭により行われる場合には，出頭した者であり，請求が郵送の方法で行われる場合には，交付請求書上に請求者の氏名のみが記載されているときは請求者，請求者の氏名以外の代理人又は使者の氏名が記載されているときは代理人又は使者がこれに当たります（解説18頁）。

　現に請求の任に当たっている者が自己を特定するために明らかにすべき事項及びその方法並びにそれらの取扱いは，次のとおりとされています。

(1)　窓口請求の場合
　①　本人等請求及び第三者請求（改正戸籍法施行規則11条の2第1号から3号，11条の3本文）
　　ア　明らかにすべき事項
　　　　現に請求の任に当たっている者が自己を特定するために明らかにすべき事項は，「氏名及び住所」又は「氏名及び生年月日」です（改正戸籍法施行規則11条の3）。
　　イ　明らかにする方法
　　　(ｱ)　原　則
　　　　　現に請求の任に当たっている者は，運転免許証，写真付き住民基本台帳カード，国又は地方公共団体の機関が発行した資格証明書（改正戸籍法施行規則別表第一に掲げられたもの）若しくは身分

証明書で写真が貼付されたもの等（同規則11条の2第1号に掲げられた書類。以下「1号書類」（**注1**＝157頁）という。）を1枚以上提示する方法により，氏名及び住所又は氏名及び生年月日を明らかにしなければなりません（同規則11条の2第1号）。

(イ) 例外 ―その1―

(ア)の方法によることができないときは，国民健康保険の被保険者証等及び国又は地方公共団体を除く法人が発行した身分証明書等（改正戸籍法施行規則11条の2第2号に掲げた書類。以下「2号書類」（**注2**＝157頁）という。）を複数組み合わせて提示する方法により，氏名及び住所等を明らかにする必要があります（同規則11条の2第2号）。

(ウ) 例外 ―その2―

(ア)及び(イ)の方法によることができないときは，市町村長の求めに応じて戸籍の記載事項を説明する方法その他の市町村長が現に請求の任に当たっている者を特定するために適当と認める方法によるものとされています（改正戸籍法施行規則11条の2第3号）。例えば，交付の請求の対象となっている戸籍の記載事項のうち，現に請求の任に当たっている者が知っているべきと考えられる事項（例えば，続柄，父母その他の親族の氏名等）について説明を求める方法，また，市町村の職員と現に請求の任に当たっている者との面識を利用する方法等によるものとされています（1000号通達第1の5(1)ア(オ)）。

ウ　証明書類の有効要件

上記の1号書類及び2号書類は市町村長が提示を受ける日において有効なものに限ります。この点は，次の②，③及び(2)においても同じです（1000号通達第1の5(1)ア(ウ)）。

エ　市町村長による確認の方法

市町村長は，窓口で提示された1号書類又は2号書類により，現に請求の任に当たっている者につき，氏名及び住所又は氏名及び生年月日を確認し，交付請求書にこれらの事項の記載がある場合には，

その記載内容と同一であることを確認しなければなりません。窓口で提示された1号書類及び2号書類に写真が貼付されている場合は，現に請求の任に当たっている者が当該書類に貼付された写真の人物と同一人であることを確認するものとされています（1000号通達第1の5(1)ア(エ)）。

② 公用請求（改正戸籍法施行規則11条の2第1号，11条の3第1号）
　ア　明らかにすべき事項
　　　公用請求の場合に，現に請求の任に当たっている者が自己を特定するために明らかにすべき事項は，「氏名及び所属機関」，「氏名及び住所」又は「氏名及び生年月日」です（同規則11条の3第1号）。
　イ　明らかにする方法
　　　1号書類を提示する方法によります。1号書類のうち，国又は地方公共団体の機関が発行した身分証明書は，氏名，所属機関の名称，発行機関の名称が記載されているものでなければなりません（1000号通達第1の5(1)イ(イ)及び(ウ)）。
　ウ　市町村長による確認の方法
　　　前記①エと同様の方法によります（1000号通達第1の5(1)イ(エ)）。
③ 弁護士等請求（改正戸籍法施行規則11条の2第4号，11条の3第2号）
　ア　明らかにすべき事項
　　　弁護士等請求の場合に明らかにすべき事項は，「氏名及び住所」，「氏名及び生年月日」又は「氏名及び請求者（弁護士等）の事務所の所在地」です（同規則11条3第2号）。
　イ　明らかにする方法　―原則―
　　　弁護士等が請求をする場合には，1号書類又は弁護士等であることを証する書類（資格者証）若しくは弁護士等の補助者であることを証する書類（補助者証）を提示し，弁護士等の職印が押されている統一請求書を提出することとされています（同規則11条の2第4号）。
　　　資格者証は，①弁護士等の氏名，②登録（会員）番号，③事務所の所在地，④発行主体が記載され，写真が貼付されたものであるこ

とを要します。同様に，補助者証についても，①補助者の氏名，②補助者を使用する弁護士等の氏名，③事務所の所在地，④発行主体が記載され，写真が貼付されたものであることが必要です。これらの証明書は，市町村長が提示を受ける日において有効なものに限ります（1000号通達第1の5⑴ウ㈦）。

　　ウ　明らかにする方法　─例外─
　　　弁護士等の請求の場合に，弁護士の所属する会が会員の氏名及び事務所の所在地を容易に確認することができる方法により公表している場合に限り，市町村長は，弁護士記章を提示させ，統一請求書の記載により，弁護士の氏名及び事務所の所在地を確認することができます。この場合において，市町村長は，疑義があるときは，弁護士の事務所の所在地を当該弁護士の所属する会のホームページ等で確認するものとされています（1000号通達第1の5⑴ウ㈡）。

　　エ　市町村長による確認の方法
　　　前記①エと同様の方法によります。
　　　なお，資格者証又は補助者証に，住所又は生年月日が記載されている場合であっても，当該記載によっては，住所又は生年月日を確認することはできません（1000号通達第1の5⑴ウ㈤）。

　　オ　固有権限行使等の場合
　　　弁護士等が，①破産管財人等として固有の権限を行使するために第三者請求をする場合，②成年後見人等として成年被後見人等の代理請求をする場合についても上記アからウまでと同様に取り扱って差し支えないとされています（1000号通達第1の5⑴ウ㈥）。

⑵　送付請求の場合（改正戸籍法施行規則11条の2第5号）
　郵送等によって戸籍謄本等の送付の請求をする場合において明らかにすべき事項は窓口請求の場合と同じですが，明らかにする方法及びその取扱いは，次のとおりです（改正戸籍法施行規則11条の2第5号）。

　①　本人等請求及び第三者請求
　　ア　請求者が個人である場合（改正戸籍法施行規則11条の2第5号イ本文）

(ア) 明らかにする方法

　交付請求書を送付して請求をする場合には，以下の方法によることとされています。
　i　運転免許証等の1号書類又は国民健康保険の被保険者証，国民年金手帳等の規則11条の2第2号イに掲げられた書類のいずれか1以上の写しを送付し，当該書類の写しに記載された現住所を送付先に指定する方法
　ii　戸籍の附票の写し，住民票の写し又は外国人登録原票の写しを送付し，当該写しに記載された現住所を送付先に指定する方法
　iii　当該請求を受けた市町村長の管理に係る現に請求の任に当たっている者の戸籍の附票，住民票又は外国人登録原票に記載された現住所を送付先に指定する方法

　以上のように，交付請求書を送付して請求する場合の戸籍謄本等の送付先は，i又はiiに掲げる書類に記載された現住所とされています。したがって，現住所が証明の対象とされていない書類，例えば，旅券等については，送付請求の場合における現に請求の任に当たっている者を特定するために必要な事項の確認書類とならないものとされています（1000号通達第1の5(2)ア(ア)②）。

(イ) 代理人又は使者が現に請求の任に当たっている場合

　請求者が現に請求の任に当たっている場合と同様に，代理人又は使者についての1号書類又は規則11条の2第2号イに掲げられたいずれか1以上の写し若しくは戸籍の附票等の写しに記載された現住所又は当該請求を受けた市町村長の管理に係る代理人又は使者についての戸籍の附票，住民票又は外国人登録原票に記載された現住所を送付先に指定する方法とするものとされています（1000号通達第1の5(2)ア(ア)③）。

(ウ) 市町村長による確認の方法等

　市町村長は，送付先に指定された住所及び氏名により，交付請求書に記載されている現に請求の任に当たっている者を特定した

上，当該住所及び氏名の実在性を，1号書類又は規則第11条の2第2号イに掲げられた書類，戸籍の附票の写し，住民票の写し又は外国人登録原票の写し又は戸籍の附票等の帳簿によって確認するものとされています（1000号通達第1の5(2)ア(ア)④）。

なお，運転免許証等の写しの1号書類又は規則11条の2第2号イに掲げられた書類の写しについては，市町村長が送付を受ける日において，その原本が有効なものに限ります（1000号通達）。

イ　請求者が法人である場合（第三者請求に限る）（改正戸籍法施行規則11の2第5号イただし書）
  (ア)　明らかにする方法
    ⅰ　法人の代表者が現に請求の任に当たっているとき
      運転免許証等の1号書類又は規則11条の2第2号イに掲げる書類のいずれか1以上の写しを送付し，法人の代表者の資格を証する書面に記載された当該法人の本店又は支店の所在地を送付先に指定する方法によります。
    ⅱ　法人の支配人が現に請求の任に当たっているとき
      運転免許証等の1号書類又は規則11条の2第2号イに掲げる書類のいずれか1以上の写しを送付し，支配人の資格を証する書面に記載された当該法人の支店の所在地を送付先に指定する方法によります。
    ⅲ　法人の従業員が現に請求の任に当たっているとき
      運転免許証等の1号書類又は規則11条の2第2号イに掲げる書類のいずれか1以上の写し及び当該従業員の所属する法人の営業所若しくは事務所等の所在地を確認することができる書類を送付し，当該営業所若しくは事務所等の所在地を送付先に指定する方法によります。当該従業員の所属する法人の営業所若しくは事務所等の所在地を確認することができる書類とは，法人の営業所又は事務所等の所在地の記載のある社員証等が該当するものとされています（1000号通達第1の5(2)ア(イ)②）。

(イ)　市町村長による確認の方法

　　　市町村長は，法人の代表者及び支配人が現に請求の任に当たっているときは，代表者等の資格を証する書面により，当該本店又は支店の所在地の実在を確認し，1号書類等の写しにより氏名の実在性を確認するものとされています。

　　　また，法人の従業員が現に請求の任に当たっているときは，従業員の所属する法人の営業所若しくは事務所の所在地を確認することができる書類によってその実在性を確認し，1号書類等の写しによって，氏名の実在性を確認するものとされています（1000号通達第1の5(2)ア(イ)③）。

② 　公用請求の場合（改正戸籍法施行規則11条の2第5号ロ）

　　公用請求をする場合に明らかにする方法は，当該請求をする国又は地方公共団体の機関の事務所の所在地を送付先に指定する方法によります。公用請求を行うことができる者は，当該請求の任に当たる権限を有する職員に限るとされていますから（1000号通達第1の3），この場合の送付先は当該請求の任に当たる権限を有する職員が所属する事務所の所在地に限られます（1000号通達第1の5(2)イ(イ)）。公務員個人の自宅住所を送付先とする請求は認められません。

　　また，この場合の市町村長による確認方法については，特段の事情がない限り，事務所の所在地を確認することができる書類の提出を求めることは要しないとされています（1000号通達第1の5(2)イ(ウ)）。

③ 　弁護士等請求の場合（改正戸籍法施行規則11条の2第5号ハ）

　　弁護士等請求において明らかにすべき事項は，前記のとおり，「氏名及び住所」，「氏名及び生年月日」又は「氏名及び請求者（弁護士等）の事務所の所在地」であるとされていますので，運転免許証等の1号書類若しくは資格者証の写し及び統一請求書を送付し，当該弁護士等の事務所の所在地を送付先に指定する方法によるとされています。資格者証の写しは，市町村長が送付を受ける日において，その原本が有効なものに限ります（1000号通達第1の5(2)ウ(ウ)）。ただし，弁護士等の所属する会が会員の氏名及び事務所の所在地を容易に確認すること

ができる方法により公表しているときは，1号書類及び資格者証の写しの送付は要しないとする特例が設けられています（1000号通達）。

　戸籍謄本等の送付先は，当該弁護士等又は当該資格者法人の代表者の事務所の所在地に限るものとされており，弁護士等個人の自宅住所を送付先とする請求は認められていません。市町村長は，この場合の送付先についての確認に留意しなければなりません（1000号通達第1の5(2)ウ(イ)）。

　弁護士等が固有権限を行使する場合等の取扱いも，以上と同様です（1000号通達第1の5(2)ウ(エ)）。

　なお，市町村長は，疑義があるときは，弁護士等の事務所の所在地を当該弁護士等が所属する会のホームページ等で確認するものとされています（1000号通達第1の5(2)ウ(オ)）。

（注1）　1号書類
　　　運転免許証，旅券，別表第1に掲げる国若しくは地方公共団体の機関が発行した免許証・許可証若しくは資格証明書等（船員手帳，海技免状，小型船舶操縦免許証，猟銃・空気銃所持許可証，戦傷病者手帳，宅地建物取引主任者証，電気工事士免状，無線従事者免許証，認定電気工事従事者認定証，特種電気工事資格者認定証，耐空検査員の証，航空従事者技能証明書，運航管理者技能検定合格証明書，動力車操縦者運転免許証，教習資格認定証，警備業法23条4項に規定する合格証明書，身体障害者手帳，療育手帳），外国人登録証明書，写真付き住民基本台帳カード又は国若しくは地方公共団体の機関が発行した身分証明書で写真を貼り付けたもの等（改正戸籍法施行規則11条の2第1号）

（注2）　2号書類
　　　国民健康保険・健康保険・船員保険若しくは介護保険の被保険者証，共済組合員証，国民年金手帳，国民年金・厚生年金保険若しくは船員保険に係る年金証書，共済年金若しくは恩給の証書，住民基本台帳カード，戸籍謄本等の交付を請求する書面に押印した印鑑に係る印鑑登録証明書又はその他市町村長がこれらに準ずるものとして適当と認める書類等（改正戸籍法施行規則11条の2第2号イ）及び，学生証，法人が発行した身分証明書，1号書類を除く国若しくは地方公共団体の機関が発行した資格証明書で写真を貼り付けたもの又はその他市町村長がこれらに準ずるものとして適当と認める書類（同規則11条の2第

2号ロ）

(3) 確認手続の記録等

　市町村長は，現に請求の任に当たっている者を特定するために必要な事項の確認手続が適正に行われたことを交付請求書の欄外の適宜の箇所に明記し，記録しておかなければなりません。確認書類の写し等の資料についても，交付請求書とともに保管するものとされ，保存期間は，当該年度の翌年から3年とされています（1000号通達第1の5(3)）。

4　代理権限等の権限確認書面（改正戸籍法10条の3第2項）

　現に請求の任に当たっている者が請求者の代理人又は使者である場合には，当該請求の任に当たっている者は，市町村長に対して，請求者の依頼又は法令の規定により当該請求の任に当たるものであることを明らかにする委任状，法人の代表者又は支配人の資格を証する書面その他の自己に戸籍謄本等の交付を請求する権限が付与されていることを証する書面を権限確認書面として提供しなければなりません（改正戸籍法施行規則11条の4）。いうまでもなく，無権限者からの請求を排除するための措置です。

　この権限確認書面として提供すべきものとされている書面は，本人請求及び第三者請求，公用請求，弁護士等請求の別に次のとおりです（1000号通達第1の6(1)及び(2)）。

(1) 窓口請求の場合

　① 本人等請求又は第三者請求

　　ア　請求者がその意思に基づいて権限を付与したときは，請求者（請求者が法人であるときはその代表者）が作成した委任状の提出を要します（1000号通達第1の6(1)ア(ア)）。

　　イ　未成年者の親権者，成年被後見人等の成年後見人等（請求者の法定代理人）が現に請求の任に当たっている場合には，戸籍謄本等，後見登記等の登記事項証明書又は裁判書の謄本その他のその代理権を証する書類の提出を要します（同(イ)）。

　　ウ　請求者が法人である場合（第三者請求に限る。）において，①代表者が現に請求の任に当たっているときは，代表者の資格を証する書

面の提出，②支配人が現に請求の任に当たっているときは，支配人の資格を証する書面の提出，③従業員が現に請求の任に当たっているときは，社員証の提示又は代表者が作成した委任状の提出及び代表者の資格を証する書面の提出をそれぞれ要します（同(ウ)）。
    ②　公用請求
      現に請求の任に当たっている者が当該請求の任に当たる権限を有する職員以外の者である場合には，国若しくは地方公共団体の機関が発行した写真付きの身分証明書の提示又は当該請求の任に当たる権限を有する職員が作成した委任状の提出を要するものとされています（1000号通達第1の6の(1)イ）。
    ③　弁護士等請求
      ア　弁護士等の補助者が現に請求の任に当たっている場合には，補助者証の提示又は弁護士等が作成した委任状の提出を要します（1000号通達第1の6の(1)ウ(ア)）。
      イ　資格者法人が請求者である場合において，その代表者が現に請求の任に当たっているときは，代表者の資格を証する書面の提出を要します（同(イ)①）。代表者以外の者（事務所に所属する弁護士等又は補助者）が現に請求の任に当たっているときは，資格者証若しくは補助者証の提示又は代表者が作成した委任状の提出及び代表者の資格を証する書面の提出を要するものとされています（同(イ)②）。
      ウ　なお，弁護士等が固有権限行使等をする場合には，上記ア及びイと同様に取り扱って差し支えないとされています（同(ウ)）。
(2)　送付請求の場合
    郵送等による送付請求をする場合は，窓口請求の場合と同様に取り扱い，窓口請求の場合に提示しなければならない書類については，その写しを提出しなければならないとされています（前掲通達第1の6(2)）。
(3)　提出書類の有効期限及び還付請求
    ①　有効期限等
      提出を要する戸籍謄本等及び後見登記等の登記事項証明書並びに法人の代表者及び支配人の資格を証する書面，弁護士等の請求で資格者

法人の代表者の資格を証する書面は，その作成後3か月以内のものに限るものとし，戸籍謄本等の請求者から申出があれば，これらの書面の還付請求に応じることができるとされています。委任状についても，当該委任状に還付を請求する権限を証する旨の記載がある場合には，還付請求に応じることができます（1000号通達第1の6(3)）。

② 還付請求の手続

提出書類の原本還付手続は，次のとおりです（平成20・4・7民一第1001号依命通知2）。

ア 市町村長は，戸籍謄抄本等の交付請求をした請求者から，上記①の書面について原本還付の申出があった場合にその写しの提出がないときは，原本の謄本を作成しなければなりません。

イ 市町村長は，還付の申出があった場合には，審査完了後，当該申出に係る書面の原本を還付します。この場合には，書面の写し又は謄本に原本還付の旨を記載し，これに確認を行った者が押印するものとされています。

ウ 確認印を押した書面の写し又は謄本は，戸籍謄抄本等の交付後，交付請求書つづりにつづり込みます。

エ なお，市町村長は，偽造された書面その他の不正な交付請求のために用いられた疑いのある書面については，これを還付することができないとされています。

(4) 確認手続の記録等

市町村長は，現に請求の任に当たる者が請求者の依頼又は法令の規定により当該請求の任に当たるものであることの確認手続が適正に行われたことを交付請求書の欄外の適宜の箇所に明記し，記録しておかなければなりません。権限が付与されたことを証する書面及びその写し等の資料についても，交付請求書とともに保管するものとされ，保存期間は，当該年度の翌年から3年とされています（1000号通達第1の6(5)）。

5 説明要求（改正戸籍法10条の4）

(1) 市町村長は，第三者請求（改正戸籍法10条の2第1項），公用請求（同

条2項），弁護士等請求（同条3項から5項）がされた場合において，交付請求の存否を認定するに際し，それぞれの請求において明らかにすべき事項が明らかにされていないと認めるときは，請求者に対して必要な説明を求めることができるとされています。なお，代理人による請求の場合には代理人に対し，使者による請求の場合には使者に対して，必要な説明を求めることとされています。

(2) 「明らかにすべき事項が明らかにされていないと認めるとき」とは，交付請求書に記載された内容が，①不十分である場合，②矛盾がある場合，③職務上知り得た他の事情等に照らし内容が真実でない強い疑いがある場合等であると解されています。また，「説明を求める」とは，請求者に口頭の説明を求めるほか，資料の提供を求めることも含まれます（1000号通達第1の7）。

　市町村長は，必要な説明を求めた結果，交付請求書上の記載が十分となり又は矛盾や疑いが解消されたときに限り，交付の請求を認めるものとするとされています（1000号通達第1の7(4)）。請求者が市町村長の説明要求に応じない場合は，交付請求の要件該当性が認定できないことになりますので，その請求は却下されることになります。

6　除籍謄本等の交付の請求（改正戸籍法施行規則11条の5）

　改正前戸籍法においては，除かれた戸籍の中には，プライバシー保護の観点から，戸籍よりもより慎重な取扱いをすべきであると考えられる記載事項が含まれていることが考慮されて，除籍謄本等の交付請求ができる場合が戸籍謄本等のそれに比較して制限されていました。すなわち，除かれた戸籍に記載されている者又はその配偶者，直系尊属若しくは直系卑属は，除籍謄本等の交付を請求することができる（国又は地方公共団体の職員，弁護士その他法務省令で定める者も同様）とされていましたが，これらの者以外の者は，相続関係を証明する必要がある場合に限り，この請求をすることができることとされていました（改正前戸籍法12条の2，同施行規則11条の3及び11条の4）。

　その後，これら記載事項については塗抹する作業が完了したこと，今回

の改正によって戸籍謄本等の交付請求自体がより制限されたこと等から，戸籍謄本等と除籍謄本等の扱いに差を設ける必要はなく，同じ規律をすれば足りると考えられるに至りました（解説20頁）。その結果，改正戸籍法12条の2では，改正戸籍法10条から10条の4までの規定は，除かれた戸籍の謄本若しくは抄本又は除かれた戸籍に記載した事項に関する証明書の交付の請求をする場合に準用することとされたのです。

7 受理又は不受理の証明書，届書等の閲覧又は記載事項証明書の交付請求の場合の取扱い（改正戸籍法施行規則52条の2）

　届出人は，届出の受理又は不受理の証明書を請求することができ（改正戸籍法48条1項），利害関係人は，特別の事由がある場合に限り，届書その他市町村長の受理した書類の閲覧を請求し，又はその書類に記載した事項について証明書を請求することができるとされています（同条2項）。これらの請求は，窓口請求，送付請求のいずれによってもすることができますが（同条3項），その請求をする場合には，改正戸籍法10条の3の規定（現に請求の任に当たっている者の証明に関する規定）が準用されることとされました（同法48条3項）。これを受けて，改正戸籍法施行規則52条の2では，現に請求に当たっている者を特定する方法等及び権限確認は，上記3(1)①，3(2)①ア並びに4(1)①ア及びイ及び4(2)と同様の取扱いをするものとしています（1000号通達第3参照）。

別　紙（平成20・4・7民一第1001号依命通知）

戸籍証明書等の請求書

平成　　年　　月　　日

_____ 市区町村長　殿

※請求には**本人確認資料が必要**です。
その他の注意事項は裏面に記載されています。

請求者	住所　　　　　　　　　　　　　　　　電話番号（　　　　）
	フリガナ 氏名　　　　　　　　　　　　　㊞　生年月日　M・T 　　　　　　　　　　　　　　　　　　　　　　　　S・H　年　月　日

窓口にきた方（請求者と違うとき）	住所　　　　　　　　　　　　　　　　電話番号（　　　　）
	フリガナ 氏名　　　　　　　　　　　　　㊞　生年月日　M・T 　　　　　　　　　　　　　　　　　　　　　　　　S・H　年　月　日

必要な戸籍等の表示	本籍
	筆頭者の氏名
	個人事項証明（抄本）の場合，必要な方の氏名

戸籍に記載されている方との関係	□本人　　　　　　　　　　　□配偶者（夫又は妻） □直系尊属（父母又は祖父母）□直系卑属（子又は孫）

請求者が上記に該当しない場合には，下記のいずれかにチェックをつけた上で，請求の理由を詳細に記載してください。

請求の理由	□権利行使・義務履行のため □国又は地方公共団体の機関に提供するため □その他

権限書類	□委任状　　□戸籍謄本　　□登記事項証明書　　□資格証明書 □社員証　　□身分証明書　□その他（　　　　　）

何が必要ですか。必要なものにチェックをつけて，通数を記入してください。

証明書の種類	□戸籍全部事項証明書（戸籍謄本） 　　戸籍に記載されている方全員の証明	通
	□戸籍個人事項証明書（戸籍抄本）	通
	□戸籍一部事項証明書 　　必要な方の名前（　　　　　　　） 　　必要な事項　　（　　　　　　　　　　）	通
	□改製原戸籍謄本・抄本	通
	□除籍全部事項証明書（除籍謄本） 　　除籍に記載されている方全員の証明	通
	□除籍個人事項証明書（除籍抄本）	通
	□除籍一部事項証明書 　　必要な方の名前（　　　　　　　） 　　必要な事項　　（　　　　　　　　　　）	通
	その他 　□受理証明書 　□届書記載事項証明書 　　　証明に必要な届（　　　　　　　　　）届 　　　届出の年月日（　　　年　　月　　日）	通

市町村取扱使用欄	本人確認	免・パ・外・住・その他（　　　　　　　）

請求に当たっての注意事項

1．請求の理由の記載について
 (1) 権利の行使・義務の履行のために請求する場合
   権利・義務の発生原因，内容とその権利行使または義務履行のために戸籍の記載事項の確認を必要とする理由を詳細に記載してください。
 (2) 国または地方公共団体の機関に提出する場合
   戸籍謄本等を提出する国または地方公共団体名を記載してください。
   また，その機関へ提出を必要とする理由も記載してください。
 (3) その他の理由で請求する場合
   戸籍の記載事項の利用目的，方法とその利用を必要とする理由を記載してください。
2．資料の提供について
  請求書に記載された内容から請求の理由が明らかでない場合には，資料の提供を求めることがあります。
3．戸籍個人事項証明について
  戸籍に記載されている方全員ではなく，一部の方についてのみ証明が必要な場合には，その方の個人事項証明をご利用ください。
4．戸籍一部事項証明について
  戸籍に記載されている事項のうち，一部の事項について証明することで足りる場合には，戸籍一部事項証明をご利用ください。
5．本人確認資料について
  窓口にきた方について，ご本人であることを確認できる書類の提示が必要です。
6．権限確認書類について
  窓口にきた方が，請求者の代理人または使者である場合には，代理権限または使者の権限を証明する書類が必要です。
7．押印の要否について
  交付請求書には，窓口にきた方の署名又は記名押印が必要です。
8．罰則
  偽りその他不正な手段により，戸籍証明書等の交付を受けた者は，刑罰（30万円以下の罰金）が科されます。
※　ご不明な点があれば，窓口でおたずねください。

第1 戸籍の公開　165

表1　戸籍謄本等の交付請求ができる場合の代表的事例の要件等

第三者請求（法第10条の2第1項第1号）

【請求者】	【交付の請求ができる場合】	【明らかにすべき事項】
	○自己の権利を行使し，又は自己の義務を履行するために戸籍の記載事項を確認する必要がある場合	①権利又は義務の「発生原因」 ②権利又は義務の「内容」 ③「当該権利を行使し，又は当該義務を履行するために戸籍の記載事項の確認を必要とする理由」
第三者（戸籍に記載されている者又はその配偶者，直系尊属若しくは直系卑属以外の者）	(1)　債権者が，貸金債権を行使するに当たり，死亡した債務者の相続人を特定するために当該債務者が記載されている戸籍の記載事項を確認する必要がある場合	「①請求者（甲）は，乙に対し，平成○年○月○日，弁済期を平成○年○月○日として○万円を貸し渡したが，②○円が未返済のまま，③乙が平成○年○月○日死亡したことから，当該貸金の返還を求めるに当たり，乙が記載されている戸籍によってその相続人を特定する必要がある。」
	(2)　債権者が，不法行為に基づく損害賠償請求権を行使するに当たり，死亡した債務者（不法行為者）の相続人を特定するために当該債務者が記載されている戸籍の記載事項を確認する必要がある場合	「①請求者（甲）は，平成○年○月○日，○○（場所）において，乙運転の車に衝突されたことによって負傷して治療を受けたが，②治療に要した費用の支払いを受けられないまま，③乙が平成○年○月○日死亡したことから，その支払を求めるに当たり，乙が記載されている戸籍によってその相続人を特定する必要がある。」
	(3)　生命保険会社が，保険金を支払うに当たり，その受取人とされている法定相続人を特定するために戸籍の記載事項を確認する必要がある場合	
	(4)　詐害行為取消権（民法424条）の行使に当たり，債務者と財産譲受人とが親族関係にあることを立証するために当該債務者及び財産譲受人が記載されている戸籍の記載事項を確認する必要がある場合	

第三者請求（法第10条の2第1項第2号）

【請求者】	【交付の請求ができる場合】	【明らかにすべき事項】
	○国又は地方公共団体の機関に提出する必要がある場合	①国又は地方公共団体の機関の名称 ②当該機関への提出を必要とする理由
第三者（戸籍に記載されている者又はその配偶者，直系尊属若しくは直系卑属以外の者）	(1) 乙の兄の甲が，死亡した乙の財産を相続によって取得し，その相続税の確定申告書の添付書類とされる乙が記載されている戸籍謄本を税務署に提出する場合	「①提出先は○○税務署であり，②請求者（甲）は，平成○年○月○日に死亡した弟乙の相続人（兄）として乙の財産を相続によって取得したが，その相続税の確定申告書の添付資料として乙が記載されている戸籍謄本を提出する必要がある。」
	(2) 乙の兄の甲が，死亡した乙の遺産についての遺産分割調停の申立てを家庭裁判所にする際の添付資料として，乙が記載されている戸籍謄本を家庭裁判所に提出する必要がある場合	「①提出先は○○家庭裁判所であり，②請求者（甲）は，平成○年○月○日死亡した弟乙の相続人（兄）であるが，乙の遺産についての遺産分割調停の申立てに際して添付資料として乙が記載されている戸籍謄本を提出する必要がある。」
	(3) 債権者甲が，貸金請求訴訟を提起するため，被告となる死亡した債務者乙の相続人を特定するために乙が記載されている戸籍謄本を裁判所に提出する必要がある場合	「①提出先は○○地方裁判所であり，②請求者（甲）は，平成○年○月○日に締結した○万円の金銭消費貸借契約に基づく貸金請求訴訟を提起するに当たり，債務者乙が平成○年○月○日に死亡したことから，被告となる乙の相続人を特定する資料として乙が記載されている戸籍謄本を提出する必要がある。」
	(4) 債権者が貸金請求訴訟の提起後，債務者と契約に立ち会っていた者との身分関係の有無を立証し，当該契約に立ち会っていた者の証言の信用性を争うための資料として当該債務者が記載されている戸籍謄本を裁判所に提出する必要がある場合	「①提出先は○○地方裁判所であり，②請求者（甲）は，同裁判所に係属している平成○年(ワ)第○号貸金請求事件の原告であるが，同事件の証人丙と債務者乙との身分関係を立証するための証拠として乙が記載されている戸籍謄本を同地方裁判所に提出する必要がある。」

第三者請求（法第10条の2第1項第3号）

【請求者】	【交付の請求ができる場合】	【明らかにすべき事項】
	○その他戸籍の記載事項を利用する正当な理由がある場合	①戸籍の記載事項の利用の目的 ②戸籍の記載事項の利用の方法 ③戸籍の記載事項の利用を必要とする事由
第三者（戸籍に記載されている者又はその配偶者，直系尊属若しくは直系卑属以外の者）	(1) 成年後見人であった者が，死亡した成年被後見人の遺品を相続人である親族に渡すため，当該成年被後見人が記載されている戸籍謄本を請求する場合	「請求者（甲）は，乙の死亡時の成年後見人であったが，乙（平成○年○月○日に死亡）の相続人に遺品を渡す必要があり，①その相続人を特定するために，②乙が記載されている戸籍の記載事項を確認する必要がある。」

公用請求（法第10条の2第2項）

【請求者】	【交付の請求ができる場合】	【明らかにすべき事項】
	○国又は地方公共団体の機関が法令の定める事務を遂行するために必要がある場合	①官職 ②当該事務の種類 ③根拠となる法令の条項 ④戸籍の記載事項の利用の目的
国又は地方公共団体の機関（当該請求の任に当たる権限を有する職員）	(1) 市区町村長が生活保護の決定をするために扶養義務者の存否を戸籍の記載事項によって確認する場合	①A県B課長，②生活保護決定事務，③生活保護法第19条第1項，同法第4条第2項，④扶養義務者の有無の確認
	(2) 法務局が戸籍事件の調査をするために事件本人の関連戸籍の記載事項を確認する場合	

弁護士等請求（法第10条の2第3項）

【請求者】	【交付の請求ができる場合】	【明らかにすべき事項】
	○受任している事件又は事務に関する業務を遂行するために必要がある場合	①有する資格 ②当該業務の種類 ③当該事件又は事務の依頼者の氏名若しくは名称 ④当該依頼者についての法第10条の2第1項各号に定める事項
弁護士	(1) 甲から特定の遺産を特定の相続人に相続させる旨の遺言書の作成の依頼を受けた弁護士が，受遺者となる甲の兄乙が推定相続人であることを明らかにするために乙が記載されている戸籍の記載事項を確認する必要がある場合	
司法書士	(2) 死亡した乙の弟甲から乙の遺産である土地について法定相続分に基づく相続登記の依頼を受けた司法書士が，当該相続登記手続の添付資料として乙が記載されている戸籍謄本を法務局に提出する必要がある場合	「請求者は，①司法書士であり，②土地の相続登記手続事務を，③甲から受任したところ，④甲は，平成○○年○○月○○日に死亡した兄乙の遺産である土地について法定相続分に基づく相続登記手続を行う際の添付資料として，乙が記載されている戸籍謄本を○○法務局に提出する必要がある。」
土地家屋調査士	(3) 死亡した所有名義人乙を所有名義人とする隣地と甲所有の土地との境界標の埋設の依頼を甲から受けた土地家屋調査士が，立会人となる乙の相続人を特定するために乙が記載されている戸籍の記載事項を確認する必要がある場合	
税理士	(4) 死亡した乙の弟甲から相続税の納付手続の依頼を受けた税理士が，当該相続税納付手続の添付資料として乙が記載されている戸籍謄本を税務署に提出する必要がある場合	

第1　戸籍の公開　169

社会保険労務士	(5)　死亡した乙と内縁関係にあった甲から遺族年金の受給手続の依頼を受けた社会保険労務士が，当該遺族年金の受給手続を添付資料として乙が記載されている戸籍謄本を社会保険事務所に提出する必要がある場合	
弁理士	(6)　死亡した乙の弟甲から特許権の相続の届出の依頼を受けた弁理士が，当該相続の届出手続の添付資料として乙が記載されている戸籍謄本を特許庁に提出する必要がある場合	
海事代理士	(7)　死亡した乙の弟甲から乙の遺産である船舶について法定相続分に基づく相続登記申請書の作成の依頼を受けた海事代理士が，乙の相続人を特定するために乙が記載されている戸籍の記載事項を確認する必要がある場合	
行政書士	(8)　死亡した乙の弟甲から乙の遺産である自動車について法定相続分に基づく名義変更申請書の作成の依頼を受けた行政書士が，乙の相続人を特定するために乙が記載されている戸籍の記載事項を確認する必要がある場合	

弁護士等請求（法第10条の２第４項）

【請求者】	【交付の請求ができる場合】	【明らかにすべき事項】
	○受任事件に紛争性があり，紛争処理手続の代理業務の遂行のため必要がある場合	①有する資格 ②当該事件の種類 ③その業務として代理し又は代理しようとする手続 ④戸籍の記載事項の利用の目的
弁護士	(1) 民事訴訟，行政訴訟のほか，家事審判・調停手続，強制執行手続等の裁判所における手続	「請求者は，①弁護士であり，②貸金請求事件の，③訴訟手続の代理業務の，④準備のために必要である。」
	(2) 裁判所における手続以外のADR機関による仲裁手続の代理業務	
司法書士	(3) 訴訟の目的の価額が140万円以下の一般民事事件の簡裁訴訟	「請求者は，①認定司法書士であり，②不法行為に基づく損害賠償請求事件の，③簡易裁判所における訴訟手続の代理の，④準備のために必要である。」
	(4) 紛争の目的の価額が140万円以下のADRの代理業務又は対象土地の計算式の価額が140万円以下の筆界特定手続の代理業務（以上認定司法書士のみ）	
	(5) 所有権移転登記申請について登記官がした却下処分に対する法務局への審査請求の代理業務	
土地家屋調査士	(6) 土地の筆界に関する紛争についてのADRの代理業務（認定土地家屋調査士のみ）	「請求者は，①認定土地家屋調査士であり，②土地の筆界に関する紛争事件の，③ADRの代理の，④準備のために必要である。」
	(7) 筆界特定手続の代理業務	
	(8) 表示登記申請について登記官がした却下処分に対する法務局長への審査請求手続の代理業務	

第1　戸籍の公開　171

税理士	(9) 所得税の申告について税務署長がした更正処分に対する税務署長への不服申立手続の代理業務	「請求者は，①税理士であり，②所得税の申告についての更正処分に対する不服申立事件の，③当該不服申立手続の代理の，④準備のために必要である。」
社会保険労務士	(10) 労働条件等に関する個別労働紛争についての都道府県労働委員会のあっせん手続又は労働条件等に関する個別労働紛争についてのADRの代理業務（特定社会保険労務士のみ）	「請求者は，①特定社会保険労務士であり，②時間外労働に関する個別労働紛争事件の，③都道府県労働委員会におけるあっせん手続の代理の，④準備のために必要である。」
	(11) 労働者災害補償保険の申請について労働基準監督署長がした却下処分に対する労働者災害補償保険審査官への審査請求手続の代理業務	
弁理士	(12) 特許権侵害等による特定侵害訴訟の代理業務（特定弁理士のみ）	「請求者は，①特定弁理士であり，②特許権侵害事件の，③訴訟手続の代理の，④準備のために必要である。」
	(13) 特許等に関する異議申立て又は経済産業大臣に対する裁定の取消手続についての代理業務	
	(14) 特許権等に関する輸入禁制品に係る申立てについての税関長の処分に対する不服申立ての代理業務	
	(15) 特許権等に関する紛争についてのADRの代理業務	

弁護士等請求（法第10条の2第5項）

【請求者】	【交付の請求ができる場合】	【明らかにすべき事項】
	○刑事事件の弁護人としての業務等を遂行するために必要がある場合	①弁護士の資格 ②法第10条の2第5項に掲げられた業務の別 ③戸籍の記載事項の利用の目的
弁護士	(1) 刑事に関する事件における弁護人としての業務	「請求者は，①弁護士であり，②刑事事件の弁護業務に関し，③刑事訴訟手続の準備を行うために必要である。」
	(2) 少年の保護事件又は心神喪失等の状態で重大な他害行為を行った者の医療及び観察等に関する法律（平成15年法律第110号）に規定する処遇事件における付添人としての業務	「請求者は，①弁護士であり，②少年保護事件の付添業務に関し，③審判手続の準備を行うために必要である。」
	(3) 逃亡犯罪人引渡審査請求事件における補佐人としてのとしての業務	「請求者は，①弁護士であり，②逃亡犯罪人引渡審査請求事件の補佐業務に関し，③審査手続の準備を行うために必要である。」
	(4) 人身保護法（昭和23年法律第199号）第14条第2項の規定により裁判所が選任した代理人としての業務	
	(5) 人事訴訟法（平成15年法律第109号）第13条第2項及び第3項の規定により裁判長が選任した訴訟代理人としての業務	「請求者は，①弁護士であり，②人事訴訟事件の訴訟代理人業務に関し，③同訴訟手続の準備を行うために必要である。」
	(6) 民事訴訟法（平成8年法律第109号）第35条第1項に規定する特別代理人としての業務	

（注）「法」とは改正戸籍法をいう
（参照）相馬博之・堤秀昭「戸籍法及び戸籍法施行規則の一部改正に伴う戸籍事務の取扱いに関する通達の解説」民事月報63巻6号

第1 戸籍の公開　173

表2-① 現に請求の任に当たっている者を特定するための方法（法10条の3第1項）

1 窓口請求の場合

請求者区分	自己を特定するために明らかにすべき事項	明らかにする方法
(1) 本人等請求及び第三者請求	氏名及び住所又は氏名及び生年月日（規則11条の3）	① 運転免許証，写真付き住民基本台帳カード，国又は地方公共団体の機関が発行した資格証明書（規則別表第一に掲げられたもの）若しくは身分証明書で写真が貼付されたもの等（1号書類）を1枚以上提示する方法（規則11条の2第1号）
		② ①の方法によることができないときは，国民健康保険の被保険者証等及び国又は地方公共団体を除く法人が発行した身分証明書等（2号書類）を複数枚組み合わせて提示する方法（規則11条の2第2号）
		③ ①及び②の方法によることができないときは，市町村長の求めに応じて戸籍の記載事項を説明する方法，市町村の職員と請求の任に当たっている者との面識を利用する方法等（規則11条の2第3号）
(2) 公用請求	氏名及び所属機関，氏名及び住所又は氏名及び生年月日（規則11条の3第1号）	1号書類を提示する方法（1号書類のうち，国又は地方公共団体の機関が発行した身分証明書は，氏名，所属機関の名称，発行機関の名称が記載されているものであって，提示を受ける日において有効なもの）（規則11条の2第1号）
(3) 弁護士等請求	氏名及び住所，氏名及び生年月日又は氏名及び請求者（弁護士等）の事務所の所在地（規則11条の3第2号）	① 1号書類を提示し，弁護士等の職印が押されている統一請求書を提出する方法
		② 弁護士等であることを証する書面（資格者証）又は弁護士等の補助者であることを証する書面（補助者証）を提示し，弁護士等の職印が押されている統一請求書を提出する方法（規則11条の2第4号）
(4) 弁護士による請求	氏名及び請求者（弁護士）の事務所の所在地	③ 弁護士の氏名及び事務所の所在地が弁護士の所属する会のホームページ上で公開され，かつ，弁護士の氏名からその事務所の所在地を検索することができる場合に限り，弁護士記章を提示させ，統一請求書の記載により，弁護士の氏名及び事務所の所在地を確認することができる（平成20・4・7民一1000号通達）

2　送付請求の場合

（交付請求書に請求者の氏名のみが記載されているときは請求者，請求者以外の代理人又は使者の氏名が記載されているときは代理人又は使者）

請求者区分			自己を特定するために明らかにすべき事項	明らかにする方法
(1) 本人等請求及び第三者請求	i 請求者が個人である場合		氏名及び住所又は氏名及び生年月日	① 本人確認書類（1号書類又は規則11条の2第2号イに掲げられた書類）の写しを送付し，当該写しに記載された現住所を送付先に指定する方法
				② 戸籍の附票の写し，住民票の写し又は外国人登録原票の写しを送付し，当該写しに記載された現住所を送付先に指定する方法
				③ 請求を受けた市町村長の管理に係る現に請求の任に当たっている者の戸籍の附票，住民票又は外国人登録原票に記載された現住所を送付先に指定する方法（規則11条の2第5号イ本文）
	ii 請求者が法人の場合（第三者請求に限る）			
		a 法人の代表者による請求	氏名及び住所又は氏名及び生年月日	本人確認書類（1号書類又は2号イの書類）の写しを送付し，法人の代表者の資格を証する書面（代表者事項証明書）に記載された法人の本店又は支店の所在地を送付先に指定する方法
		b 法人の支配人による請求	氏名及び住所又は氏名及び生年月日	本人確認書類（1号書類又は2号イの書類）の写しを送付し，支配人の資格を証する書面（登記事項証明書）に記載された法人の支店の所在地を送付先に指定する方法
		c 法人の従業員による請求	氏名及び住所又は氏名及び生年月日	本人確認書類（1号書類又は2号イの書類）の写し及び当該従業員の所属する法人の営業所若しくは事務所等の所在地を確認することができる書類（法人の営業所又は事務所等の記載のある社員証等）を送付し，当該営業所若しくは事務所等の所在地を送付先に指定する方法（規則11条の2第5号イただし書）
(2) 公用請求			氏名及び所属機関，氏名及び住所又は氏名及び生年月日	請求をする国又は地方公共団体の機関の事務所の所在地を送付先に指定する方法（事務所の所在地を確認することができる書類の提示又は提出を要しない）（規則11条の2第5号ロ）
(3) 弁護士等請求			氏名及び住所，氏名及び生年月日又は氏名及び請求者（弁護士等）の事務所の所在地	① 本人確認書類（1号書類若しくは資格者証の写し）及び統一請求書を送付し，弁護士等の事務所の所在地を送付先に指定する方法
				② 弁護士等の所属する会が会員の氏名及び事務所の所在地を容易に確認することができる方法により公表しているときは，統一請求書を送付し，弁護士等の事務所の所在地を送付先に指定する方法（1号書類及び資格者証の写しの送付は要しない）（規則11条の2第5号ハ）

表２－②　現に請求の任に当たっている者が請求者の代理人又は使者である場合の権限確認（法10条の３第２項）

1　窓口請求の場合

請求者区分			権限確認書面（規則11条の４）
(1) 本人等請求又は第三者請求	ⅰ	請求者がその意思に基づいて権限を付与したとき	請求者（請求者が法人であるときはその代表者）が作成した委任状の提出
	ⅱ	請求者の法定代理人（未成年者の親権者，成年被後見人等の成年後見人等）が現に請求の任に当たっている場合	戸籍謄本等，後見登記等の登記事項証明書又は裁判書の謄本その他のその代理権を証する書類の提出
	ⅲ	請求者が法人である場合（第三者請求に限る）	
		a　代表者が現に請求の任に当たっているとき	代表者の資格を証する書面（代表者事項証明書）の提出
		b　支配人が現に請求の任に当たっているとき	支配人の資格を証する書面（登記事項証明書）の提出
		c　従業員が現に請求の任に当たっているとき	社員証の提示又は代表者が作成した委任状の提出及び代表者の資格を証する書面の提出
(2) 公用請求		現に請求の任に当たっている者が当該請求の任に当たる権限を有する職員以外の者である場合	国若しくは地方公共団体の機関が発行した写真付きの身分証明書の提示又は当該請求の任に当たる権限を有する職員が作成した委任状の提出
(3) 弁護士等請求	ⅰ	弁護士等の補助者が現に請求の任に当たっている場合	補助者証の提示又は弁護士等が作成した委任状の提出
	ⅱ	資格者法人が請求者である場合	
		a　代表者が現に請求の任に当たっているとき	代表者の資格を証する書面の提出
		b　代表者以外の者（事務所に所属する弁護士等又は補助者）が現に請求の任に当たっているとき	資格者証若しくは補助者証の提示又は代表者が作成した委任状の提出及び代表者の資格を証する書面の提出

2　送付請求の場合

請求者区分	権限確認書面（規則11条の４）
(1) 本人等請求又は第三者請求 (2) 公用請求 (3) 弁護士等請求	上記の「1　窓口請求の場合」と同様に取り扱う。なお，窓口請求の場合に提示しなければならない書類については，その写しを提出する。

（注）「規則」とは改正戸籍法施行規則をいう

第2　市町村長の処分に対する不服申立て

ポイント　不交付決定及び審査請求

① 不交付決定
　市町村長は，次に掲げる事項について確認をすることができなかった場合には，戸籍謄本等の交付請求に応じることはできないとされています（平成20・4・7民一第1000号通達第4）。
　i　改正戸籍法10条1項に規定された交付請求主体（戸籍に記載されている者等）
　ii　改正戸籍法10条の2に規定された請求理由の適法性
　iii　改正戸籍法10条の3第1項に規定された現に請求の任に当たっている者を特定するために必要な事項
　iv　改正戸籍法10条の3第2項に規定された現に請求の任に当たっている者の権限
② 審査請求
　市町村長がした不交付決定に不服がある者は，市町村役場の所在地を管轄する法務局又は地方法務局の長に審査請求をすることができるとされています（改正戸籍法124条）。
③ 取消訴訟
　戸籍謄本等の交付請求等に関する市町村長の処分についての取消しの訴えは，②の審査請求の裁決を経た後でなければ，提起することができません（改正戸籍法125条）。

1　改正前戸籍法による不服申立て

　改正前戸籍法118条は，戸籍事件について，市町村長の処分を不当とする者は，家庭裁判所に不服の申立てをすることができるとしており，この不服申立ての対象には，市町村長のした，届出・申請の受理・不受理処分等の戸籍の「登録」の側面に関する処分のほかに，戸籍謄本等の交付処分等の戸籍の「公証」の側面に関する処分が含まれるものと解されていまし

た。これは，戸籍事件に関する市町村長の処分に対する不服は，家裁に関する事件についての専門的知見を有する家庭裁判所において一元的に取り扱うのが望ましいとの考慮によるものです。このため，戸籍事件については，行政不服審査法による不服申立てをすることはできないとされていました（改正前戸籍法119条の2）。

2 改正戸籍法による不服申立て

(1) 概　説

　改正戸籍法においても，上記の戸籍の「登録」の側面に関する処分については，従前と同様，その不服申立ては家庭裁判所に対して提起する（行政不服審査法による不服申立ては許さない。）という制度が維持されています（同法121条，123条）。これらの処分は，戸籍の記載に影響が及ぶ処分であり，家庭裁判所の制度的な強い関与が予定されていると考えられたことによるものです。

　これに対して，戸籍の「公証」の側面に関する処分については，その不服申立ての制度が大きく改められました。すなわち，改正戸籍法においては，戸籍謄本等の交付請求及び戸籍法48条2項による届書等の閲覧・記載事項証明書の請求に関する市町村長の処分に不服がある者は，行政不服審査法により，市役所又は町村役場の所在地を管轄する法務局又は地方法務局の長に審査請求をすることができるとした上（改正戸籍法124条），当該処分の取消しの訴えは，上記の審査請求の裁決を経た後でなければ，提起することができないとしました（同法125条）。上記の戸籍の「公証」の側面である戸籍謄本等の交付請求に対する市町村長の処分については，「登録」の場合に比し，家庭裁判所の強い制度的な関与が不可欠であるとまでは考えられず，他方で，住民票及び戸籍の附票並びに外国人登録原票の写しの交付請求に関する市町村長の処分については，一般的な不服申立手続である行政不服審査法に基づく不服申立て，さらには行政訴訟によって争うことができるとされていることとの平仄を合わせる必要があると考えられたことから，今回の改正に至ったものです。

(2) 不交付決定
① 市町村長は，戸籍の謄抄本等の交付請求について，(i)改正戸籍法10条１項に規定された交付請求の主体，(ii)同法10条の２に規定された請求事由の適法性，(iii)同法10条の３第１項に規定された現に請求の任に当たっている者を特定するために必要な事項，(iv)同法10条の３第２項に規定された現に請求の任に当たっている者の権限について確認することができなかった場合等には，当該交付請求に応じることはできないとされています（平成20・４・７民一第1000号通達第４の１(1)。以下「1000号通達」という。）。

② 上記①の交付請求に応じることができない場合において，市町村長は，交付請求等を行う者に対して，当該交付請求等に応じることができない旨を教示するとともに，交付請求等の補正等を求めるものとされています。交付請求等を行う者がこれら補正に応じないときは，市町村長は，交付請求等に応じない旨の決定（以下「不交付決定」という。）を行い，1000号通達別紙１又は別紙２に準ずる様式（181，182頁参照）に従い不交付決定書を作成した上，請求者に対し交付しなければなりません（前掲通達第４の１(2)）。不交付決定書には，交付請求等に応じられない理由を記載することが求められていますから，交付請求等の根拠の要件がいかなる点で満たされていないかを記述することになります（平成20・４・７民一第1001号依命通知６。以下「1001号依命通知」という。）。

なお，市町村長が受理した届書，申請書その他の書類で本籍人に関するものは，戸籍の記載手続が完了した後，１か月ごとに管轄法務局若しくは地方法務局又はその支局に送付すべきものとされていますから（戸籍法施行規則48条１項・２項），その送付後は，戸籍法48条２項による届書等の閲覧・記載事項証明の請求は，当該管轄法務局長等に対してすることになります。この場合に，管轄法務局長等が不交付決定を行うときには，1000号通達別紙３に準ずる様式（183頁参照）に従い不交付決定書を作成し，請求者に対し交付するものとされています（1000号通達第４の１(3)）。この場合にも，届書等の閲覧（記載事項証明）

の請求等に応じられない理由を記載する必要があります（前掲1001号依命通知6）。
③　戸籍謄本等の交付請求及び戸籍法48条2項による届書等の閲覧・記載事項証明書の請求について不交付決定を行ったときは，不交付決定書つづりに交付請求書，不交付決定書の写し，及び改正戸籍法10条の3第2項（戸籍法48条3項で準用する場合を含む）の規定に基づき提供された改正戸籍法施行規則11条の4に規定する書面（委任状，法人の代表者又は支配人の資格を証する書面，その他の現に請求の任に当たっている者に戸籍謄本等の交付の請求をする権限が付与されていることを証する書面）をつづらなければならないとされています（改正標準準則50条の2，平成20・4・7民一第1184号通達）。

(3)　**審査請求**
①　市町村長がした不交付決定に不服がある者は，行政不服審査法により当該市町村役場の所在地を管轄する法務局又は地方法務局の長に審査請求をすることができます（改正戸籍法124条）。この請求は書面（審査請求書）でしなければならず，正副2通を提出しなければなりません（行政不服審査法9条）。審査請求は，処分庁である市町村長を経由してすることもできます。この場合には，審査請求書を受領した市町村長は，直ちに，審査請求書の正本を審査庁である法務局及び地方法務局の長に送付しなければならないとされています（行政不服審査法17条，1001号依命通知7の(2)）。

　審査請求書には，次の事項を記載し，審査請求人が押印しなければなりません（行政不服審査法15条，1001号依命通知7の(1)）。
　ⅰ　審査請求人の氏名及び年齢又は名称並びに住所
　ⅱ　審査請求に係る処分
　ⅲ　審査請求に係る処分があったことを知った年月日
　ⅳ　審査請求の趣旨及び理由
　ⅴ　処分庁の教示の有無及びその内容
　ⅵ　審査請求の年月日
　ⅶ　審査請求人が，法人その他の社団若しくは財団であるとき，総代

を互選したとき，又は代理人によって審査請求をするときは，その代表者若しくは管理人，総代又は代理人の氏名及び住所

　上記の審査請求書を受け取った法務局及び地方法務局の長は，審査請求が不適法ではあるが補正することができるものであるときは，直ちに当該請求を却下するのではなく，相当の期間を定めて，その補正を命じなければならないとされています（行政不服審査法21条，1001号依命通知7の(1)）。

② 　管轄法務局又は地方法務局の長は，不交付決定に対する審査請求について裁決するときは，1000号通達別紙4に準じた様式（184頁参照）に従い，裁決書を作成して，裁決を行うものとされています（1000号通達第4の2(2)）。

　裁決は，①審査請求が法定の期間後（行政不服審査法14条）にされたものであるとき，その他不適法であるときは，当該審査請求を却下し（同法40条1項），②審査請求が理由がないときは，当該審査請求を棄却し（同条2項），③審査請求が理由があるときは，裁決で，当該処分の全部又は一部を取り消すこととされています（同条3項）。

③ 　審査庁である法務局又は地方法務局の長は，当該裁決書の謄本を審査請求人に送達するとともに，処分庁に送付しなければならないとされています（同法42条，1001号依命通知7の(4)）。

④ 　なお，法務局若しくは地方法務局又はその支局の長がした戸籍法48条2項による届書等の閲覧等の請求についての不交付決定に対する審査請求は，法務局の長が行った不交付決定については法務大臣，地方法務局の長が行った不交付決定については管轄法務局の長，法務局又は地方法務局の支局の長が行った不交付決定については，管轄法務局又は地方法務局の長が審査庁となるとされています（1000号通達第4の2(3)）。裁決については，上記②及び③と同様です。

別紙1 （平成20・4・7民一第1000号通達）

日記第　　　号	

　　　　　　　　　　　住　所
　　　　　　　　　　　　請求者

決　定　書

請求年月日		
戸籍謄本等の種類		
請求者	住所	
	氏名	
戸籍等の表示	本籍	
	筆頭者氏名	

　上記戸籍謄本等の交付請求は，以下の理由から，交付しないことに決定しましたので，通知します。
　　（理由）〜であり，交付請求者が戸籍法第○条第○項第○号の要件を満たしていることを確認することができないため。

※　この決定に不服がある場合は，戸籍法（昭和22年法律第224号）及び行政不服審査法（昭和37年法律第160号）の規定により，この決定があったことを知った日の翌日から起算して60日以内に，○○（地方）法務局長に対して審査請求をすることができます（なお，決定があったことを知った日の翌日から起算して60日以内であっても，決定があった日の翌日から起算して1年を経過した場合には審査請求をすることができなくなります。）。
　　また，この決定の取消しを求める訴訟は，戸籍法（昭和22年法律第224号）の規定により，前記審査請求に対する裁決を経た後でなければ，提起することはできないこととされています。
　　この決定の取消しの訴訟を提起する場合には，行政事件訴訟法（昭和37年法律第139号）の規定により，前記審査請求に対する裁決があったことを知った日から6か月以内に，○○市（区町村）長を被告として（訴訟において○○市（区町村）を代表する者は，○○市（区町村）長となります。），○○地方裁判所に，この決定の取消しを求める訴訟を提起することができます（なお，審査請求に対する裁決があったことを知った日から6か月以内であっても，当該裁決の日から1年を経過した場合には，この決定の取消しを求める訴訟を提起することはできなくなります。）。

　　　　　　　　　　　　　平成○○年○月○日
　　　　　　　　　　　　　　○○市（区長村）長　　　　　　　　印

別紙 2　（平成20・4・7民一第1000号通達）

```
日記第    号
                           住　所
                           請求者

                  決　　定　　書
```

請求年月日	
閲覧・証明の別	
請求者	住所	
	氏名	
届書等の表示	届書等の種類	
	届出日	
	届出事件の本人の氏名	
	本籍	
	筆頭者氏名	

　上記届書等の閲覧（記載事項証明）の請求は，以下の理由から，閲覧に応じない（交付しない）ことに決定しましたので，通知します。
　（理由）～であり，閲覧（交付）請求者が戸籍法第48条第2項の要件を満たしていることを確認することができないため。

※　この決定に不服がある場合は，戸籍法（昭和22年法律第224号）及び行政不服審査法（昭和37年法律第160号）の規定により，この決定があったことを知った日の翌日から起算して60日以内に，○○（地方）法務局長に対して審査請求をすることができます（なお，決定があったことを知った日の翌日から起算して60日以内であっても，決定があった日の翌日から起算して1年を経過した場合には審査請求をすることができなくなります。）。
　　また，この決定の取消しを求める訴訟は，戸籍法（昭和22年法律第224号）の規定により，前記審査請求に対する裁決を経た後でなければ，提起することはできないこととされています。
　　この決定の取消しの訴訟を提起する場合には，行政事件訴訟法（昭和37年法律第139号）の規定により，前記審査請求に対する裁決があったことを知った日から6か月以内に，○○市（区町村）長を被告として（訴訟において○○市（区町村）を代表する者は，○○市（区町村）長となります。），○○地方裁判所に，この決定の取消しを求める訴訟を提起することができます（なお，審査請求に対する裁決があったことを知った日から6か月以内であっても，当該裁決の日から1年を経過した場合には，この決定の取消しを求める訴訟を提起することはできなくなります。）。

　　　　　　　　　　　　　　　平成○○年○月○日
　　　　　　　　　　　　　　　○○市（区長村）長　　　　　　　印

別紙3 （平成20・4・7民一第1000号通達）

```
日記第　　　号
                          住　所
                          請求者

              決　　定　　書
```

請求年月日		
閲覧・証明の別		
請求者	住所	
	氏名	
届書等の表示	届書等の種類	
	届出日	
	本人の氏名	
	本籍	
	筆頭者氏名	

　上記届書等の閲覧（記載事項証明）の請求は，以下の理由から，閲覧に応じない（交付しない）ことに決定しましたので，通知します。
　（理由）～であり，閲覧（交付）請求者が戸籍法第48条第2項の要件を満たしていることを確認することができないため。

※　この決定に不服がある場合は，行政不服審査法（昭和37年法律第160号）の規定により，この決定があったことを知った日の翌日から起算して60日以内に，○○（地方）法務局長に対して審査請求をすることができます（なお，決定があったことを知った日の翌日から起算して60日以内であっても，決定があった日の翌日から起算して1年を経過した場合には審査請求を行うことができなくなります。）。
　　また，この決定の取消しを求める訴訟を提起する場合は，行政事件訴訟法（昭和37年法律第139号）の規定により，この決定があったことを知った日から6か月以内に，国を被告として（訴訟において国を代表する者は法務大臣となります。），○○地方裁判所又は行政事件訴訟法第12条第4項に規定する特定管轄裁判所にこの決定の取消しを求める訴訟を提起することができます（なお，この決定があったことを知った日から6か月以内であっても，決定の日から1年を経過した場合には，この決定の取消しを求める訴訟を提起することができなくなります。）。
　　ただし，審査請求をした場合には，この決定の取消しを求める訴訟は，その審査請求に対する裁決があったことを知った日から6か月以内に，提起することができます（なお，審査請求に対する裁決があったことを知った日から6か月以内であっても，当該裁決の日から1年を経過した場合には，この決定の取消しを求める訴訟を提起することはできなくなります。）。

　　　　　　　　　　　　　　　　　　　平成○○年○月○日
　　　　　　　　　　　　　　　　○○（地方）法務局長　　　　印
　　　　　　　　　　　（○○（地方）法務局○○支局長　　　　印

別紙4 （平成20・4・7民一第1000号通達）

裁 決 書

　　　　　　　　　　　　　　審査請求人
　　　　　　　　　　　　　　住　　　所
　　　　　　　　　　　　　　氏　　　名

　上記審査請求人から平成　　年　　月　　日付けでされた平成　　年　　月　　日日記第　　号の戸籍謄本等の交付請求に対する決定に係る審査請求について，次のとおり裁決する。

主　　　文

不　服　の　要　旨

裁　決　の　理　由

　よって，主文のとおり裁決する。

※　この裁決の取消しを求める訴訟を提起する場合には，行政事件訴訟法（昭和37年法律第139号）の規定により，この裁決があったことを知った日から6か月以内に，国を被告として（訴訟において国を代表する者は法務大臣となります。），〇〇地方裁判所又は行政事件訴訟法第12条第4項に規定する特定管轄裁判所にこの裁決の取消しを求める訴訟を提起することができます（なお，この裁決があったことを知った日から6か月以内であっても，裁決の日から1年を経過した場合には，この裁決の取消しを求める訴訟を提起することができなくなります。）。

　平成　　年　　月　　日

　　　　　　　　　　　　　　　（地方）法務局長　　　　　　印

（謄本の場合）
　この写しは，原本と相違ないことを証明する。

　　　平成　　年　　月　　日
　　　　　　　　　　　　　　所属
　　　　　　　　　　　　　　官職
　　　　　　　　　　　　　　氏名　　　　　　　　印

第9章　届出の通則

ポイント　届出の一般原則

　戸籍の記載は、届出、報告又は申請等に基づいて行うとされています（戸籍法15条）が、その大部分を占めるのが届出による記載です。
① 届出の種類
　ⅰ　報告的届出
　　　既に発生した事実又は法律関係についての届出をいいます。届出義務者及び届出期間について定められています。届出期間を経過した届出については過料の制裁があります（改正戸籍法135条、136条）。
　ⅱ　創設的届出
　　　届出がされることによって一定の身分関係が形成され又は戸籍法上の効力が発生するものをいいます。届出期間の定めがなく、過料の制裁もありません。
　ⅲ　報告的届出と創設的届出の性質を併せもつ届出
② 届出人
　ⅰ　報告的届出の場合
　　　届出義務者とその義務の順位が定められています（戸籍法52条、87条ほか）。届出義務者でない者からの届出は、原則として受理されません。また、届出義務はないが、届出の資格が認められている者がいます（同法63条2項、69条、73条、75条1項、77条1項、87条2項）。
　　　なお、改正戸籍法（平成19年法律第35号）87条2項により、死亡届の届出資格者の拡大が図られ、その届出資格者を同居の親族以外の親族のほか、後見人、保佐人、補助人及び任意後見人にも付与するとされています。

ⅱ　創設的届出の場合
　　　　身分行為をしようとする当事者が届出人となりますが，届出義務はありません。
③　届出能力
　　ⅰ　意思能力を有する者は届出能力があるとされています。
　　ⅱ　報告的届出については，届出をすべき者が未成年者又は成年被後見人である場合は，その親権者又は成年後見人が届出義務者となりますが，同人らが意思能力を有するときは自身が届出をしても差し支えないとされています（戸籍法31条1項）。
④　届出地
　　ⅰ　一般原則
　　　　届出は，届出事件の本人の本籍地又は届出人の所在地でしなければならないとされています（戸籍法25条1項）。
　　ⅱ　届出地の特例
　　　（ⅰ）　原則的な届出地に付加して届出地が定められている場合
　　　　　　戸籍法51条，88条，101条，109条，112条
　　　（ⅱ）　特別な届出地が定められている場合
　　　　　　戸籍法61条，65条，26条，88条，92条
⑤　届出期間
　　ⅰ　報告的届出
　　　　届出の起算日を特に規定していない出生届等については，届出期間は届出事件の発生の日から起算します（戸籍法43条）。期間の末日が，日曜日，その他の休日又は届出地市町村の休日に当たるときは，当該日の翌日が届出等の期間の末日となります（民法142条，昭和63・12・20民二第7332号通達）。
　　ⅱ　創設的届出
　　　　届出期間の定めがありません。ただし，縁氏続称の届（戸籍法73条の2），婚氏続称の届（同法77条の2），氏の変更届（同法107条2項・3項）については届出期間の定めがあります。
⑥　届出の方法

ⅰ　書面による届出
　　　　（ⅰ）　届書の記載事項
　　　　（ⅱ）　届書の記載方法
　　　　（ⅲ）　届書の通数
　　　　（ⅳ）　届書に添付すべき書類
　　　ⅱ　口頭による届出

1　届出の種類

　戸籍の届出は，既に身分関係の発生・消滅等が生じているものを戸籍に反映させるために届け出る報告的届出と，届出をすることにより身分関係が発生・変更・消滅する創設的届出とに区別されています。

(1)　報告的届出

　　報告的届出とは，人の出生・死亡等のような事実，又は裁判によって形成された身分関係などのような法律関係，身分関係について，市町村長に知らせるためにする届出をいいます。

　　前者の「事実」については特に説明を要しないでしょうが，後者の「既に発生・消滅している身分関係」については若干の説明を要します。例えば，裁判離婚がこれに当たります。裁判離婚とは，裁判所が関与して成立させる離婚で，調停離婚，審判離婚，和解離婚，認諾離婚及び判決離婚がありますが，これらは調停が成立したとき，和解が成立したとき，請求の認諾をしたとき，又は審判若しくは判決が確定したときにそれぞれ離婚の効力が生ずるとされています。そして，これらの離婚の効力が生じた日から10日以内に調停若しくは審判の申立人，又は訴えの提起者から届出をしなければならないとされています（戸籍法77条，63条）。この届出は，既に効力の生じている離婚という身分関係を市町村長に知らせるものですから，報告的届出です。以上に対し，協議離婚の届出は，それによって離婚が成立するもの（民法763条，764条，739条）ですから，創設的届出に当たります。

　　報告的届出の特徴は，届出義務者と届出をすべき期間が定められ，その法定期間内に届出を怠った者には過料を課すこととされているところ

です（戸籍法120条，121条）。

報告的届出に属するものは，次のとおりです。

1　出生届（戸籍法49条〜59条）
2　裁判認知届（同法63条）
3　遺言認知届（同法64条）
4　認知された胎児の死産届（同法65条）
5　特別養子縁組届（同法68条の2）
6　縁組取消届（同法69条）
7　裁判離縁届（同法73条）
8　特別養子離縁届（同法73条）
9　離縁取消届（同法73条）
10　婚姻取消届（同法75条）
11　裁判離婚届（同法77条）
12　離婚取消届（同法77条）
13　裁判による親権者指定届（同法79条）
14　親権者変更届（同法79条）
15　親権（管理権）喪失届（同法79条）
16　親権（管理権）喪失取消届（同法79条）
17　未成年者の後見開始届（同法81条，83条）
18　未成年後見人更迭届（同法82条，83条）
19　未成年者の後見終了届（同法84条）（未成年後見監督人についても同様，同法85条）
20　死亡届（同法86条〜93条）
21　失踪宣告届（同法94条）
22　失踪宣告取消届（同法94条）
23　推定相続人廃除届（同法97条）
24　推定相続人廃除取消届（同法97条）
25　国籍取得届（同法102条）
26　帰化届（同法102条の2）
27　国籍喪失届（同法103条）

28　外国国籍喪失届（同法106条）

29　就籍届（同法110条）

30　本籍分明届（同法26条）

(2)　**創設的届出**

　　創設的届出は，戸籍の届出をすることによって，一定の身分関係が形成され（例えば，婚姻，縁組等），又は戸籍法上の効力が発生するもの（例えば，入籍，分籍，転籍等）をいいます。

　　例えば，婚姻は，戸籍法の定めるところにより届け出ることによって，その効力を生ずるとされています（民法739条1項）。この届出がなければ，当事者に婚姻意思があり事実上夫婦生活を続けていても，法律上有効な婚姻とはなりません。このように，創設的届出は，届出をすることにより，その対象とされている一定の身分関係が発生，変更，消滅するものですから，これをするか否かは当事者の自由な意思に委ねられています。この点が届出義務者や届出期間の定めがある報告的届出とは異なります。

　　これに属するものは，次のとおりです。

1　任意認知届（戸籍法60条～62条）

2　養子縁組届（同法66条，68条）

3　協議離縁届（同法70条，71条）

4　死亡養親又は死亡養子との離縁届（同法72条）

5　離縁の際に称していた氏を称する届（同法73条の2）

6　婚姻届（同法74条）

7　協議離婚届（同法76条）

8　離婚の際に称していた氏を称する届（同法77条の2）

9　協議による親権者指定届（同法78条）

10　親権（管理権）辞任届（同法80条）

11　親権（管理権）回復届（同法80条）

12　復氏届（同法95条）

13　姻族関係終了届（同法96条）

14　入籍届（同法98条，99条）

15　分籍届（同法100条）
16　国籍留保届（同法104条）
17　国籍選択届（同法104条の2）
18　氏の変更届（同法107条）
19　名の変更届（同法107条の2）
20　転籍届（同法108条，109条）

(3) **報告的届出及び創設的届出の性質を併せもつ届出**

　届出の中には，報告的届出と創設的届出の二つの性質を併せ持っているものがあります。

　これに属するものは，次のとおりです。

① 国籍留保の旨を記載した出生届

　国籍法12条は，「出生により外国の国籍を取得した日本国民で国外で生まれたものは，戸籍法の定めるところにより日本の国籍を留保する意思を表示しなければ，その出生の時にさかのぼつて日本の国籍を失う。」と規定しています。この規定は，日本国民の子で国外で出生によってその国の国籍をも取得した者については，戸籍法の規定に従って国籍の留保をしない限り，出生の時にさかのぼって日本の国籍を喪失するとするもので，いうまでもなく重国籍の発生を防止することを目的としたものです。

　国籍留保の届出は，出生の届出とともにしなければなりません（戸籍法104条2項）。戸籍実務では，出生の届書に国籍留保の意思表示をする欄を設けて届出人がこれに記載すれば足りることとしています。このような届出は，報告的届出としての性質をもつ出生届と，創設的届出としての性質をもつ国籍留保届が組み合わされたものです。

② 戸籍法62条の認知の届出の効力を有する嫡出子出生届

　父母の婚姻前に出生し，父から認知されている嫡出でない子は，父母が婚姻することにより嫡出子となります。これを婚姻準正といいます。また，嫡出でない子が父母の婚姻後父から認知されたときは，父の認知によって嫡出子となります。これを認知準正といいます（民法789条）。戸籍法は，後者の認知によって準正嫡出子となるべき者につ

いては，父母から嫡出子出生の届出をすることができ，父母がこの届出をしたときは，その届出は，認知の届出の効力を有するとしています（戸籍法62条）。したがって，このような届出は，報告的届出としての性質をもつ出生届と，創設的届出としての性質をもつ認知届とを兼ねるものということができます。

③　裁判上の離婚（又は離縁）届において復氏者につき新本籍を定める場合の届出

　裁判上の離婚が成立すると，訴えの提起者は，裁判が確定した日から10日以内に裁判の謄本を添付して，離婚の届出をしなければなりません（報告的届出。戸籍法77条1項，63条1項）。この者が届出をしないときは，その相手方が届出をすることができます（同法77条1項，63条2項）。

　他方，離婚が成立した場合は，婚姻の際に氏を改めた者は，婚姻前の氏に復します。その場合，戸籍については，婚姻前の氏に復籍するのが原則ですが，復籍せずに，新戸籍を編製してこれに入ることもできます。そして，離婚届の届出人が復氏をする者であって，新戸籍の編製を希望するときは，当該届書において，その旨の申出をすることができるとされています（戸籍法19条1項ただし書，30条）。

　以上の戸籍法の規定によれば，裁判上の離婚が成立した場合に，当該離婚届の届出人が復氏をする者であって，当該届書において新戸籍を編製する旨の申出をしたときは，当該離婚の届出は，報告的届出の性質と創設的届出の性質の双方を滞びるものとなります。

　なお，上記の場合に，離婚によって復氏をする者が離婚届の届出人でないときはどうするのかという問題があります。これについて戸籍実務では，①当該離婚届書の「その他」欄に新戸籍を編製する旨を記載して，復氏をする者が署名押印をする方法，又は，②復氏をする者が，新戸籍を編製する旨を記載して署名押印をした申出書を別に作成し，これを当該離婚届書に添付する方法のいずれかによるものとされています（昭和53・7・22民二第4184号通達）。

2 届出人

(1) 報告的届出の場合

　報告的届出については，戸籍法において，誰が届出をすべきかを定めるとともに，一つの届出について数人の届出義務者がある場合の，その順位を定めています。

　例えば，出生届についてみてみますと，①嫡出子の出生届の届出義務者は，父又は母とされ，子の出生前に父母が離婚をした場合には母とされています（戸籍法52条1項）。②嫡出でない子の出生届の届出義務者は，母とされています（同条2項）。そして，①及び②の父又は母が届出をすることができない場合には，③同居者，出産に立ち会った医師，助産師又はその他の者の順序で届出しなければならないとされています（同条3項）。

　また，①又は②により届出をすべき父又は母が届出をすることができない場合には，父又は母以外の法定代理人も届出をすることができます（同条4項）。もっとも，この届出は，義務ではなく，資格を与えるものと解されています。

　届出の義務又は資格のない者からの届出は，原則として受理することができないのですが，これを資料として，職権により戸籍の記載をすることとされています（昭和22・6・11民事甲第335号回答）。

(2) 死亡届の届出資格者の拡大

　改正戸籍法87条2項は，死亡の届出について，その届出資格者を従前の同居の親族以外の親族のほか，後見人，保佐人，補助人及び任意後見人（以下「後見人等」という。）にも付与することとしました。この死亡届の届出資格者の拡大は，次のような事由によるものです。

　すなわち，市町村長が埋葬等の許可をするためには死亡の届出を受理することが必要とされているところ（墓地，埋葬等に関する法律5条1項・2項），近年親族との付き合いのない独居者の死亡が増えており，このような場合に届出義務者（家主等）が届出をしないときは，市町村長は，届出資格者である同居の親族等を探すことになるのですが，そのような親族を探すことが困難な場合や，探し出しても応じてもらえない

こともあります。こうした場合，市町村長は，届出義務者に相当の期間を定めて催告し，届出義務者がその届出をしなかったときに，法務局又は地方法務局の長の許可を得て，死亡の事実を職権で記載するという扱いですが（戸籍法44条），このような手続によって埋葬手続が遅延するという問題が指摘されていました。そこで，このような場合における埋葬手続を適正かつ迅速に行うため，後見人等にも死亡届の届出資格を付与することとしたものです。

「後見人等」とは，被後見人等の死亡時の後見人等をいいます。後見人等が死亡の届出をする場合には，その資格を証明する作成後3か月以内の登記事項証明書又は裁判書の謄本を提出しなければなりません。これらの書面については，その還付請求に応じることができるとされています（平成20・4・7民一第1000号通達第7）。

後見人等から死亡の届出があった場合の戸籍の記載については，届出人の資格である後見人等であることの記載は省略するものとされています。後見人等（未成年後見人を除く）が法人である場合には，当該法人の代表者が届出をするものとされ，この場合の戸籍の記載についても，後見人等であることの記載は省略し，当該代表者の氏名を記載するものとされています（前掲1000号通達第7の3）。

なお，死亡届書の様式が規則付録第14号の様式に変更され，それに伴って，従前の通達で示されていた死亡届書の標準様式が，平成20年4月7日付け民一第1000号民事局長通達別紙11（194頁）のとおり改められました。

(3) 創設的届出の場合

創設的届出については，身分行為を行おうとする当事者が届出人となります。その当事者が誰であるかは，民法，戸籍法等の規定の解釈によって判定します。例えば，養子縁組についてみますと，民法799条，739条及び戸籍法66条等の規定から，届出人は，縁組当事者である養親及び養子ということになります（ただし，養子となる者が15歳未満の場合には，縁組の代諾をする者が届出人となります。民法797条，戸籍法68条）。創設的届出については，届出をすべき者以外の者がした届出を受理しても，法

別紙11 （平成20・4・7民一第1000号通達）

死 亡 届

年　月　日届出

　　　　　　　長　殿

受理	平成　年　月　日		発送	平成　年　月　日
第	号			
送付	平成　年　月　日			長印
第	号			
書類調査	戸籍記載	記載調査	調査票	附票	住民票	通知

(1)	（よみかた）			
(2)	氏　　名	氏　　　　　名	□男　□女	
(3)	生 年 月 日	年　月　日 （生まれてから30日以内に死亡したときは生まれた時刻も書いてください。）	□午前 □午後　時　分	
(4)	死亡したとき	年　月　日　□午前 □午後　時　分		
(5)	死亡したところ	番地 番　号		
(6)	住　　所	番地 番　号		
		世帯主 の氏名		
(7)	本　　籍 （外国人のときは国籍だけを書いてください。）	番地 番		
		筆頭者 の氏名		
(8)(9)	死亡した人の 夫 ま た は 妻	□いる（満　　歳）　いない（□未婚　□死別　□離別）		
(10)	死亡したときの 世帯のおもな 仕事と	□1.農業だけまたは農業とその他の仕事を持っている世帯 □2.自由業・商工業・サービス業等を個人で経営している世帯 □3.企業・個人商店等（官公庁は除く）の常用勤労者世帯で勤め先の従業者数が1人から99人までの世帯（日々または1年未満の契約の雇用者は5） □4.3にあてはまらない常用勤労者世帯及び会社団体の役員の世帯（日々または1年未満の契約の雇用者は5） □5.1から4にあてはまらないその他の仕事をしている者のいる世帯 □6.仕事をしている者のいない世帯		
(11)	死亡した人の 職業・産業	（国勢調査の年…　年の4月1日から翌年3月31日までに死亡したときだけ書いてください） 職業　　　　　　　　　　　産業		
	その他			
届出人		□1.同居の親族　□2.同居していない親族　□3.同居者　□4.家主　□5.地主 □6.家屋管理人　□7.土地管理人　□8.公設所の長　□9.後見人 □10.保佐人　□11.補助人　□12.任意後見人		
		住　所	番地 番　号	
		本　籍	番地 番　　筆頭者の氏名	
		署　名　　　　　　　印　　　年　月　日生		
事件簿番号				

記入の注意

鉛筆や消えやすいインキで書かないでください。
死亡したことを知った日からかぞえて7日以内に出してください。
死亡者の本籍地でない役場に出すときは、2通出してください（役場が相当と認めたときは、1通で足りることもあります。）。2通の場合でも、死亡診断書は、原本1通と写し1通でさしつかえありません。

→「筆頭者の氏名」には、戸籍のはじめに記載されている人の氏名を書いてください。

内縁のものはふくまれません。

□には、あてはまるものに☑のようにしるしをつけてください。

→死亡者について書いてください。

届け出られた事項は、人口動態調査（統計法に基づく指定統計第5号、厚生労働省所管）にも用いられます。

第9章 届出の通則　195

死亡診断書（死体検案書）

この死亡診断書（死体検案書）は、我が国の死因統計作成の資料としても用いられます。かい書で、できるだけ詳しく書いてください。

記入の注意

氏　名			1 男 2 女	生年月日	明治　昭和　大正　平成　　年　月　日 (生まれてから30日以内に死亡したときは生まれた時刻も書いてください)	午前・午後　時　分	

生年月日が不詳の場合は、推定年齢をカッコを付して書いてください。
夜の12時は「午前0時」、昼の12時は「午後0時」と書いてください。

死亡したとき	平成　　年　　月　　日　　午前・午後　　時　　分

(12)(13) 死亡したところ及びその種別

死亡したところの種別　1 病院　2 診療所　3 介護老人保健施設　4 助産所　5 老人ホーム　6 自宅　7 その他
死亡したところ　　　　　　　　　　　　　　　　　　　　　番地　番
（死亡したところの種別1～5）施設の名称

「老人ホーム」は、養護老人ホーム、特別養護老人ホーム、軽費老人ホーム及び有料老人ホームをいいます。

(14) 死亡の原因

I
(ア) 直接死因
(イ) (ア)の原因
(ウ) (イ)の原因
(エ) (ウ)の原因

II 直接には死因に関係しないがI欄の傷病経過に影響を及ぼした傷病名等

発病（発症）又は受傷から死亡までの期間

◆ I欄、II欄ともに疾患の終末期の状態としての心不全、呼吸不全等は書かないでください。
◆ I欄では、最も死亡に影響を与えた傷病名を医学的因果関係の順番で書いてください。
◆ I欄の傷病名の記載は各欄一つにしてください。
ただし、欄が不足する場合にはII欄の残りを医学的因果関係の順番で書いてください。

傷病名等は、日本語で書いてください。
I欄では、各傷病について発病の型（例：急性）、病因（例：病原体名）、部位（例：胃噴門部がん）、性状（例：病理組織型）等をできるだけ書いてください。

妊娠中の死亡の場合は「妊娠満何週」、また、分娩中の死亡の場合は「妊娠満何週の分娩中」と書いてください。
産後42日未満の死亡の場合は「妊娠満何週産後満何日」と書いてください。

| 手術 | 1 無　2 有 | 部位及び主要所見 | 手術年月日 | 平成　昭和　　年　月　日 |
| 解剖 | 1 無　2 有 | 主要所見 | | |

I欄及びII欄に関係した手術について、術式又はその診断名と関連のある所見等を書いてください。紹介状や伝聞による情報についてもカッコを付して書いてください。

(15) 死亡の種類

1 病死及び自然死
外因死　不慮の外因死　2 交通事故　3 転倒・転落　4 溺水　5 煙、火災及び火焔による傷害　6 窒息　7 中毒　8 その他
　　　　その他及び不詳の外因死（9 自殺　10 他殺　11 その他及び不詳の外因　　　　）
12 不詳の死

「2 交通事故」は、事故発生からの期間にかかわらず、その事故による死亡が該当します。
「5 煙、火災及び火焔による傷害」は、火災による一酸化炭素中毒、窒息等も含まれます。

(16) 外因死の追加事項

傷害が発生したとき　平成・昭和　　年　月　日　午前・午後　時　分
傷害が発生したところの種別　1 住居　2 工場及び建築現場　3 道路　4 その他（　　）
傷害が発生したところ　　　　　　　　　　　　　　　都道府県　市郡　区町村
手段及び状況

◆ 伝聞又は推定情報の場合でも書いてください。

「1 住居」とは、住宅、庭等をいい、老人ホーム等の居住施設は含まれません。

傷害がどういう状況で起こったかを具体的に書いてください。

(17) 生後1年未満で病死した場合の追加事項

出生時体重　　グラム
単胎・多胎の別　1 単胎　2 多胎（子中第　子）
妊娠週数　　満　週
妊娠・分娩時における母体の病気又は異状　1 無　2 有　3 不詳
母の生年月日　昭和　平成　　年　月　日
前回までの妊娠の結果　出生児　　人　　死産児　　胎（妊娠満22週以後に限る）

妊娠週数は、最終月経、基礎体温、超音波計測等により推定し、できるだけ正確に書いてください。
母子健康手帳を参考に書いてください。

(18) その他特に付言すべきことがら

(19) 上記のとおり診断（検案）する
　診断（検案）年月日　平成　年　月　日
　本診断書（検案書）発行年月日　平成　年　月　日
（病院、診療所若しくは介護老人保健施設等の名称及び所在地又は医師の住所）
　　　　　　　　　　　　　　　　番地　番
（氏名）　　医師　　　　　　　　　　　印

律上の効力は生じません。

3　届出能力
(1)　報告的届出の場合
　報告的届出については，届出をすべき者が未成年者又は成年被後見人である場合には，その親権者又は成年後見人が届出義務者となりますが（戸籍法31条1項本文），未成年者又は成年被後見人が意思能力を有するときは自らが届出をしても差し支えないものとされています（同項ただし書）。

　親権者又は後見人が届出をする場合には，届書に，①届出をすべき者の氏名，出生の年月日及び本籍を記載し，②行為能力の制限の原因（届出をすべき者が，未成年者又は成年被後見人にあたること）を記載し，③届出人が親権を行う者又は後見人である旨を記載しなければなりません（同条2項）。

(2)　創設的届出の場合
　創設的届出については，制限能力者であっても，法律上特に代理人による届出を認める規定がない限り，本人が届出をしなければならないとされています（戸籍法32条）。

　法律上代理人による届出が必要的とされるのは，縁組，協議上の離縁及び民法791条による改氏の届出です。これらの届出については，養子又は子が15歳未満のときは，その届出能力は否定され，法定代理人又は法定代理人となるべき者が代わって届出をしなければなりません（民法791条3項，797条，811条2項，戸籍法68条，71条）。

4　届出地
(1)　一般原則
　戸籍に関する届出をすべき場所について，戸籍法は，「届出事件の本人の本籍地又は届出人の所在地」と規定しています（同法25条1項）。

　「届出事件の本人」とは，出生の届出であれば，生まれた子が，死亡の届出であれば，死亡した者がこれに当たります。また，婚姻の届出で

あれば，夫及び妻が事件本人です。「事件本人の本籍地」とは，届出をするときの事件本人の本籍地を意味します。出生の届出であれば，出生した子が入るべき戸籍のある市町村が，死亡の届出であれば，死亡当時の死亡者が在籍した戸籍のある市町村がこれに当たります。また，婚姻とか縁組のように，事件本人が二人以上である場合には，すべての事件本人の本籍地がこれに当たります。なお，当該届出によって事件本人の本籍地が一の市町村から他の市町村に転属する場合には，事件本人の本籍地は，届出当時の本籍地（除籍地）であって，入籍地はこれに当たらないと解されています（昭和11・9・8民事甲第1064号回答）。

「届出人の所在地」とは，届出人の届出当時の住所地であるのが通常ですが，これに限られず，居所や一時的な滞在地も含まれるものと解されています（明治32・11・15民刑第1986号回答）。

(2) 届出地の特例

① 原則的な届出地に付加して届出地が定められている場合

原則的な届出地については(1)で述べたとおりですが，戸籍法は，いくつかの届出については，これに付加して特別な届出地を定めています。すなわち，(i)出生届は出生地で（戸籍法51条），(ii)死亡届は死亡地で（同法88条1項），(iii)分籍届は分籍地で（同法101条），(iv)転籍届は転籍地で（同法109条），(v)就籍届は就籍地で（同法112条）それぞれすることもできます。

(v)の「就籍」とは，日本人でありながら戸籍に記載されていない者（無籍者）について，新たに戸籍に記載する手続（戸籍法110条）を意味します。就籍届をするには，家庭裁判所の許可（同条1項）又は国籍存在確認・親子関係存在確認等の確定判決（同法111条）を得る必要があります。家庭裁判所の許可による場合は，就籍者について，審判書記載の本籍及び氏をもって新戸籍を編製します。確定判決による場合は，その届出の際に就籍者が任意に定めた本籍及び氏をもって新戸籍を編製することになります。届出地については，届出人の所在地のほか，就籍地（本籍を設定する地）でもすることができるのは上記のとおりです。

② 特別な届出地が定められている場合

　他方，戸籍法は，特定の届出については，原則的な届出地に関する規定を適用しないで，特別の届出地を定めています。

　すなわち，(i)胎児認知届は，母の本籍地で（戸籍法61条），(ii)認知された胎児の死産届は，認知の届出地で（同法65条），(iii)本籍分明届は，基本の届出をした地で（同法26条），(iv)水難，火災その他の事変による死亡報告又は死亡者の本籍が明らかでない場合や死亡者を認識することができない場合の死亡報告は，死亡地で（同法88条2項，92条）それぞれしなければならないとされています。

5　届出期間

(1)　報告的届出

　報告的届出については，既成の事実や法律関係の発生・変更・消滅などを速やかに戸籍に記載して公示する必要があることから，届出期間が定められています。例えば，出生の届出は，14日以内（国外で出生があったときは3か月以内）にしなければならず（戸籍法49条1項），死亡の届出は，届出義務者が，死亡の事実を知った日から7日以内（国外で死亡があったときは，その事実を知った日から3か月以内）に，しなければならないとされています（同法86条1項）。身分関係が裁判で確定したとき，例えば，認知の裁判が確定したときは，訴えを提起した者は，裁判が確定した日から10日以内に，届け出なければなりません（同法63条1項）。

① 届出期間の起算日

　戸籍法では，届出期間の定めをする場合に，上記のとおり，例えば，死亡届又は裁判による認知届については，死亡の事実を知った日から7日以内（同法86条）又は裁判が確定した日から10日以内（同法63条）というように，当該届出期間の起算日を定めています。その一方で，例えば，出生届については，14日以内にこれをしなければならない（同法49条1項）とするのみで，起算日を明示していません。では，後者のような場合，届出期間の起算日はいつなのでしょうか。これを定めるのが戸籍法43条の規定で，届出事件発生の日から起算するとして

います（同条1項）。出生届についていえば，出生の日から起算することになります。これは，民法140条の期間の初日は算入しないという原則に対する例外をなすものです。なお，起算日についての特則が戸籍法43条2項に定められています。すなわち，裁判が確定した日から戸籍に関する届出の期間を計算する場合に，その裁判が送達又は交付前に確定したときは，その送達又は交付の日を起算日とするとされています。

② 届出期間の満了日

上記①のように，届出期間の起算日については戸籍法に規定が設けられていますが，その満了については同法に別段の定めがありません。この満了日については，期間の計算方法に関する民法の規定が適用されると解されています。この民法の規定に従えば，届出期間は，その末日の終了をもって満了します（同法141条）。ただし，期間の末日が日曜日，国民の祝日に関する法律に規定する休日その他の休日に当たるときは，その届出期間は，その翌日に満了します（同法142条，地方自治法4条の2第4項，行政機関の休日に関する法律2条，昭和63・12・20民二第7332号通達）。

なお，期間を定めるのに週，月又は年をもってしたときは，その期間は，暦に従って計算するとされ（民法143条1項），週，月又は年の初めから期間を計算しないときは，その期間は，最後の週，月又は年においてその起算日に応当する日の前日に（ただし，月又は年によって期間を定めた場合において，最後の月に応当する日がないときは，その月の末日に）満了するとされています（同条2項）。

(2) 創設的届出

創設的届出については，届出をするか否かは当事者の任意に委ねられていますから，届出期間の定めはありません。ただし，離縁の際に称していた氏を称する届出（戸籍法73条の2），離婚の際に称していた氏を称する届出（同法77条の2）及び外国人との婚姻又は婚姻の解消による氏変更の届出（戸籍法107条2項・3項）については，届出期間が定められています。

上記のうち離縁の際に称していた氏を称する届出及び離婚の際に称していた氏を称する届出の期間は，離縁又は離婚の日から3か月間とされています（民法816条2項，767条2項）。この3か月の期間の計算方法については，その期間が民法が定めるものであることから，戸籍法上の報告的届出の届出期間の起算日を定める同法43条の規定の適用はなく，民法上の期間計算の一般原則に従い，離縁又は離婚の日の翌日から起算することになります（民法140条）。そして，その満了日は，暦に従って計算することになり，月の初めから期間を計算しないときは，最後の月（3か月目の月）においてその起算日に応当する日の前日がこれに当たることになります（同法143条）（「養子法改正特集」民事月報号外206頁）。
　ちなみに，「離縁の日」とは，協議離縁の場合にはその届出の日（民法812条，739条），裁判離縁の場合には裁判確定の日，特別養子離縁の場合には審判確定の日です。また，外国の方式により離縁が成立した場合又は外国の裁判所による裁判離縁があった場合には，外国の方式又は外国裁判所の判決により離縁が成立した日が「離縁の日」であって，離縁証書の謄本の提出があった日又は裁判離縁の届出の日はこれに当たりませんから，注意を要します。
　以上に対して，冒頭に掲記した届出のうち外国人との婚姻又は婚姻の解消による氏変更の届出は，その婚姻の日から6か月以内又はその婚姻の解消の日から3か月以内にすべきものとされていますが（戸籍法107条2項・3項），これらは戸籍法上の届出ですから，同法43条の規定が適用されて，初日が算入されることになります。

6　届出の懈怠

　戸籍は，国民の身分関係を正確に記載し，これを公示・公証することが使命とされています。そのため，戸籍法は，報告的届出については，届出義務者や届出期間を定めてその期間内に届出をするよう義務付けるとともに，その義務の懈怠について制裁を課しています。すなわち，届出義務者が，正当な理由がなくて，所定の期間内に届出をしなかったときは，5万円以下の過料に処せられます（改正戸籍法135条）。届出義務者が届出を怠

り，市町村長が相当の期間を定めて届出を催告したにもかかわらず，正当な理由がなくて，その期間内に届出をしなかったときには，10万円以下の過料に処せられることとされています（同法136条）。

　過料の処分は，過料に処せられるべき者の住所地を管轄する簡易裁判所が所管します。市町村長は，届出を怠った者があることを知ったときは，遅滞なく，届出事件を具して，管轄の簡易裁判所にその旨を通知しなければならないとされています（戸籍法施行規則65条）。

7　届出の方法

　届出は，書面又は口頭ですることができます（戸籍法27条）。それが報告的届出であるか創設的届出であるかを問いません。もっとも，戸籍の実務では，届出のほとんどは書面によるものです。

(1)　書面による届出

　①　法定様式

　　　戸籍法28条1項は，「法務大臣は，事件の種類によつて，届書の様式を定めることができる。」と規定しています。この規定を受けて，戸籍法施行規則において，出生届，婚姻届，離婚届及び死亡届の4届書についてその様式を定めています（戸籍法施行規則59条，同規則附録11号様式から14号様式）。この法定様式については，戸籍法28条2項が，「前項の場合には，その事件の届出は，当該様式によつてこれをしなければならない。但し，やむを得ない事由があるときは，この限りでない。」と規定していますので，上記4種の届出については，原則として，当該様式によって届け出なければなりません。ただし，例えば，日本人が外国で出生・死亡したために所定の様式によって届出をすることができない場合等やむを得ない事由があるときは，この様式によらなくてもよいことになります。

　②　標準様式

　　　前述した，出生届，婚姻届，離婚届及び死亡届の4届書及びこれら以外の届書については，届出人の届書作成上の利便と市町村における事務処理上の便宜等を図る趣旨から法務省民事局長通達で標準様式が

示されています（昭和59・11・1民二第5502号通達，平成16・11・1民一第3009号通達等，死亡届については平成20・4・7民一第1000号通達）。もっとも，標準様式によらない届書による届出であっても，法定の要件を具備するものであれば，受理を拒むことはできないと解されています。

(2) **届書の記載事項**

届書の記載事項については，戸籍法は，「第4章　届出」の「第1節　通則中」に，すべての届出事件に共通する記載事項を定めた上（同法29条から31条，33条から35条），「第2節　出生」から「第16節　転籍及び就籍」までの各節において事件の種別ごとの記載事項を定めています。後者については，後に分説することとして，ここでは前者について説明しておきます。

各届書に共通する記載事項は，次のとおりです。

① 届出事件（戸籍法29条1号）

届出事件の表示は，出生届，死亡届のように，当該届出がいかなる届出であるかを明らかにするものであり，それぞれの届出の件名を記載します。

② 届出の年月日（同条2号）

これは，届書を市町村長に提出する日です。この年月日は，届書を市町村の窓口に現実に提出した年月日と一致していることが必要です。郵送による届出の場合には，発送（投函）の日です。

③ 届出人の出生の年月日，住所及び戸籍の表示（同条3号）

これらの記載は，届出人を特定するとともに，戸籍事務処理上の次のような必要に基づくものです。

届出人の出生年月日の記載は，届出能力（戸籍法31条）の有無を判断するために必要ですし，住所の記載は，届出地の決定，届出人に対する通知及び催告等（同法24条1項，44条，45条）のために必要です。戸籍の表示を記載させるのは，その届出によりどの戸籍に記載すべきかを判定する上で必要だからです。

④ 届出人と届出事件の本人と異なるときは，届出事件の本人の氏名，

出生の年月日，住所，戸籍の表示及び届出人の資格（同条4号）
　届出人の資格及び氏名を記載するのは，これらが戸籍の記載事項とされているからです（戸籍法施行規則30条2号）。届出人の資格の記載は，届出事件又はその本人との関係を明らかにし，当該届出が適法な届出資格を有する者からされたか否かを判定するためにも必要です。出生届を例にとれば，父，母，同居者，医師，助産師等を記載することになります。
⑤　届出事件によって，(i)届出人又は届出事件本人が他の戸籍に入るべきときは，その戸籍の表示，(ii)その者が従前の戸籍から除かれるべきときは，従前の戸籍の表示，(iii)その者につき新戸籍を編製すべきときは，その旨，新戸籍編製の原因及び新本籍（戸籍法30条1項）
　これらの記載は，当該届出に基づいて，新戸籍の編製，入籍，除籍等の戸籍の変動処理を行う上で必要なものです。
　戸籍の記載については，入籍又は除籍する前後の戸籍に相互のつながりをもたせ，戸籍としての機能が十分に発揮できるようにするため，入籍する戸籍には従前の戸籍の表示が，また，除籍される戸籍には入籍先の戸籍の表示がそれぞれ記載されることになっています。このため，その戸籍記載の原因となるべき届書において，入籍又は除籍する戸籍の表示，新戸籍編製の原因，新本籍の場所等を明らかにしてもらう必要があるのです。
　届出人又は届出事件の本人が他の戸籍に入るべきときとしては，縁組，婚姻，入籍届などのように，届出人自身が事件本人であって自ら他の戸籍に入る場合と，出生，裁判上の離婚等の届出のように，届出人ではない届出事件の本人が他の戸籍に入る場合とがあります。
⑥　届出事件によって，届出人若しくは届出事件の本人でない者が他の戸籍に入り，又はその者について，新戸籍を編製すべきときは，届書にその者の氏名，出生の年月日及び住所を記載するほか，その者が他の戸籍に入るか又はその者について新戸籍を編製するかの区別に従って前記⑤に掲げる事項（戸籍法30条2項）
　届出人若しくは届出事件の本人でない者が他の戸籍に入る場合の例

としては，従前の戸籍の取扱いで認められていた，父又は母が再婚した場合の同籍している子についての戸籍処理の例を挙げることができます。すなわち，かつての戸籍実務では，戸籍の筆頭者である夫の死亡後にその妻が自己の氏を称する婚姻をした場合には，新戸籍が編製され，その際，その者と同氏の子は，母に従い，母の戸籍に入籍するとされていたのです（随従入籍。昭和29・7・1民事甲第1335号回答）。しかし，この取扱いは，平成6年11月16日付け民二第7005号民事局長通達によって改められ，筆頭者の死亡後，その生存配偶者が自己の氏を称して婚姻した場合，従前の戸籍に同籍していた子は，当然にはその父又は母の戸籍には入籍しないものとされ，子がその父又は母の戸籍に入籍するには，同籍する旨の入籍の届出を要するものとされました（同通達第1の1(1)）。

届出人若しくは届出事件の本人でない者について新戸籍を編製すべきときの例としては，戸籍の筆頭者及びその配偶者でない母について，子の出生届により同氏の子を有するに至った場合に，その出生届が母以外の届出義務者（例えば助産師）からされたようなときを挙げることができます。このような新戸籍を編製すべき場合には，届書に，新戸籍が編製される者の氏名，出生の年月日及び住所を届書に記載し，新戸籍を編製する旨，その原因及び新戸籍を，届書に記載しなければなりません。

⑦　親権を行う者又は後見人が届出をする場合には，届書に，(i)届出をすべき者の氏名，出生の年月日及び本籍，(ii)行為能力の制限の原因，(iii)届出人が親権を行う者又は後見人である旨（戸籍法31条2項）

⑧　証人を必要とする事件の届出については，証人の出生の年月日，住所及び本籍（戸籍法33条）

民法は，婚姻，協議上の離婚，養子縁組，協議上の離縁及び死後離縁の各届出については，成年の証人2名以上の署名押印を必要とするとしています（民法739条2項，764条，799条，812条）。この証人の制度は，婚姻等の身分行為の当事者間にその行為をするについて任意の合意が成立したことを，第三者をして証明させる制度です。いうまで

もなく，戸籍に関する届出の正確性を担保しようとするものです。
⑨　届書に記載すべき事項であって，存しないもの又は知れないものがあるときは，その旨（戸籍法34条1項）

　　ここでいう，届書に記載すべき事項であって，存しないもの又は知れないものがあるときとは，本籍を記載すべき場合において，本籍がないか又は明らかでない場合，父母を記載すべき場合において，父母が明らかでない場合，出生届をする際に生まれた子の名が未定であって，これを記載できない場合等が該当すると解されています。以上のような場合に届書にその旨を記載させるのは，本来記載すべき事項を誤って遺漏したものでないことを明らかにするためです。例えば，名がまだ定まっていない子について出生届をする場合には，届書の「その他」欄に「命名前につき子の名未定」と記載することになります。
⑩　戸籍法，同法施行規則で定める事項のほか，戸籍に記載すべき事項を明らかにするために必要であるもの（戸籍法35条）

　　戸籍に記載すべき事項を明らかにするために必要であるものとは，一般的には，新戸籍又は入籍する戸籍に従前の戸籍から移記を要するとされている重要な身分事項（戸籍法施行規則39条）であるとか，父母の婚姻による準正子の身分変更に関する事項等がこれに当たるとされています。

(3)　届書の記載方法

　戸籍の記載は，届書等によってします（戸籍法15条）。そのため，届書の記載は，正確かつ明瞭でなければなりません。届書記載上の注意事項を挙げれば，次のとおりです。
①　届書を記載するには字画は明瞭にし，略字又は符号は用いてはなりません（戸籍法施行規則31条1項，67条）。

　　文字の略字とは，字画を省いた文字をいい，字画を明らか（明瞭）にするとは，文字自体は正しい文字を使用しているが，これを行書体，草書体等の判読し難い字体で記載しないことをいいます。
②　文字は改変してはなりません（同規則31条3項，67条）。
③　文字の訂正，追加又は削除したときは，その字数を届書の欄外に記

載し，届出人の認印を押し，かつ削除された文字は，明らかに読むことができるようにしておかなければなりません（同規則31条4項，67条）。
④　届書が数葉の場合には，毎葉の綴目に届出人全員の契印をする必要があります（昭和10・10・21民事甲第1222号通牒）。
⑤　本籍，住所の地番は，「1の1」等としないで「1番地1」のように記載します（昭和30・9・9民事甲第1886号通達）。
⑥　届書は永年保存するものですから，鉛筆や粗悪なインクを用いてはなりません。
⑦　届出年月日は，届書を提出した日を記載します。
⑧　戸籍の表示は，原則として県名から地番まで正確に記載し，筆頭者の氏名を記載します。
⑨　届出人及び証人等が印を有しないときは，署名するだけで足ります。署名ができないときは，氏名を代書させて印を押します。署名することができず，かつ，印を有しないときは，氏名を代書させ，ぼ印するだけで足ります（戸籍法施行規則62条1項）。
⑩　出生又は死亡の届書には，出生又は死亡の年月日時分を記載します。
　　出生の時分については，昼の12時のときは，その日の午後0時と記載し，真夜中の12時のときは，翌日の午前0時と記載します。
⑪　届書に記載すべき届出人又は事件本人の氏名，本籍及び筆頭者の氏名は，いずれも届出当時のものを記載します。既に死亡又は離婚している父母の本籍及び氏名についても，同様に記載します（明治31・12・21民刑第2050号回答等）。
⑫　届書に記載する住所は，すべて住民登録をしてある場所を記載します。

以上が一般的な注意事項ですが，外国人を事件本人又は届出人とする届書の記載については，戸籍法施行規則又は通達により，いくつかの特例が定められています。これを挙げれば，次のとおりです。
①　届書の記載文字は，署名を除き日本文字を使用しなければなりません。

戸籍の記載には外国の文字は使用されませんから，名の記載に英字のみを使用した出生届書は受理すべきでありませんが，英字とかなとを併用して記載した届書は，これを受理し，戸籍にはかなをもって名の記載をするのが相当とされています（昭和26・11・12民事甲第2162号回答六）。

② 当事者が外国人であるときは，本籍の記載に代えて，その国籍を記載します（戸籍法施行規則56条1号）。

③ 外国人の氏名は，原則として片仮名で氏と名の順に表記し，氏と名の間には読点（，）を付して区別します。本国において氏名を漢字で表記する外国人である場合には，その氏名は，正しい日本文字としての漢字を用いるときに限って，氏，名の順序により漢字で記載して差し支えないとされています（昭和56・9・14民二第5537号通達二，同59・11・1民二第5500号通達第4の3(1)）。

④ 外国人の署名は，その本国の文字によって差し支えありません（戸籍法施行規則62条，外国人ノ署名捺印及無資力証明ニ関スル法律1条，昭和58・10・24民二第6115号通達二の2）。

(4) **届書の通数**

届書の通数については，戸籍法は，2か所以上の市役所又は町村役場で戸籍の記載をすべき場合には，その数と同数の届書を提出しなければならないとしています（同法36条1項）。したがって，婚姻，離婚，縁組，離縁，分籍，転籍等の届出の場合のように，その届出によりある人について入籍・除籍の処理が必要になり，入籍地と除籍地の双方で戸籍の記載がされることとなるときには，届出人は，戸籍の記載をする市町村の数と同数の届書を提出しなければなりません。これに加えて，上記のような届出を本籍地外でするときは，戸籍の記載をする市町村の数と同数の届書のほか，さらに1通の届書を提出しなければならないとされています。これらの届書は，これを受け付けた市町村からそれ以外の市町村に送付されて，戸籍の処理等に用いられることになるのです。

このように，2か所以上の市役所等で戸籍の記載を要することになる届出の場合には，届出人は数通の届書を作成しなければならず，往々に

して届出人に過重な負担を求めることになりかねません。このことにかんがみ，戸籍法36条3項では，届書を複数提出しなければならない場合でも，相当と認めるときは，市町村長は，届書の謄本を作成して届書に代えることができるとしています（いわゆる「一通化」。なお，平成3・12・27民二第6210号通達では，各市町村長において，一通化の取扱いを積極的に推進すべきものとしています。）。

　上記の戸籍法36条3項の規定を受けて，市町村長が一通化の取扱いをする場合における事務処理の詳細は，通達（昭和52・4・6民二第1671号通達）が定めるところによっています。これによると，まず，市町村長が作成する届書の謄本の取扱いについては，文字が鮮明に写出され，かつ，変色又は退色のおそれのない謄本に限るものとするとされています。これらの謄本は，提出された届書の原本を保存することとなる市町村以外の市町村において用いられることになるのですが，問題は，その原本を保存すべき市町村はいずれかです。これについて，前掲通達は，次のように定めています。①本籍地市町村長に届出があった場合においては，当該市町村に届書の元本を保存し，他の市町村においても戸籍の記載をする必要があるときは，届出を受理した市町村長は，当該地の市町村長に届書の謄本を送付することとされています（昭和52・4・6民二第1672号通知二の1）。②非本籍地の市町村長に届出があった場合において，戸籍の記載を要する市町村が1か所の場合は，当該戸籍の記載をすべき市町村長に届書の原本を送付することとされています（同通知二の2㈠）。③非本籍地の市町村長に届出があった場合において，戸籍の記載を要する市町村が2か所以上にわたる場合は，事件本人につき新戸籍の編製を要する届出については，当該新戸籍を編製すべき市町村に届書の原本を送付することとされています（同通知二の2㈡(1)）。また，④事件本人が一つの戸籍から除かれて他の戸籍に入籍する届出については，その者の入籍すべき戸籍を保存する市町村に届書の原本を送付することとされています（同通知二の2㈡(2)）。なお，認知又は養子縁組の届出の場合で，事件本人につき戸籍の変動を生じない事例については，子（養子）の戸籍を保管する市町村に届書の原本を送付するものとされています（同通

知二の2(二)(3))。
(5) **届書に添付すべき書類**
① 父母その他の者の同意書又は承諾書

戸籍法は，届出事件について父母その他の者の同意又は承諾を必要とするときは，届書にその同意又は承諾を証する書面を添付しなければならないとしています（同法38条1項）。

届出事件について父母その他の者の同意又は承諾を必要とする場合を挙げると，次のとおりです。
(i) 未成年者の婚姻における父母の同意（民法737条）
(ii) 成年の子を認知する場合における成年の子（被認知者）の承諾（同法782条）
(iii) 死亡した子を認知する場合における死亡した子の成年の直系卑属の承諾（同法783条2項）
(iv) 胎児認知における母の承諾（同条1項）
(v) 配偶者のある者が縁組をする場合におけるその配偶者の同意（同法796条）
(vi) 15歳未満の子が養子となる場合において，その法定代理人が縁組の代諾をするに際して，養子となる者を監護すべき父母が他にあるときのその者の同意（同法797条2項）

以上の場合には，当該届書に父母その他の者の同意又は承諾を証する書面を添付しなければならないのが原則です（戸籍法38条1項）。ただし，同意又は承諾をした者に，届書の「その他」欄を利用して，その旨を付記させ，署名，押印させる便法によっても差し支えないとされています（同項ただし書）。

② 裁判又は許可書の謄本

戸籍法は，届出事件について裁判又は官庁の許可を必要とするときは，届書に裁判又は許可書の謄本を添付しなければならないとされています（戸籍法38条2項）。

ア 裁判の謄本を要する創設的届出
(i) 縁組当事者死亡後の離縁（養親又は養子死亡後の離縁）（民法811

条6項）
　　(ⅱ)　親権，管理権の辞任・回復（同法837条）
　　(ⅲ)　父又は母の氏への改氏（同法791条1項・3項）
　　(ⅳ)　未成年者を養子とする縁組（同法798条）
　　(ⅴ)　後見人が被後見人（未成年被後見人，成年被後見人）を養子とする縁組（同法794条）
　　(ⅵ)　氏又は名の変更（戸籍法107条1項・4項，107条の2）
　　(ⅶ)　就籍（同法110条）
　イ　裁判の謄本を要する報告的届出
　　　裁判上の認知，離縁，離婚等の報告的届出についても，戸籍法の規定に従って，それぞれその裁判の謄本を添付して届け出なければなりません（戸籍法63条，73条，77条）。
③　その他の添付書面
　その他届書に添付すべきものとされている書類で主要なものは，次のとおりです。
　(ⅰ)　出生届における出生証明書（戸籍法49条3項）
　(ⅱ)　遺言による認知届における遺言の謄本（同法64条）
　(ⅲ)　遺言による未成年後見人の指定届における遺言の謄本（同法83条1項）
　(ⅳ)　死亡届における死亡診断書又は死体検案書（同法86条2項，90条2項）
　(ⅴ)　国籍取得届における国籍取得を証すべき書面（同法102条2項）
　(ⅵ)　他の市町村への分籍又は転籍の届出における戸籍謄本（同法100条2項，108条2項）
④　戸籍の謄本等の提出
　いままでみてきたように，届書に添付すべき書類は，戸籍法によって届出の種類ごとに定められています。これらの添付書類は，出生，死亡等の報告的届出にあっては，届出事件の事実を証する疎明資料として，婚姻，協議離婚等の創設的届出にあっては，届出事件の内容が真正であることを担保するための資料としてそれぞれ添付が求められ

ているものです。

　しかしながら，届出事件の内容によっては，戸籍法に規定されている添付書類のみでは，届書の調査及び戸籍の記載ができない場合があり得ます。そこで，市町村長は，届出又は申請の受理に際し，戸籍の記載又は調査のため必要があるときは，戸籍の謄本又は抄本その他の書類の提出を求めることができるとされています（戸籍法施行規則63条）。

　例えば，婚姻届を当事者の非本籍地である市町村に届け出る場合は，市町村長において婚姻要件を具備しているか否かの審査をするために，夫婦双方の戸籍抄本が必要になります。また，婚姻当事者の双方又は一方の本籍地以外の市町村に新戸籍を編製する場合には，当事者の出生事項等の戸籍の記載をするために，夫婦双方の戸籍抄本又は一方の戸籍抄本が必要となります。上記の規定は，このような場合に，市町村長が戸籍の謄本又は抄本等の提出を求めることを可能にするものです。

⑤　訳文の添付

　届書に添付する書類その他市町村長に提出する書類で外国語によって作成されたものについては，翻訳者を明らかにした訳文を添付しなければならないとされています（戸籍法施行規則63条の２）。

　外国語によって作成された書類が届書に添付される例としては，①準拠法を特定するための国籍を証する書面（国籍証明書），②外国の方式によって身分行為が成立したことを証する書面（戸籍法41条の証書の提出），③外国の裁判所において離婚の判決が確定した場合の外国裁判所の判決文（外国判決の謄本），④外国法上一定の身分行為をする要件を備えていることを証する本国官憲の発行する要件具備証明書，⑤外国において発生した出生・死亡等の事実を証する証明書等があります。これらの書類については，戸籍事務処理の便宜に資するため，翻訳者を明らかにした訳文を添付しなければならないとされているのです。

(6) 口頭による届出

　戸籍の届出は，書面によるほか，口頭によってもすることもできます。口頭によって届出をする場合は，届出人が市町村役場に出頭して，届書に記載すべき事項を陳述しなければなりません（戸籍法37条1項）。この方式による届出があったときは，市町村長は，届出人が陳述した事項を届書に筆記するとともに，届出の年月日を記載して，これを届出人に読み聞かせ，かつ，届出人に署名押印させなければならないとされています（同条2項）。

　届出人が疾病その他の事故で市町村役場に出頭することができないときは，代理人によって口頭の届出をすることができます（同条3項）。ただし，創設的届出のうち，特に重要な身分行為である認知（胎児認知を含む），縁組，協議上の離縁（養親又は養子死亡後の離縁を含む。），婚姻，協議上の離婚については，代理人による口頭の届出は認められていません（同条3項ただし書）。この点，注意を要します。

　この市町村長が届出人の陳述を筆記した届書は，一般の届書と同様に取り扱われます（同法39条）。

第10章　届出の審査と受理

> **ポイント**　届出の受理・不受理

① 市町村長は，書面又は口頭によってされた届出を受け付けた上，その届出が適法であるかどうかの審査をします。届出を適法なものと認めたときは，これを受理し，不適法と認めたときは，これを不受理とします。

② 受理とは，届出を認容する行政処分をいいます。受理によって届出の効力が生じます。また，不受理とは，届出を不適法と判断して受理を拒否する行政処分をいいます。不受理処分に対しては，家庭裁判所に不服の申立てをすることができます（改正戸籍法121条）。

③ 市町村長による①の審査は，届書，添付書面などを資料として，届出が所定の要件を具備しているかについて行われます。審査に当たっては，民法，戸籍法などの関係法令に基づいて法律的判断を行います。届出が法令に抵触し効力の生じないことが明白な場合は，受理すべきではありません。

④ 受理後の手続は，(ⅰ)受附帳の記載，(ⅱ)戸籍の記載，(ⅲ)人口動態調査票の作成送付，(ⅳ)住民票の記載と住所地市町村への通知，(ⅴ)届書の他市町村への送付，(ⅵ)届書類の管轄法務局への送付となります。

⑤ 届出の際の確認手続（改正戸籍法27条の２第１項）
　市町村長は，届出によって効力を生ずる認知，縁組，離縁，婚姻又は離婚の届出に際して，市町村の窓口に出頭した者が届出事件の本人であるかどうかを確認するため，法務省令で定めるところにより，当該出頭した者に対して，氏名等の法務省令で定める本人特定事項を示す運転免許証の提供等を求めるものとされています。

⑥ 窓口に出頭したことが確認できなかった者がある場合の通知方法（改正戸籍法27条の２第２項）
　確認手続により，届出事件の本人のうちで，窓口に出頭したこと

> が確認できなかった場合には，届出を受理した上で，遅滞なく，確認できなかった届出事件の本人に対し，法務省令で定める方法により，届出を受理したことを通知しなければならないとされています。

　戸籍事務は，国民一人ひとりの身分関係を戸籍に記載し，これを公証するものです。戸籍の記載は，その大部分が届出に基づいてされますが，その記載が正確なものでなければ国民の社会生活に少なからぬ影響を与えます。このため，戸籍事務を管掌する市町村長は，届出事項の正確性・真実性を確認し，当該届出が所定の要件を満たしているか否かを審査しなければなりません。この審査に当たっては，民法，戸籍法などの関係法令に基づいて法律的判断を行い，届出事項がこれら法令に抵触し効力の生じないことが明白な場合には，当該届出は受理すべきでないということになります。

　以上に加えて，市町村長は，届出によって効力を生ずべき認知，縁組，離縁，婚姻又は離婚の届出の際に，窓口に出頭した者が届出事件の本人（認知にあっては認知する者，民法797条1項に規定する縁組にあっては養親となる者及び養子となる者の法定代理人，同法811条2項に規定する離縁にあっては養親及び養子の法定代理人となるべき者）であるかどうかを確認するため，当該出頭した者を特定するために必要な氏名及び住所又は生年月日（改正戸籍法施行規則53条）を示す運転免許証その他の資料の提供又はこれらの事項についての説明を求めるものとし（改正戸籍法27条の2第1項），この確認手続により，届出事件の本人のうちで，窓口に出頭したことが確認できなかった者がある場合には，届出を受理した上で，遅滞なく，確認できなかった届出事件の本人に対し，戸籍の附票又は住民票に記載された現住所に，転送を要しない郵便物又は信書便物として書面により（改正戸籍法施行規則53条の3），届出を受理したことを通知しなければならないとされています（改正戸籍法27条の2第2項）。

1　届書の受付と届出の受理・不受理

　届書の受付とは，市町村役場の窓口に戸籍に関する届書の提出があった

とき，これを受領する行為をいいます（口頭による届出の場合は，212頁(6)記載の手続をしたときに，受付となります。）。受付は，単に書類を受け取るという事実行為に過ぎず，これにより，届出の効力が発生するというものではありません。

　届出の受理とは，市町村長が届書，添付書類等を審査した結果，届出を適法なものと判断した場合に，これを認容する行政処分です。この受理によって届出の効力が発生し，婚姻，縁組等の創設的届出については，その身分関係が形成されることになります。なお，上記の意味での届出が受理されると，その方式として提出された届書も「受理」されたという取扱いを受けることになります（戸籍法34条2項，48条2項等参照）。

　これに対し，不受理とは，市町村長が届書，添付書類等を審査した結果，届出が法定の要件を備えていないと判断した場合に，これを拒否する行政処分をいいます。戸籍の実務では，不受理の処分は，単に届書を届出人に返戻するという行為によってするものとし，特に「却下」というような形式は踏まないこととされています（大正4・8・2民第1237号回答）。市町村長の不受理処分については，不服のある届出人等は，家庭裁判所に不服申立てをすることができます（改正戸籍法121条）し，市町村長が正当な理由がなくて届出を受理しないときは，10万円以下の過料に処せられます（改正戸籍法137条1号）。

2　届書の受付

　市町村長は，届書を受理し，又はその送付を受けたときは，その届書に受付の番号及び年月日を記載しなければなりません（戸籍法施行規則20条1項）。受付の年月日は，届書の受理を決定した日ではなく，届書を実際に受領した日です。届書の受付処理が終わった事件については，市町村長は，毎年調製する受附帳に，受付の順序に従って，件名，届出事件の本人の氏名及び本籍又は国籍，受付の番号及び年月日等の事項を記載し，事件の内容を明らかにしておかなければならないとされています（同規則21条1項）。

　届出が郵送によってされた場合には，届書が市町村役場に到達して受領された時が届出の時となりますので，その日が受付の年月日となります。

そうとすると，届書が役場に到達した時に届出人が死亡していれば，有効な届出とならないはずです。しかしながら，戸籍法では，届出人の生存中に郵送した届出は，その死亡後であっても受理しなければならず（同法47条1項），この届出が受理されたときは，届出人の死亡の時に届出があったとみなすこととされています（同条2項）。この規定が適用をみる場合には，届出人が死亡した日が受付の日となります。

3 届書の補正・追完

(1) 届書の補正

　戸籍実務では，届書類の審査の過程において，届出事項，添付書類等に不備の点があることを発見したときは，届出人に補正させた上で受理をする取扱いがされています（明治31・8・22民刑第912号回答）。このように，補正は受理の決定前にされるべきものであり，受理の決定後は，追完の手続によらなければならないのが原則です（戸籍法45条参照）。もっとも，実務では，届書類を受理した後に軽微な不備を発見した場合には，届出人に便宜補正させるか，又は市町村長が届書にその旨を記載した符せんを付し（又は印判を余白に押して），処理して差し支えないとされています（標準準則33条）。

(2) 届出の追完

　市町村長は，届出を受理した場合に，届書に不備があるため戸籍の記載をすることができないときは，届出人に，その追完をさせなければなりません（戸籍法45条前段）。市町村長は，届書の審査の過程でその不備を発見した場合には，上記のとおり，届出人に補正させることになるのですが，その不備を看過して受理し，戸籍記載の段階でこれを発見した場合には，その不備の点について追完の届出をさせた上で，戸籍の記載をしなければなりません。追完は，届書が不備のため戸籍の記載ができない場合に認められるものですから，いったん戸籍に記載された事項に対しては，原則として認められません。戸籍の記載事項の訂正は，法定の戸籍訂正の手続によらなければならないとされています（大正4・7・7民第1008号回答）。

追完の届出をすべき者がこれを怠っている場合に，市町村長がその事実を知ったときは，市町村長は，届出人に対して，相当の期間を定めて追完の届出をするよう催告をしなければならず（戸籍法45条後段，44条1項），届出人がその期間内に届出をしなかったときは，更に相当の期間を定めて催告することができます（同法45条後段，44条2項）。以上の催告をすることができない場合又は催告をしても届出をしない場合には，市町村長は，管轄法務局の長の許可を得て職権で記載をすることができるとされています（同法45条後段，44条3項，24条2項）。

　追完届は，基本の届出とは別の届出の形式によってすべきものとされていますが，一つの届出であることに変わりはありませんから，原則として届出に関する通則規定が適用されます。したがって，追完届は書面又は口頭ですることができ（戸籍法27条），届書には，届出事件を表示し，届出の年月日，届出人の出生年月日，届出人の住所，戸籍の表示等を記載した上，届出人がこれに署名し，印を押さなければなりません（同法29条）。そのほか，基本届出事件の表示，事件本人の氏名，受理の年月日，追完事項をも記載する必要があります（木村三男・神崎輝明「改訂戸籍届書の審査と受理」157頁，日本加除出版）。追完届も一つの届出事件ですから，これに受附番号及び年月日を記載するとともに，受附帳にも所要の記載をする必要があります（前掲書）。

(3)　**戸籍の記載後に許される追完届の主な事例**

　前述のとおり，既に戸籍に記載された事項に錯誤・遺漏があっても，追完届によってはこれを訂正することができないのが原則ですが，例外的に通達等でこれが認められている場合があります。その主要なものを紹介しておきましょう。

①　昭和30年8月1日民事甲第1602号通達

　　（要旨）

　　　15歳未満の子が父母の代諾によって養子縁組した後，その子と父母との間に親子関係不存在確認の裁判が確定した場合は，同裁判に基づく戸籍の訂正は当該親子関係に関する記載の訂正にとどめ，縁組事項の記載は，その無効につき，別に戸籍法116条の確定判決又は戸籍法

114条の許可の審判に基づく戸籍訂正の申請を待って消除する。なお，親子関係不存在の確定裁判に基づく戸籍訂正がなされた後において，縁組につきその届出当時に養子の正当な代諾権者であった者から，縁組届書の誤記を理由として，代諾の追完届出があった場合には，これを受理し，関係戸籍の当該縁組事項の記載に続けて届出人の表示を補記して差し支えない。

② 昭和34年4月8日民事甲第624号通達

（要旨）

縁組の承諾権を有しない者の代諾によって他の養子となった15歳未満の者が，15歳に達した後自ら縁組の追完届をした場合は便宜これを受理する。なお，正当な離縁の協議権を有しない者によってなされた15歳未満の者の養子離縁について養子が15歳に達した本人から追完届があった場合も同様に受理する。

4　届出の取下げ（又は撤回）

婚姻，縁組等の創設的届出については，それが適法なものとして受理されることによって法律上その身分行為の効果が発生するものとされていますので，その届出事項が戸籍に記載されなくても，その身分関係は発生することになります。このため，届出がいったん受理された後は，原則としてその届出による戸籍の記載がされる前であっても，届出人の申出によって取下げ又は撤回をすることは，原則としてできないとされています（昭和23・12・1民事甲第1998号回答八）。

この点に関する先例として，市の「職員の勤務を要しない日に妻が市役所の守衛室に出頭して（婚姻の）届出をし，宿直勤務中の事務吏員（守衛）において同女の届出書を受領（届書受領簿に記載）したが，その後同女届出の届書について未だ受理決定のなされていない数時間後の同日中に，同女の夫が守衛室に出頭し同女との婚姻意思を翻して右届書を保管中の事務吏員（守衛）から該当書の返戻を受け」た場合の取扱いに関し，その受理の決定前に，夫が届出の意思を撤回したものと認められるので，受理すべきではないとしています（昭和52・4・4民二第1861号回答）。

5 市町村長の審査方法

(1) 審査方法の原則

　市町村長は，届出の審査に当たっては，届書の記載及び添付書類により，届出が民法，戸籍法等に定められている実質的要件及び形式的要件を満たしているか否かを判断し，その受否を決しなければなりません。この届出受否の審査資料となる添付書類については，戸籍法で届出の種類ごとに定められています。例えば，出生届については，届書に出生証明書を添付しなければならないとされていますし（同法49条3項），死亡届については，届書に死亡診断書又は死体検案書を添付すべきものとされています（同法86条2項）。また，分籍届又は転籍届にあっては，他の市町村に新本籍を定める場合には，それぞれ届書に戸籍謄本の添付を要します（同法100条2項，108条2項）。さらに，届出事件について父母その他の者の同意又は承諾を必要とするときは，届書にその同意又は承諾を証する書面を添付しなければならないとされ（同法38条1項），届出事件について裁判又は官庁の許可を必要とするときは，届書に裁判又は許可書の謄本を添付しなければならないとされています（同条2項）。これらの添付書類は，出生，死亡等の報告的届出にあっては，届出事件の事実を証する証明資料として，また，婚姻，縁組等の創設的届出にあっては，届出事件の内容が真正であることを証するための資料として用いられるものです。

(2) 戸籍法施行規則63条の規定により提出を求めることができる書類

　このように，戸籍法は，届出の種別ごとに添付書類を定めていますが，届出事件の内容，態様，届出地等によっては，同法の定める添付書類のみでは届書の調査及び戸籍の記載ができない場合が生じます。このような場合には，市町村長は，戸籍の謄本又は抄本その他の書類の提出を求めることができるとされています（戸籍法施行規則63条）。

　そこで，この規則の規定によって提出を求めることができる書類を次に例示することにします。

① 出生届

　出生の届出は，届出事件の本人の本籍地又は届出人の所在地（戸籍

法25条)のほか，出生地においてもすることができるとされています（同法51条1項）。そうしますと，出生届が届出人の所在地又は出生地にされた場合には，出生子が入籍する戸籍について，母につき新戸籍が編製され子がその戸籍に入ることもあり得るため，母の従前の戸籍に入籍させてよいか否かを審査する必要があります。このため，市町村長は，届書に戸籍謄抄本を添付（又は提示）するよう求めることができます。

② 認知届

ア 任意認知は，父と嫡出でない子との間に事実上の父子関係の存在することを承認する行為です。このため，認知しようとする子が他男の嫡出子たる推定を受けるとき（民法772条）は，嫡出否認の裁判又は親子関係不存在確認の裁判に基づき，また，その子が他男から既に認知されているときは，認知無効確認の裁判に基づいて，それぞれ戸籍訂正手続を経た後でなければ，認知届を受理することはできません。そこで，上記の認知届がされた場合には，これらの要件を備えているか否かを審査する必要がありますので，その届出が被認知者若しくは認知者又はその双方の本籍地以外の地に届け出られたときは，市町村長は，被認知者若しくは認知者又はその双方の戸籍謄抄本の添付を求めることができます。

イ 婚姻中父母が認知した子は，その認知の時から嫡出子の身分を取得します（民法789条2項）が，この規定によって嫡出子となるべき者について，父が嫡出子出生届をしたときは，その届出は，認知届出の効力を有するとされています（戸籍法62条）。したがって，この認知の効力を有する出生届がされて子が嫡出子（準正子）の身分を取得した場合には，その準正子及びその弟妹の父母との続柄を訂正する必要が生じますので，認知届の「その他」欄にはその旨の記載を要するとされています。この場合，父母との続柄変更の記載を要する者が届出地以外の市町村の戸籍に在るときは，市町村長は，その者の戸籍謄抄本の添付を求めることができます。

③　養子縁組届
　ア　養子縁組の実質的要件は，養親となる者が成年に達していること（民法792条），養子となる者は養親となる者の尊属又は年長者でないこと（同法793条），配偶者のある者が未成年者を養子とするには，配偶者とともに縁組をすること（同法795条）等です。養子縁組の届出がされた場合には，これらの要件を審査するため，市町村長は，戸籍謄抄本の添付を求めることができます。
　イ　養子縁組が成立すると，その効果として，養子は養親の氏を称して（民法810条），養親の戸籍に入るのが原則です（戸籍法18条3項）。ただし，養親となる者が戸籍の筆頭に記載された者及びその配偶者以外の者である場合は，三代戸籍禁止の原則（同法17条）により，養親について新戸籍を編製し，その新戸籍に養子を入籍させることとされています。また，養子が夫婦であるとき又は婚姻の際に氏を改めなかった夫又は妻が養子となったときは，一戸籍一夫婦の原則（同法6条）により，養子夫婦について養親の氏で新戸籍を編製することとされています（同法20条）。そこで，縁組届に基づいて，養親について非本籍地に新戸籍を編製する場合又は養子夫婦について非本籍地に新戸籍を編製する場合には，これらの戸籍の記載をする必要がありますので，市町村長は，養親又は夫婦の戸籍謄抄本の添付を求めることができます。

④　養子離縁届
　離縁をする場合の実質的要件は，養子が15歳未満の場合には，養子の離縁後に法定代理人となるべき者が，養子に代わって離縁の協議をすること（民法811条2項），養親が夫婦の場合に，未成年者と離縁をするには，養親が配偶者とともに縁組をした場合のみでなく，個別に縁組をした場合にも，夫婦がともにしなければならないことです（同法811条の2）。そこで，離縁の届出が養親及び養子の本籍地以外の所在地でされた場合には，上記のような届出の要件を審査する必要がありますので，市町村長は，養親及び養子の双方の戸籍謄抄本の添付を求めることができます。

⑤　婚姻届
　　婚姻の実質的要件は，婚姻意思が存在することのほか，婚姻適齢に達していること（民法731条），重婚でないこと（同法732条），再婚禁止期間を経過していること（同法733条1項），近親者間の婚姻ではないこと（同法734条から736条），未成年者の婚姻には父母の同意を要すること（同法737条）です。そこで，婚姻届を当事者の非本籍地である所在地又はその一方の本籍地に届け出る場合には，これらの婚姻要件を具備しているか否かを審査する必要がありますので，市町村長は，夫婦双方又は一方の戸籍謄抄本の添付を求めることができます。夫婦が届出地に新戸籍を編製する場合にも，その戸籍記載をするために，市町村長は，同様の求めをすることができます。

⑥　離婚届
　　離婚の効果として，婚姻によって氏を改めた者は，婚姻前の氏に復します（民法767条，771条）。この場合の戸籍処理は，婚姻前の戸籍に復するのが原則ですが（戸籍法19条1項。その戸籍が転籍しているときには，転籍後の戸籍に入籍します。），その戸籍が除かれているときは，新戸籍を編製します（復氏者から新戸籍編製の申出があったときも同じです。同項ただし書）。そこで，離婚届がされた場合には，婚姻によって氏を改めた者の婚姻前の戸籍を調査する必要がありますので，市町村長は，その戸籍謄抄本の添付を求めることができます。

⑦　生存配偶者の復氏及び姻族関係終了の届出
　　夫婦の一方が死亡（失踪宣告を含む）すると婚姻関係は解消し，婚姻の際に氏を改めた生存配偶者は，いつでも，婚姻前の氏に復することができ（民法751条1項），また，生存配偶者はいつでも姻族関係終了の意思表示をすることができます（同法728条2項）。これらの規定により復氏しようとする者又は姻族関係を終了させようとする者は，戸籍法の定めるところにより届出をしなければなりませんが（戸籍法95条，96条），これらの届出が本籍地以外の市町村にされた場合には，配偶者が死亡しているか否かを審査する必要がありますし，復氏届については届出人が婚姻の際に氏を改めた者であるか否かについて審査

を要しますので，市町村長は，届出人の戸籍謄抄本の添付を求めることができます。このほか，復氏届がされた場合には，復氏をする者が入るべき戸籍について上記⑥の離婚届がされた場合と同様の問題が生じます。このため，市町村長は，復氏者の婚姻前の戸籍の謄抄本の添付を求めることができます。

⑧　父又は母の氏を称する入籍届

　子が父又は母と氏を異にする場合には，子は，家庭裁判所の許可を得て，戸籍法の定めるところにより届け出ることによって，その父又は母の氏を称することができます（民法791条１項）。例えば，父に認知された子は，当然には父の氏を称することにはなりませんが，上記の氏変更の手続を踏むことによって父の氏を称することができます。また，父母の離婚により，その間の子は，復氏した父又は母と氏を異にすることになりますが，やはり上記氏変更の手続により，その父又は母の氏を称することができます。これらの氏変更のためにすべき戸籍法上の届出（戸籍法98条１項）は，実務上入籍届と呼ばれています。その届出人は，父又は母の氏を称しようとする者ですが，その者が15歳未満の場合には，その法定代理人が届出をすることができます（民法791条３項）。そこで，この入籍届が入籍前の本籍地と異なる市町村に提出された場合には，届出人の氏名，生年月日，父又は母と氏を異にするものであるかどうか，さらには氏を変更した者が15歳未満の場合は届出人が法定代理人であるかどうか等を審査する必要があります。このため市町村長は，入籍をしようとする者の従前の戸籍謄抄本の添付を求めることができます。

⑨　その他の書類

　市町村長が提出又は提示を求めることができるその他の書類に，婚姻要件具備証明書等があります。戸籍実務では，日本において外国人同士又は外国人と日本人が婚姻する場合には，その届に外国人が有効に婚姻をすることができる旨の本国の官憲又は日本に駐在する当該外国の領事等が証明する文書を添付させる取扱いがされています（昭和24・5・30民事甲第1264号回答）。この文書を婚姻要件具備証明書と呼

んでいます。

(3) **戸籍事務の取扱いに関する疑義の照会**

　市町村長は，戸籍事務の処理上その取扱いに関して疑義を生じた場合には，管轄法務局若しくは地方法務局又はその支局を経由して，法務大臣の指示を求めることができるとされています（戸籍法施行規則82条）。この規定は，昭和22年の戸籍法施行当時から設けられているもの（ただし，その後数次にわたり用語の改正がされている。）ですが，この規定の背後にある，戸籍事務の管掌についての国と市町村の関係は，同規定の制定当時と大きく変わっていますので，最初にこの点について説明します。

　戸籍事務は，その性質上国の事務ですが，わが国では，明治の時代からその処理を市町村に委ね，その長が国の機関としてこれを司ってきました（機関委任事務）。この形態は戦後も変わらなかったのですが，平成12年4月1日施行された「地方分権の推進を図るための関係法律の整備等に関する法律」（以下「地方分権一括法」という。）（平成11年法律第87号）により改正された地方自治法は，従来の国と地方の役割分担の在り方を見直すという政策の下に，住民に身近な行政はできる限り地方公共団体に委ねる観点から，機関委任事務を廃止したのです。これにより，地方公共団体が処理する事務は自治事務と法定受託事務に区分されることになりました。そして，戸籍事務については，本来は国が執行すべきものではあるが，その性質上国民と密接な関係があるなどの事情が考慮され，国民の利便性又は事務処理の効率性の観点から法定受託事務に区分され（地方自治法2条9項1号，戸籍法1条2項），従前どおり，市町村がこれを処理することとされたのです。以上のような地方自治法の改正に伴って戸籍法にも所要の改正がされ，まず，法務大臣は，市町村長が戸籍事務を処理するに当たりよるべき基準を定めることができるとされました（同法3条1項）。従前は戸籍事務の処理につき市町村長を監督するとされていた法務局又は地方法務局の長の権限も改められ，これらの長は，戸籍事務の処理に関し必要があると認めるときは，市町村長に対し，報告を求め，又は助言若しくは勧告をすることができ，この場合において，戸籍事務の処理の適正を確保するため特に必要があると認めるときは，

指示をすることができるとされたのです（同法3条2項）。

　このような事情を念頭において，戸籍法施行規則82条の規定に戻りましょう。前述のとおり，この規定は，市町村長が戸籍事務の処理上その取扱いに関して疑義を生じた場合には，管轄法務局を経由して法務大臣の指示を求めることができるとするもので，上記の戸籍法改正の際には，従前用いられていた「監督法務局」という字句が「管轄法務局」と改められただけで，維持されました。戸籍事務の性質が変わっても，これを統一的，かつ的確に処理する要請には何ら変わりありませんから，市町村長が戸籍事務の処理に関して疑義がある場合に法務大臣が指示をする必要性にも変わりがないという考慮によるものです。このように考えるならば，この規定は，上記のような場合に，市町村長が管轄法務局又は地方法務局の長に対して指示を求めることを排斥するものではないと解されます（「戸籍法施行規則解説①」630頁，日本加除出版）。そこで，市町村長は，戸籍法令の解釈，具体的な事件の処理の在り方等について疑義があるときは，管轄法務局又は地方法務局の長に対して指示を求め，その指示に基づいてこれを処理することができます。管轄法務局又は地方法務局の長においても解決することができないときは，管轄法務局又は地方法務局の長から法務大臣に対して指示を求めた上で処理することになりましょう。

　なお，法務大臣の指示は，民事局長の通達・回答・指示等によって法務局・地方法務局の長になされ，それが市町村長に通知されることになります。

(4)　審査上の留意点

　戸籍の届出については，それぞれの届出ごとに民法，戸籍法等の法令において種々の要件が定められています。そこで，担当者としては，届出された届書類について，法律上の諸要件を満たしているかどうか等につき，慎重に審査し，受否を決定しなければなりません。

　この届書の審査に当たっては，次のような点について留意しなければなりません。

(ⅰ)　届出の内容（事件の種類）は何か。

(ⅱ) 届出地に届出がされたものかどうか。
(ⅲ) 届書の様式が適当かどうか。
(ⅳ) 届書に必要な記載がされているかどうか。
(ⅴ) 必要な書類が添付されているかどうか。
(ⅵ) 届書の記載内容が民法，戸籍法等に定められている要件を具備しているかどうか。

以上の留意すべき点について，婚姻届が提出されたケースを想定して，具体的に考えてみることにします。

① まず，届出の内容が婚姻届であることを確認する必要があります。婚姻届については，届書の様式が法定されています（戸籍法28条1項，戸籍法施行規則59条，同規則附録12号様式）から，原則として，この様式によって届け出なければなりません（戸籍法28条2項本文）が，やむを得ない事由があるときは，その様式によることを要しないとされています（同項ただし書）。

② 次に，届書に必要な事項が記載されているかどうかを調査します。届書に記載すべき事項は，各届書に共通する記載事項（戸籍法29条）のほか，戸籍法30条，74条及び同法施行規則56条に規定されています。また，婚姻の届書には，届出人である当事者が署名し，印を押さなければならず，かつ，成年の証人2名以上の署名押印が必要であるとされています（民法739条2項，戸籍法33条）から，これらの点についても調査をしなければなりません。

③ 次に，届書が戸籍法の定める届出地に提出されたものであるかどうかを調査します。婚姻届の届出地は，夫又は妻となる者の本籍地又は所在地です（戸籍法25条）。この所在地には，届出人の届出当時の住所地だけではなく，居所や一時的な滞在地も含まれると解されています（明治32・11・15民刑第1986号回答）。

④ 次に届書の記載内容が民法等に定められている要件を具備しているか否かについて審査します。民法は，次のような場合には，婚姻は有効に成立しないとしていますので，以下の要件を欠く婚姻届は受理することはできません。したがって，これらの要件を満たしているかど

うか等について，慎重に審査する必要があります。
ア　婚姻意思がない場合

　民法は，当事者間に婚姻をする意思がない場合には，その婚姻を無効とすると定めていますから（民法742条1号），婚姻が有効に成立するためには，当事者間に婚姻しようとする意思，すなわち，社会観念上夫婦であると認められる関係を創設しようとする意思がなければならないと解されています（最判昭和44・10・31民集23巻10号1894頁）。婚姻の意思は，届書を作成する時に存在することを要するのはもとより，届書が提出される時にも存在しなければならないと解されています。なお，改正戸籍法により創設された届出の際の出頭した本人の確認及び当事者の一方からの不受理申出の制度（改正戸籍法27条の2）も，当事者の意思確認に役立つものですが，これは婚姻届のみに関する制度ではありませんので，後にまとめて説明します。

イ　婚姻適齢に達していない場合（民法731条）

　男は満18歳，女は満16歳にならなければ，婚姻をすることができません（民法731条）。この要件に反する婚姻届を誤って受理した場合でも，婚姻は有効に成立しますが，婚姻取消しの事由に該当することになります（同法744条1項，745条）。

ウ　既に配偶者がいる場合（民法732条）

　配偶者のある者は，重ねて婚姻をすることはできません（民法732条）。配偶者が失踪宣告を受けたため，生存配偶者が善意で再婚し，その後に失踪宣告が取り消された場合には，民法32条1項後段の規定により，後婚の効力に変動がないので，前婚は復活しない（すなわち重婚にならない。）とするのが戸籍実務の取扱いです（昭和6・10・19民事第805号回答，昭和25・2・21民事甲第520号回答）。この重婚禁止の要件に反する婚姻は，取消原因とされています（民法744条）。

エ　再婚禁止期間を経過していない場合（民法733条1項）

　女が再婚する場合には，前婚の解消又は取消しの日から6か月を

経過した後でなければなりません（民法733条1項）。この規定は，再婚した女の出産する子について，嫡出推定の衝突を避けることを趣旨とするものですから，そのおそれのない場合，例えば，女が前婚の解消又は取消しの前から懐胎していた場合には，その出産の日からこの制限はなくなるとされています（同条2項）。そのほか，戸籍実務の取扱いでは，夫の生死が3年以上不明との理由で離婚判決があった後に再婚する場合（昭和25・1・6民事甲第2号回答），夫の失踪宣告により婚姻が解消した後に再婚する場合，離婚した夫とすぐに再婚する場合（大正元・11・25民事第708号回答），受胎能力がないと認められる年齢に達している女性が再婚をする場合（昭和39・5・27民事甲第1951号回答）等にあっては，再婚禁止期間の経過していることを要しないとされています。

オ　近親婚にあたる場合（民法734条から736条）

近親婚として禁止されるのは，次の場合です。

(ア)　優生学的理由による禁止

直系血族又は三親等内の傍系血族（叔父と姪）は，互いに，結婚することはできません（民法734条1項本文）。特別養子縁組が成立したときは，養子と実方の父母及びその血族との親族関係は終了しますが，近親婚を禁止する上記の規定は，その終了後にも適用されます（同条2項）。

(イ)　道義的理由による禁止

直系姻族の間（舅と嫁）では婚姻することが許されません（民法735条前段）。後に離婚により，又は配偶者の死亡による姻族関係終了の届出によって姻族関係が終了した場合も，同様です（同条後段）。養子，その配偶者，直系卑属又はその配偶者と養親若しくはその直系尊属の間では離縁によって親族関係が終了した後においても，婚姻をすることができません（同法736条）。

以上に対して，養子と養親側の傍系血族（養子と養親の実子），及び傍系姻族との間にあっては，婚姻しても差し支えありません（同法734条1項ただし書，735条）。これらの者の間の婚姻について

は，優生学的考慮や道義的考慮をする必要がないからです。養子縁組前に出生していた養子の子と養親の間の婚姻も禁止されないと解されています（明治32・4・13民刑第39号回答）。このような婚姻当事者の間には，法律上の親族関係が発生しないからです。
　カ　未成年者が父母の同意を得ていない場合（民法737条）

　　未成年の子が婚姻するには，父母の同意を得なければなりません（民法737条1項）。この同意権は，思慮が十分でない未成年者の婚姻について，父母が同人の意思決定を補佐する趣旨で認められたものです。民法の上記規定は，「父母の同意を得なければ」と規定していますので，父母が離婚している場合にも双方が同意権者となり，親権を辞任・喪失した父母も同意権を有すると解されています（昭和33・7・7民事甲第1361号回答）。

　　未成年の養子が婚姻するときには，養父母の同意を得れば足り，実父母の同意を得る必要はありません。養父と実母が婚姻している場合には，その双方の同意を要すると解されています（昭和26・1・10民事甲第3419号回答(2)）。

　　父母の一方が同意しないときは，他の一方の同意のみで足ります（民法737条2項前段）。父母の一方が知れないとき，死亡したとき，又はその意思を表示することができないときにも，同様とされています（同項後段）。

　　ただし，未成年者の婚姻について父母の同意がない場合であっても，その婚姻の届出が受理されれば，婚姻は有効に成立します。後に同意がないことを理由として婚姻を取り消すこともできません（民法744条1項参照）。

⑤　届出の審査をするに当たってのもう一つの留意点は，届書に法令で定める書類が添付されているか否かを確認することです。婚姻の届出についていえば，この添付書面の代表例は，上記④カで説明した，未成年者の婚姻についての父母の同意を証する書面です。市町村長は，この書面が添付されていなければ，婚姻届を受理してはなりません（民法740条参照）。ただし，市町村長が誤って，この同意書が添付され

ていない未成年者の婚姻届を受理してしまったときは、婚姻が有効に成立することは、上に述べたとおりです。

届出の審査は届書及びこれに添付された書類のみに依存するものでないことにも留意する必要があります。市町村長は、届出の受理に際して、戸籍の記載又は調査のため必要があるときは、戸籍の謄抄本その他の書類の提出を求めることができるとされているからです（戸籍法施行規則63条）。婚姻の届出についても、上記④で説明した婚姻要件の有無を審査するに当たって、戸籍の謄抄本を必要とする場合が少なくありません。そのような場合には、この提出要求権を速やかに行使すべきです。この点に関し通達では、なお、特別養子を当事者とする婚姻の届出を受理するに際し必要があるときは、戸籍法施行規則63条の規定により縁組前の養子の戸籍の謄本を提出させ、又は縁組前の戸籍を調査することによって、近親婚による婚姻障害の要件を審査するものとしています（昭和62・10・1民二第5000号通達第6の1(4)）。

(5) **受理等についての照会**

次の場合には、管轄法務局の長へ、指示を求めなければならないとされています。

① 出生証明書の添付のない出生届がされた場合

出生届をするには、出産に立ち会った医師、助産師又はその他の者が作成する出生証明書を届書に添付するのが原則ですが（戸籍法49条3項）、やむを得ない事由があるときは、上記の証明書の添付を要しないとされています（同項ただし書）。この規定により、出生証明書を届書に添付しないで出生の届出がされた場合は、市町村長は、その受否について、管轄法務局若しくは地方法務局又はその支局の長の指示を求めることとされています（昭和23・12・1民事甲第1998号回答）。

出生の届書に出生証明書を添付すべき理由は、出生の事実（出生の年月日、場所、出生子の性別、母の氏名）を明確にすることにあります。この出生証明書の添付がない場合には、市町村長は、出生に関する重要な事項について届書の記載以外に確認する方法がありません。そこで、市町村長は、その出生届の受否について管轄法務局等の長の指示

を得た上で，受否を決すべきであるとされているのです。指示を求められた管轄法務局等の長は，出生の事実に関し，関係者からの事情聴取，資料の調査などをして，出生の届出の内容が真実であるとの心証を得たときは，その届出を受理するよう指示することとなります。

　なお，親子関係不存在確認の裁判により戸籍から消除された子について，新たに出生の届出をする場合など，出生後相当期間を経過しているため出生証明書が得られないときには，その裁判書の謄本により，出生の年月日，親子関係などが明らかであれば，管轄法務局等の長の指示を求めることは必要でないとされています（昭和42・8・4民事甲第2152号回答）。

② 死亡診断書又は死体検案書の添付のない死亡届がされた場合

　死亡の届出をするには，原則として死亡診断書又は死体検案書を届書に添付しなければならないとされています（戸籍法86条2項），やむを得ない事由によって，これらの書面を得ることができないときは，死亡の事実を証すべき書面をもってこれに代えることができるとされています（同条3項）。この規定により，死亡の事実を証すべき書面を届書に添付して死亡の届出があった場合には，市町村長は，その受否について管轄法務局若しくは地方法務局又はその支局の長の指示を求めることとされています（昭和23・12・1民事甲第1998号回答）。上記①の場合と同様，受否の判断について慎重を期すためです。

③ 50歳以上の母から出生した子について出生届がされた場合

　出生届において，出生子の母が50歳以上である場合には，その届出が実体に即したものであるか否か疑義があるため，管轄法務局等の長の指示を得た上で，その届出の受否を決すべきであるとされています（昭和36・9・5民事甲第2008号通達，平成13・6・15民一第1544号通達により一部変更）。

　＊　上記の通達の内容は，次のとおりです。

　　「従来市町村長が出生の届出を受理する場合には，昭和34年8月27日付法務省民事甲第1545号「届出期間を経過した出生届の受理について」当職通達の取扱を除いては，当該出生届に出生証明書の添

付されている限り届書及び出生証明書の記載のみに基づく審査によつて受理する取扱であつたが，最近出産能力のない高齢の母の出生した子として虚偽の出生届がなされる傾向があるとして当該出生届の受否に関し考慮方の要望がなされている。

　ついては，今後母が50歳に達した後に出生した子として届け出られた出生届については，市町村長はその受否につき，管轄法務局，地方法務局又はその支局の長の指示を求めた上処理する取扱としたから，右御了知の上貴管下各支局長及び管内市区町村長に周知するよう取り計らわれたい。」

④　出生子が学齢に達した後に出生届がされた場合

　子が学齢に達した後にされた出生の届出については，親子関係不存在の裁判確定に基づく戸籍訂正申請等により，戸籍の記載が消除された者について再届出をする場合を除き，市町村長はその届出の受否について，管轄法務局，地方法務局又はその支局の長の指示を求めることとされています（昭和34・8・27民事甲第1545号通達，平成13・6・15民一第1544号通達により一部変更）。

　＊　上記の通達の内容は，次のとおりです。

　　「出生によつて日本国籍を取得する子については，出生届出義務者がある限りは，たとえ届出期間を経過している場合であつても，右義務者の届出によつて戸籍の記載をすべきものであることはいうまでもない（戸籍法第46条，第49条第1項及び第52条）。ところが，届出期間を長年月経過し，子が相当の年齢に達した後に届け出られる出生届のうちには，届出の重複しているものがあると考えられ，また，日本国籍を有しない者につき偽つて日本人として出生届がなされ，これを市町村長が届書の記載のみに基づく審査により受理し，戸籍の記載がなされた事例も見受けられる。

　　そこで今後は，戸籍の記載の正確を期するため，親子関係不存在に関する戸籍訂正等の結果再届出をするものである場合を除き，子が学齢に達した後に届け出られた出生届については，市町村長は先ずその受否につき管轄法務局，地方法務局又はその支局の長の指示

を求めることとし，右管轄の局の長が関係者につき十分調査の上，受理するを相当と認める旨の指示を与えた場合に，これを受理する取扱とする。

　ついては，右の趣旨を御了知の上，貴管下各支局長及び管内市区町村長に周知するように取り計らわれたい。」

⑤　無国籍者を父母とする嫡出子等の出生届がされた場合

国籍法は，無国籍者を父母として日本で出生した子は，出生によって日本の国籍を取得するとしています（国籍法2条3号）。しかしながら，無国籍者と称する者の中には，本来ある国の国籍を有しながら，外国人登録上，その国籍を有することを証明できないために無国籍者として登録されているに過ぎないものが含まれています。このような事情があるため，父又は母を無国籍者とする子の出生の届出がされた場合に，市町村長が，その父又は母の国籍を外国人登録上の表示に従い無国籍と認定して届出を受理してしまいますと，本来，出生により日本国籍を取得することができなかった者を日本国民として扱うことになってしまいます。そこで，このような場合には，事務処理の正確を期するため，管轄法務局等の長の指示を求めることとされています（昭和57・7・6民二第4265号通達）。

なお，この取扱いは，出生子が本籍不明者を母とする非嫡出子であるとして出生の届出がされた場合にも，準用するとされています。

⑥　国籍選択の催告を受けてから1か月を経過した後に，天災，その他の事由により期間内に届出ができなかった旨の理由書を届書に添付して国籍選択の届出がされた場合

外国の国籍を有する日本国民は，外国及び日本の国籍を有することとなった時が20歳に達する以前であるときは22歳に達するまでに，その時が20歳に達した後であるときはその時から2年以内に，いずれかの国籍を選択しなければならないとされています（国籍法14条1項）。日本の国籍を選択するには，外国の国籍を離脱するほかは，国籍選択の届出をしなければなりません（同条2項）。

上記の国籍法の規定が定める期間内に国籍の選択をしない者に対し

ては，法務大臣は，書面による催告（同法15条1項）又は官報による催告をすることができ（同条2項），この催告を受けた者は，催告の書面が到達した日（官報に掲載してする催告にあっては到達したものとみなされた日）から1か月を経過した時に日本の国籍を喪失することになります（同条3項本文）。したがって，その後においては，その者について国籍の選択の届出を受理することができないのが原則ですが，その者が天災その他その責めに帰することができない事由によってその期間内に国籍の選択をすることができない場合において，その選択をすることができるに至った時から2週間以内にこれをしたときは，日本国籍を失わないこととされています（同項ただし書）。そこで，この規定に定める事由があるものとして国籍選択の届出がされた場合には，その事由の有無についての判断を慎重にするため，その処理につき管轄法務局若しくは地方法務局又はその支局の長の指示を求めなければならないとされています（昭和59・11・1民二第5500号通達第3の8(2)）。

⑦　外国人母の夫の嫡出推定を受ける子について日本人男から認知の届出がされた場合における日本国籍の認定について

　外国人である母が子を懐胎した場合において，母が未婚であるか，又はその子が戸籍の記載上母の夫の嫡出子と推定されないときは，夫以外の日本人である父がその子を胎児認知することができ，その届出がされれば，国籍法2条1号により，子は出生の時に日本国籍を取得するものと解されています。これに対し，外国人である母が子を懐胎した場合において，その子が法律上母の夫（外国人）の嫡出子と推定されるときは，夫以外の日本人である父がその子を胎児認知しようとしても，その届出は認知の要件を欠く不適法なものとして受理されませんから，胎児認知という方法によっては，子が生来的に日本国籍を取得することはできません。もっとも，この場合には，子の出生後に，その夫と子との間の親子関係不存在が判決等によって確定されれば，父の認知届が受理されることになりますが，国籍法3条の規定に照らせば，同法においては認知の遡及効は認められていないと解すべきで

すから，出生後に認知がされたというだけでは，子の出生の時に父との間に法律上の親子関係が存在していたということはできず，認知された子が同法2条1号に当然に該当するということにはなりません。

　このように，戸籍の記載上嫡出の推定がされない場合には，胎児認知という手続により，子が生来的に日本国籍を取得する途が開かれているのに，嫡出の推定がされる場合には，胎児認知という手続を適法に執ることができないため，子が生来的に日本国籍を取得する途がないことになるという解釈については，同じく外国人の母の嫡出でない子でありながら，戸籍の記載いかんにより，子が生来的に日本国籍を取得する途に著しい差があることになって合理性を欠くという批判がかねてからあったところです。しかるに，最高裁は，この批判を受け容れて，できる限り上記の両者に同等の途が開かれるように，国籍法2条1号の規定を合理的に解釈適用するのが相当であるとの判断を示しました（最判平成9・10・17民集51巻9号3925頁）。

　この事案は，外国人母が懐胎した子であって，戸籍上母の夫の嫡出子と推定されるものについて，母の夫との間の親子関係不存在確認の審判が確定した後に，同夫以外の日本人である父が認知の届出をした場合に，生来的な日本国籍の取得が認められるか否かが争われたものです。最高裁は，客観的にみて，戸籍の記載上嫡出の推定がされなければ日本人である夫により胎児認知がされたであろうと認めるべき特段の事情がある場合には，その胎児認知がされた場合に準じて，国籍法2条1号の適用を認め，子は生来的に日本国籍を取得すると解するのが相当であると判示し，この特段の事情があるというためには，母の夫と子との間の親子関係の不存在を確定するための法的手続が子の出生後遅滞なく執られた上，その不存在が確定されて認知の届出を適法にすることができるようになった後速やかに認知の届出がされることを要するとしました（前掲判決）。

　これを受けて，戸籍実務においても，外国人母の夫（外国人男の場合も含む）の嫡出推定を受ける子について，その出生後遅滞なくその推定を排除する裁判が提起され，その裁判確定後速やかに母の夫以外

の日本人男から認知の届出があった場合には，嫡出推定がされなければ胎児認知がされたであろうと認めるべき特段の事情があるものと認定し，その認定の妨げとなる事情がうかがわれない限り，子は出生により日本国籍を取得したものとして処理するものとした上，その対象となりうる認知の届出等を受けた市町村長は，その処理につき管轄法務局若しくは地方法務局又はその支局の長の指示を求めなければならないとされています（平成10・1・30民五第180号通達記1）。

　上掲の通達は，これに続けて，市町村長から指示を求められた管轄法務局長等の指示の方法についても，定めています。すなわち，管轄局の長は，子が出生してから嫡出推定を排除する裁判が提起され，その裁判が提起されるまでに要した期間及びその裁判が確定してから認知の届出がされるまでに要した期間を確認した上，子の出生後3か月以内に嫡出推定を排除する裁判が提起され，その裁判確定後14日以内に認知の届出等がされている場合には，嫡出推定がされなければ胎児認知がされたであろうと認めるべき特段の事情があるものと認定し，この認定の妨げとなる事情がうかがわれない限り，子は出生により日本国籍を取得したものとして処理するよう指示をすることとされています（前掲通達記2(1)）。他方，認定の妨げとなる事情がうかがわれる場合には，その認定の妨げとなる事情についての関係資料を添付して，その処理につき法務省民事局長の指示を求めることとされています。また，嫡出推定を排除する裁判が子の出生後3か月を経過して提起されている場合又は認知の届出等がその裁判確定後14日を経過して行われている場合には，その裁判の提起又は届出に至るまでの経緯等についての関係資料を添付して，その処理について民事局長の指示を求めなければならないとされています（前掲通達記2(2)）。

⑧　外国人母の非嫡出子が出生後に日本人男から認知の届出がされた場合における日本国籍の認定について

　上記⑦で引用した判決の後に，この判決が判示した生来的な日本国籍の取得が認められるための要件を充足しているか否かが争われた事案が起こりました。この事案は，韓国人である母が日本人である夫と

離婚をした翌日に，法律上の婚姻関係のない日本人を父とする子を出生し，その出生の8か月余り後に母の元夫と上記の子との間の親子関係不存在確認を求める訴えが提起され，親子関係不存在を確認する判決確定の4日後に父が子を認知したというものです。

　最高裁は，まず，本件が日本人父による胎児認知届が受理されない場合に当たるか否かについて，母の離婚後に子が出生した場合には，母の婚姻中に子が出生した場合と異なり，戸籍実務上，胎児認知が適法なものとされる余地があるとしても，母の離婚と子の出生が時期的に極めて近接しているときは，胎児認知の届出をすることを要請することは時間的に無理を強いるものであるから，胎児認知をすることに障害があったものとして，胎児認知届が受理されない場合に当たるとした原審の判断を是認し，次いで，子の出生の8か月余り後に親子関係不存在確認の訴えが提起された点についても，本件の具体的な事実関係に照らして，やむを得なかったものと認めました（最判平成15・6・12家月56巻1号107頁）。

　これを受けて，戸籍実務の取扱いにおいては，その対象となりうる認知の届出等を受けた市町村長は，その処理につき管轄法務局の長の指示を求めることとし，管轄法務局の長は，「母の離婚後に子が出生し，胎児認知の届出が受理され得るにもかかわらず，同届出がされなかった場合には，同届出がされなかった事情についての関係資料を添付して，その処理につき当職の指示を求める。」こととされ，これを，平成10年1月30日付け民五第180号民事局長通達の記2に(3)として追加することとされました（平成15・7・18民一第2030号通達）。

⑨　届出の際の出頭者の確認の結果当該届出が偽造されたものである疑いがあると認められる場合

　次の6で詳述するように，市町村長は，届出によって効力を生ずべき認知，縁組，離縁，婚姻又は離婚の届出に際し，市町村の窓口に出頭した者に対して，その者を特定するために必要な事項を確認するための運転免許証その他の資料の提供又は説明を求めることとされています（改正戸籍法27条の2第1項）。その確認の結果，当該届書が偽造

されたものである疑いがあると認められる場合には，市町村長は，その受理又は不受理につき管轄法務局，地方法務局又はその支局の長に照会し，指示を受けて処理するものとされています（平成20・4・7民一第1000号通達第5の1(2)(3)(4)）。

⑩ 縁組等の届出による戸籍の記載がされた後に同届出に先んじて不受理申出がされていたことが判明した場合

縁組の届出等上記⑨に掲げた届出が受理された場合において，当該届出について届出に先んじて不受理申出がされていたことが当該届出による戸籍の記載がされた後に判明したときは，本籍地の市町村長は，戸籍法24条2項の規定による管轄法務局又は地方法務局の長の許可を得て，戸籍の訂正をするものとされています（前掲1000号通達第6の5）。なお，上記の不受理申出についても，後に詳しく説明します（「第11章 不受理申出制度」245頁以下参照）。

⑪ 縁組等の届出による戸籍の記載がされる前に届出に先んじて不受理申出がされていたことが判明した場合

縁組の届出等上記⑨に掲げた届出が受理された場合において，当該届出について届出に先んじて不受理申出がされていたことが当該届出による戸籍の記載がされる前に判明したときは，当分の間，本籍地の市町村長は，管轄法務局等の指示を受けて，その受理した届出に関する処理をすることとされています（平成20・4・7民一第1001号依命通知3）。

⑫ 不受理申出の取下げの受理又は不受理について疑義がある場合

不受理申出の取下げは，市町村の窓口に出頭して行うものとされ，この場合においては，運転免許証等により，当該取下げをしようとする者を特定するために必要な事項を確認するものとされていますが，市町村長は，当該取下げの受理又は不受理について疑義がある場合には，管轄法務局長等に照会するものとされています（平成20・4・7民一第1000号通達第6の6(3)）。

6 届出の際の確認及び通知の手続

(1) 届出の際の出頭者の確認（改正戸籍法27条の2第1項）

　ア　届出の際の本人確認の方法

　　市町村長は，届出によって効力を生ずべき認知，縁組，離縁，婚姻又は離婚の届出（以下「縁組等の届出」という。）に際し，市町村の窓口に出頭した者が届出事件の本人（認知にあっては認知する者，民法797条1項に規定する縁組にあっては養親となる者及び養子となる者の法定代理人，同法811条2項に規定する離縁にあっては養親及び養子の法定代理人となるべき者）であるかどうかを確認するために，その者を特定するために必要な氏名その他法務省令で定める事項を示す運転免許証その他の資料の提供又はこれらの事項についての説明を求めるものとするとされました（同法27条の2第1項）。この規定にいう「法務省令で定める事項」とは，「氏名及び住所」又は「氏名及び生年月日」とされており（改正戸籍法施行規則53条，11条の3本文），要は届出人の身分証明を求めるものですが，その証明の方法についても，同規則が詳細な定めを置いています。すなわち，まず，①運転免許証等の改正戸籍法施行規則11条の2第1号に掲げられた書類（以下「1号書類」という。157頁参照。）の1枚以上の書類を提示する方法，②①の方法によることができないときは，国民健康保険の被保険者証等及び国又は地方公共団体を除く法人が発行した身分証明書等同条の2第2号に掲げられた書類（以下「2号書類」という。157頁参照。）を複数枚組み合わせて提示する方法，③以上の方法によることができないときは，その請求を受けた市町村長の管理に係る現に請求の任に当たっている者の戸籍の記載事項について，当該市町村長の求めに応じて説明する方法その他の市町村長が現に請求の任に当たっている者を特定するために適当と認める方法（同規則53条の2，11条の2第1号ないし第3号）。

　　これらの措置は，いうまでもなく，虚偽の届出によって戸籍に真実でない記載がされる事態を防止しようとするものです。この防止策として，平成15年に，いわゆる本人確認通達（平成15・3・18民一第748号通達）が発出されたのですが，届書を持参した者が使者である場合

の取扱いや，届出人の一部について本人確認ができた場合の取扱いなどについて，不徹底な面があることが否めませんでした。そこで，改正戸籍法において，上記通達による運用を発展させ，全国的な取扱いの統一を図ることにより，戸籍の記載の真実性をさらに一層担保することとしたのです。

　イ　届書が偽造された疑いがある場合の措置

　　確認の結果，当該届書が偽造されたものである疑いがあると認められる場合には，市町村長は，その受理又は不受理について管轄法務局，地方法務局又はその支局の長に照会をするものとされています。照会を受けた管轄法務局長等は，当該届出に係る関係者の事情聴取を行う等して，当該届出が真正に作成されたものであるか否かについて十分調査を行った上，市町村長に受理又は不受理の指示を行います。市町村長は，その指示に従った処理をすることになります。なお，不受理の指示を受けた場合において，犯罪の嫌疑があると思料するときは，告発に努めるものとされています（平成20・4・7民一第1000号通達第5の1）。

(2)　届出受理後の通知（改正戸籍法27条の2第2項）

　　市町村長は，縁組等の届出があった場合において，届出事件の本人のうちに，上記(1)の措置によっては市役所又は町村役場に出頭して届け出たことを確認することができない者があるときは，当該届出を受理した上で，遅滞なく，その確認できなかった者に対し，法務省令で定める方法により，当該縁組等の届出を受理したことを通知しなければならないとされています（改正戸籍法27条の2第2項）。この規定にいう「出頭して届け出たことを確認することができない者」とは，窓口に出頭しなかった者及び出頭したが身分証明書を提示しなかったこと等によりその本人確認をすることができなかった者をいいます。また，「法務省令で定める方法」は，改正戸籍法施行規則により，上記の確認することができなかった届出事件本人の戸籍の附票又は住民票上の現住所に，転送不要の郵便物又は信書便物を送付する方法とされ（改正戸籍法施行規則53条の3），これによって通知すべき事項は，届出（受理）年月日，事件名，

届出人及び届出事件の本人（特定の届出の内容である身分行為の当事者）の氏名並びに当該届出を受理した旨等とされています（前掲1000号通達第5の2(2)ア）。なお，改正戸籍法27条の2第1項及び第2項は，認知届等いくつかの届出については，その届出事件の本人が誰であるかを具体的に指定していますが（同条1項のかっこ書部分。同条2項においても同じとされている。），上記の通知の手続における届出人及び届出事件の本人の概念は，従来の区分に対応するものとされ，通知の様式は別紙5に準じた様式（244頁参照）によるとされています（前掲1000号通達同）。

① 通知の対象者は，次のとおりです（前掲1000号通達第5の2(1)）。

　ア　届出が市町村の窓口への出頭により行われた場合。

　　(ｱ)　出頭した者を特定するために必要な事項の確認をすることができなかったときは，届出事件の本人の全員

　　(ｲ)　出頭した者を特定するために必要な事項の確認をすることはできたが，届出事件の本人と異なる者（使者）であったときは，届出事件の本人の全員

　　(ｳ)　出頭した者を特定するために必要な事項の確認をすることはできたが，出頭した者が届出事件の本人のうちの一部の者にとどまるときは，確認することができなかった届出事件の本人

　イ　届出が郵送又はオンラインによる方法により行われた場合は，届出事件の本人の全員。

　　届出が上記のような方法によってされた場合には，届出事件本人の全員が「出頭して届け出たことを確認することができない者」に当たりますから，その全員に対して通知をすべきことになるのです。

　ウ　市町村長は，届出の受理又は不受理についての照会に対する管轄法務局長等からの指示により届出を受理した場合であっても，上記ア及びイに従い，通知を行うものとされています。

② 通知のあて先及びあて名は，次のとおりです（前掲1000号通達第5の2(2)イ）。

　ア　あて先は，上記のように，届出人の戸籍の附票又は住民票上の現住所です（改正戸籍法施行規則53条の3）が，届出日以後に住所が変

更されている場合には，変更前の住所をあて先とします。
　　イ　届出により氏が変更となる者についてのあて名は，変更前の氏とします。
　③　送付方法は，上記のとおり，転送不要の郵便物又は信書便物とする方法によります（改正戸籍法施行規則53条の３）が，その郵便物又は信書便物は，封書又は届出人以外の者が内容を読みとることのできないような処理をした葉書によらなければなりません（前掲1000号通達第５の２(2)ウ）。
　④　あて先不明等により返送された通知は，再送することなく，市町村において保管し，当該年度の翌年から１年間保存するものとされています（前掲1000号通達第５の２(2)エ）。
(3)　**市町村の窓口における確認及び通知についての届書への記録**
　　市町村長は，届書の欄外の適宜の箇所に，受付の日時分，市町村の窓口に出頭した者を特定するために必要な事項の確認及び通知の有無等を記録しなければなりません。他の市町村に送付する届書の謄本についても，同様の内容を明らかにするものとされています（前掲1000号通達第５の３）。
(4)　**確認台帳**
　　市町村長は，市町村の窓口に出頭した者を特定するために必要な事項の確認及び通知の経緯を明らかにするため，適宜の様式により確認台帳を作成しなければなりません。確認台帳に記載すべき事項は，①当該出頭した者を特定するために必要な事項の確認，②通知の有無，③当該出頭した者が使者であるときは，提示された確認書類に記載された「氏名及び住所」又は「氏名及び生年月日」，④その他適宜の事項とされています。確認台帳の保存期間は，当該年度の翌年から１年間です（前掲1000号通達第５の４）。
(5)　**戸籍に真実でない記載がされた場合の戸籍訂正等**
　　戸籍に真実でない記載がされた届出事件の本人は，当該真実でない記載について家庭裁判所の審判等を得て，これに基づき戸籍訂正の申出をし，その訂正がされた場合には，戸籍の再製を申し出ることができると

されています（改正戸籍法11条の2第1項）。届出事件の本人に対する通知は，このような手続を速やかに行う端緒を与えるものです（小出邦夫「戸籍法の一部を改正する法律の解説」民事月報62巻6号22頁）。

(6) 縁組等の届出以外の創設的届出の取扱い

　上記の改正により，平成15年3月18日付け法務省民一第748号民事局長通達「戸籍の届出の本人確認等の取扱いについて」は廃止されましたが，縁組等の届出以外の創設的届出についても，上記改正後の取扱いと同様にして差し支えないとされています（前掲1000号通達第5の5）。

別紙5（平成20・4・7民一第1000号通達）

平成　年　月　日

　　　　　　　様

市区町村長

お知らせ

　あなたからの戸籍届出については，下記のとおり受理されました。
記

1　受理年月日

2　事件名

3　届出人の氏名

4　届出事件の本人の氏名

　このお知らせは，届出事件のご本人以外の方から届出があった場合や，ご本人が本人確認書類をお持ちでなかった場合に，虚偽の届出の早期発見のためご本人に通知するものです（戸籍法第27条の2第2項）。

第11章　不受理申出制度

> **ポイント**　不受理申出制度（改正戸籍法27条の2第3項から5項）

　不受理申出制度は，本人の意思に基づかない届出が受理されることを防止するための制度として，従来は通達に基づいて運用されていましたが，改正戸籍法では，その適用対象となる届出を一律に拡大し，6か月という有効期間を撤廃する等，戸籍の記載の真実性をより担保する制度として法制化されました。
① 　不受理申出制度の適用対象となる届出は，認知，縁組，離縁，婚姻，離婚の各届出です。
② 　不受理申出は，申出人が自ら市町村の窓口に出頭して，申出人を特定するために必要な事項を明らかにしなければならず，市町村長は，運転免許証等により，不受理申出をしようとする者を特定するために必要な事項を確認するものとされています（改正戸籍法施行規則53条の4第2項）。
③ 　不受理申出のあて先は，申出をしようとする者の本籍地の市町村長です（改正戸籍法27条の2第3項）が，その申出書は，本籍地の市町村の窓口のほか，非本籍地の市町村の窓口で提出することもできます。
④ 　不受理申出に係る届出があった場合に，申出をした届出事件の本人が出頭したことが確認できなかったときは当該届出を受理することはできず，受理することができなかった場合には，不受理の申出をした者に対し通知しなければならないとされています（改正戸籍法27条の2第5項，同規則53条の5）。
⑤ 　市町村長は，届出年月日，事件名，届出人及び届出事件の本人の氏名並びに不受理申出に基づいて不受理とした旨を通知するものとされています。
⑥ 　不受理申出の取下げは，市町村の窓口に出頭して行うものとされ

ています。
⑦　昭和51年1月23日付け法務省民二第900号民事局長通達「離婚届等の不受理申出の取扱いについて」及び平成15年3月18日付け法務省民一第750号民事局長通達「離婚届等不受理申出の取下げに係る取扱いについて」は，廃止されました。
　　ただし，経過措置が設けられています。

1　不受理申出制度の概要

　改正戸籍法は，新たに不受理申出の制度を法制化しました。これは，従前，昭和51年の民事局長通達（昭和51・1・23民二第900号通達「離婚届等の不受理申出の取扱いについて」）によって運用されていた離婚に関する不受理申出について，協議離婚の届出がされるおそれがあることという要件や，不受理申出の期間を最大6か月とする制限を撤廃したものです。これに伴い，上記の通達及び平成15年3月18日付け法務省民一第750号民事局長通達「離婚届等不受理申出の取下げに係る取扱いについて」は，廃止されました（平成20・4・7民一第1000号通達第6の7）。
　改正戸籍法が導入した不受理申出制度の概要は，次のとおりです。すなわち，何人も，その本籍地の市町村長に対して，あらかじめ，法務省令で定める方法により，自己を届出事件の本人とする認知，縁組，離縁，婚姻又は離婚の届出（以下「縁組等の届出」という。）がされた場合であっても，自らが市役所又は町村役場に出頭して届け出たことを改正戸籍法27条の2第1項の措置により確認することができないときは当該縁組等の届出を受理しないよう申出をすることができるとされました（同条3項）。「法務省令で定める方法」は，改正戸籍法施行規則において，当該申出をする者が自ら市役所又は町村役場に出頭し（同規則53条の4第1項），同規則11条の2第1号から3号までに規定する方法のいずれかにより，「氏名及び住所」又は「氏名及び生年月日」を明らかにしてしなければならないとされています（同規則53条の4第2項前段）。そして，この申出に係る縁組等の届出があった場合において，当該申出をした者が市役所又は町村役場に出頭して届け出たことを上記の措置により確認することができなかったときは，

市町村長は，当該届出を受理することができないとされました（改正戸籍法27条の2第4項）。この規定によって縁組等の届出を受理することができなかった場合には，市町村長は，遅滞なく，当該不受理申出をした者に対し，法務省令で定める方法により，当該縁組等の届出があったことを通知することを要します（同条5項）。「法務省令で定める方法」は，改正戸籍法施行規則において，当該申出をした者の戸籍の附票又は住民票上の現住所に，転送不要の郵便物又は信書便物として送付する方法によるとされています（同規則53条の5，53条の3）。

　以下，この不受理申出の制度について詳しくみていくことにします。

2　不受理申出の方法及び内容等

(1)　不受理申出は，申出人が自ら市役所又は町村役場に出頭して，申出人を特定するために必要な事項（「氏名及び住所」又は「氏名及び生年月日」）を明らかにしてしなければなりません（改正戸籍法施行規則53条の4第1項・2項）。申出人がこの事項を明らかにするには，運転免許証，写真付き住民基本台帳カード等を提示する等同規則11条の2第1号から3号までに規定する方法によるべきものとされています。ただし，やむを得ない理由により自ら市町村の窓口に出頭して不受理申出を行うことができないとき（例えば，病気で寝たきりの状態にあるとき。）は，不受理申出をする旨を記載した公正証書又はその旨を記載した私署証書に公証人の認証を受けたもの（いずれも代理嘱託によるものを除く。）を市町村長に提出する方法により行うことができるとされています。市町村長は，以上のような方法により提供された資料等に基づいて，不受理申出をしようとする者を特定するために必要な事項を確認することになります（前掲1000号通達第6の1(1)）。なお，当該申出の受理又は不受理について疑義がある場合には，市町村長は，管轄法務局等に照会するものとされています（前掲1000号通達第6の1(1)(2)）。

(2)　不受理申出は，書面を提出する方法により行うものとし，申出書の様式は，通達別紙6又は7に準じた様式（254〜256頁参照）とするとされています（前掲通達第6の1(3)）。

(3)　不受理申出のあて先は，当該申出をしようとする者の本籍地市町村長です（改正戸籍法27条の2第3項）が，その申出書は，本籍地市町村の窓口のほか，非本籍地の市町村の窓口においても提出することができるとされています（前掲1000号通達第6の1(4)）。

(4)　不受理申出書の保管者は，本籍地の市町村長です。非本籍地の市町村長に不受理申出書が提出された場合において，当該申出書を非本籍地の市町村長が受理したときは，当該市町村長は，遅滞なく，これを本籍地の市町村長に送付しなければなりません。

　不受理申出をした者について本籍の変更があった場合には，申出書の保管者も変わることになります。この場合，原籍地の市町村長は，保管中の申出書を変更先本籍地の市町村長に送付しなければなりません。そして，当該不受理申出は，変更先本籍地の市町村長に対してされたものとして取り扱われます（前掲1000号通達第6の1(5)(6)）。なお，不受理申出の申出書は，届出事件の本人の本籍地において保管するものとされているところ，改正戸籍法27条の2第3項における届出事件の本人とは，同条1項の届出事件の本人の規定を受けたものであることから，民法797条1項に規定する養子縁組における届出事件の本人とは，養親となる者及び養子となる者の法定代理人となり，15歳未満の者を届出事件の本人とする養子縁組届又は養子離縁届の不受理申出の申出書は，法定代理人の本籍地で保管されることになります（相馬博之・堤秀昭「戸籍法及び戸籍法施行規則の一部改正に伴う戸籍事務の取扱いに関する通達の解説」（民事月報63巻6号67頁））。

　不受理申出が受理された後の事務処理は，次のとおりとされています。まず，不受理申出を受理した市町村長は，当該申出書の欄外の適宜な場所に受付の日時分及び市町村の窓口に出頭した者を特定するために必要な事項の確認を記録します。他方，本籍地の市町村長は，不受理申出がされたことを的確に把握するため，当該戸籍の直前に着色用紙をとじ込む等の方法を講じなければなりません。当該戸籍が磁気ディスクをもって調製されているときは，当該戸籍のコンピュータの画面上に不受理申出がされていることが明らかとなる方法を講ずるものとされています

（前掲1000号通達第6の1(7)）。
(5)　申出書の保存期間は，その取下げ等による効力喪失後3年間とされています（前掲1000号通達第6の1(8)）。

3　不受理申出の有無の確認

　市町村長は，不受理申出の対象となり得る縁組等の届出があった場合には，窓口に出頭した者が当該届出についての届出事件の本人の全員であることを確認することができたときを除き，当該届出について不受理申出がされているか否かを確認しなければなりません。当該届出が本籍地の市町村にされたときは，同市町村長は，自らこれを確認すれば足りますが，当該届出が非本籍地の市町村に提出されたときは，同市町村長は，届出を受け付けた後遅滞なく，本籍地の市町村長に対して，当該届出について不受理申出がされているか否かを電話等の方法によって確認するものとされています（前掲1000号通達第6の2）。なお，15歳未満の者を届出事件の本人とする養子縁組又は養子離縁の届出が非本籍地にあった場合の不受理申出の有無の確認先は，上記2(4)により，法定代理人の本籍地となります（前掲書）。

4　届出不受理の通知の内容等

　不受理申出がされたことによって縁組等の届出を受理することができなかった場合には，当該不受理申出をした者に対し当該縁組等の届出があったことを通知しなければなりませんが（改正戸籍法27条の2第5項），この通知の取扱いは次のとおりです。
　通知すべき事項は，届出年月日，事件名，届出人及び届出事件の本人の氏名並びに不受理申出に基づいて不受理とした旨です。通知の様式は，別紙8に準じた様式（257頁）とされています（前掲1000号通達第6の3(1)）。
　通知のあて先は，不受理申出をした者の戸籍の附票又は住民票上の現住所です（改正戸籍法施行規則53条の5による同規則53条の3の準用）。ただし，届出日以後に住所の変更がされている場合には，変更前の住所をあて先とします（前掲1000号通達第6の3(2)）。送付方法は，転送を要しない郵便物

又は信書便物とする方法によります（上記と同じ条文の準用）。その郵便物又は信書便物は，封書又は届出人以外の者が内容を読みとることのできないような処理をした葉書によらなければなりません（前掲1000号通達第6の3(3)）。この通知は，あて先不明等により返送されても，再送することなく，市町村において保管するものとされています。保存期間は，当該年度の翌年から1年です（前掲1000号通達第6の3(4)）。

また，市町村長は，通知の経緯を明らかにするため，適宜の様式により通知台帳を作成し，通知の年月日等を記録しなければなりません。通知台帳の保存期間は，当該年度の翌年から1年間です（前掲1000号通達第6の4）。

5　戸籍の訂正

縁組等の届出が受理された場合において，当該届出について届出に先んじて不受理申出がされていたことが当該届出による戸籍の記載がされた後に判明したときは，本籍地の市町村長は，戸籍法24条2項の規定による管轄法務局又は地方法務局の長の許可を得て，戸籍の訂正をするものとされています（前掲1000号通達第6の5）。例えば，非本籍地のA市に不受理申出がされ，A市から本籍地に対して当該申出書が送付されるまでの間に，別の非本籍地であるB市に当該申出に係る届出がされたとします。この場合，B市は本籍地に対して不受理申出の有無を確認することになるのですが，本籍地はまだA市から当該申出書の送付を受けていませんから，B市に対して不受理申出がない旨回答することになります。これを受けて，B市が当該届出を受理してしまいますと，これに基づいて戸籍の記載がされますが，この場合は，不受理届出の方が先にされているのですから，戸籍訂正の負担を当事者に負わせるのではなく，市町村長の職権でこれをするというのが，上記の通達の趣旨です。

なお，戸籍の記載がされる前に届出に先んじて不受理申出がされていたことが判明した縁組等の届出の処理については，当分の間，市町村長限りで不受理とすることなく，管轄法務局等の長の指示を受けるものとされています（平成20・4・7民一第1001号依命通知3）。

6 不受理申出の取下げ

(1) 不受理申出の取下げは，市町村の窓口に出頭して行うものとされています。この場合においては，取下げをしようとする者は，改正戸籍法施行規則11条の2第1号から第3号までに規定する方法により自己を特定するために必要な事項を明らかにしなければなりません。ただし，やむを得ない理由により自ら市町村の窓口に出頭して不受理申出の取下げを行うことができないときは，不受理申出を取り下げる旨を記載した公正証書又はその旨を記載した私署証書に公証人の認証を受けたもの（いずれも代理嘱託によるものを除く）を市町村長に提出することによって行うことができます。市町村長は，以上のような方法により提供された資料等に基づいて，不受理申出の取下げをしようとする者を特定するために必要な事項を確認することになります（前掲1000号通達第6の6(1)）。

　不受理申出の取下げは，書面を提出する方法によって行い，取下書の様式は，通達別紙9又は10に準じた様式（258頁～260頁）によるとされています（前掲1000号通達第6の6(2)）。

　なお，取下げの受理又は不受理について疑義がある場合には，市町村長は，管轄法務局等の長に照会するものとされています（前掲1000号通達第6の6(3)）。

(2) 不受理申出の取下げは，本籍地の市町村長あてにすることを要しますが，その取下書は，本籍地の市町村の窓口のほか，非本籍地の市町村の窓口においても提出することができます。非本籍地の市町村に当該取下書が提出された場合において，当該非本籍地の市町村長がこれを受理したときは，同市町村長は，遅滞なく，これを本籍地の市町村長に送付しなければなりません。不受理申出の取下書は，本籍地の市町村長が保管します（前掲1000号通達第6の6(4)）。

(3) 不受理申出の取下げがされた場合には，これを受理した市町村長は，当該取下書の欄外の適宜な場所に，受付の日時分及び市町村の窓口に出頭した者を特定するために必要な事項の確認を記録しなければなりません。一方，本籍地の市町村長は，当該戸籍の直前に講じられていた着色用紙を取り外す等の措置をするものとされています。この場合において，

当該戸籍が磁気ディスクをもって調製されているときは，当該戸籍のコンピュータ画面上に講じられていた不受理申出がされていることが明らかとなる方法を消去する等の措置を講ずることになります（前掲1000号通達第6の6(4)）。

(4) **法定代理人からされた不受理申出の効力**

なお，改正戸籍法の下での不受理申出には期間の制限はないため，その効力が喪失するのは，その取下げがされた場合等であるとされています（前掲1000号通達第6の1(8)）。具体的には，不受理申出の取下げがあった場合のほか，不受理申出人が死亡した場合，法定代理人からされた15歳未満の者を届出事件の本人とする養子縁組届又は養子離縁届の不受理申出について，届出事件の本人が15歳に達した場合にも，法定代理人からされた不受理申出の効力は喪失するものと解されています。また，15歳未満の者を届出事件の本人とする養子縁組届又は養子離縁届の不受理申出について，申出人である法定代理人につき親権者等が変更となった場合についても，変更前の法定代理人がした不受理申出の効力は失われるものと解されています（相馬博之・堤秀昭「戸籍法及び戸籍法施行規則の一部改正に伴う戸籍事務の取扱いに関する通達の解説」民事月報63巻6号68頁）。

7　不受理申出書等の記載事項証明書の取扱い

不受理申出書類の閲覧又はその記載事項証明書の請求は，利害関係人が，特別の事由がある場合に限り，することができます（改正戸籍法48条2項）。不受理申出の取下書類の閲覧又はその記載事項証明書の請求についても，同項の規定に準じて取り扱うこととされています（平成20・4・7民一第1001号依命通知4）。これらの請求をする場合には，改正戸籍法48条3項の規定により，改正戸籍法10条3項及び10条の3の規定が準用されることになります（162頁参照）。

8　経過措置

改正戸籍法における不受理申出制度の法制化に伴って，前記のとおり，

昭和51年1月23日付け民二第900号民事局長通達「離婚届等の不受理申出の取扱いについて」及び平成15年3月18日付け民一第750号民事局長通達「離婚届等不受理申出の取下げに係る取扱いについて」は廃止されました。ただし，改正戸籍法及び同規則の施行日（平成20年5月1日）までにされた不受理申出であって，改正法の施行の際不受理の取扱いをする期間が残存するものの取扱い（経過措置）については，次のとおりとされています（平成20・4・7民一第1001号依命通知5）。

① 縁組等の届出についてされた昭和51年1月23日付け民二第900号民事局長通達に基づく不受理申出は，その不受理の取扱いをする期間が満了するまではなおその効力を有する。この場合，当該不受理申出については，改正戸籍法27条の2第4項及び5項の適用があるものとする。

② ①以外の届出についてされた上記900号通達に基づく不受理申出は，その不受理の取扱いをする期間が満了するまでは，なお同通達及び平成15年3月18日付け民一第750号民事局長通達による取扱いをする。

別紙6（平成20・4・7民一第1000号通達）

不受理申出 平成　年　月　日申出 　　　　　　　　長　殿	受付　平成　年　月　日 発収簿番号　第　　　号 整理番号　　第　　　号		発送　平成　年　月　日 　　　　長　印
	受付　平成　年　月　日 発収簿番号　第　　　号 整理番号　　第　　　号		
	書類調査	戸籍調査	

不受理処分をする 届出事件の種別	□認知届　　□養子縁組届　　□養子離縁届 □婚姻届　　□離婚届		
申出人の表示	氏　　名		
	生年月日	□明治　□大正　□昭和　□平成　　年　　月　　日	
	住　　所 (住民登録をしているところ)		番地 番　号
	本　　籍		番地 番
		筆頭者の氏名	
その他			

　上記届出がされた場合であっても，わたしが市区町村役場に出頭して届け出たことを確認することができなかったときは，これを受理しないよう申出をします。

申　出　人 署　名　押　印	印
連　絡　先 （連絡方法の希望）	電話 〔希望　　　　　　　　　　　　　　　　　〕

市町村取扱使用欄	本人確認	免・パ・住・その他（　　　　　）

別紙7（平成20・4・7民一第1000号通達）

不受理申出	受付　平成　年　月　日 発収簿番号　第　　号 整理番号　　第　　号	発送　平成　年　月　日	
平成　年　月　日申出	受付　平成　年　月　日 発収簿番号　第　　号 整理番号　　第　　号		長　印
長　殿	書類調査　　　戸籍調査		

<table>
<tr><td rowspan="5">事件本人の表示</td><td>氏　　　名</td><td colspan="2"></td></tr>
<tr><td>生　年　月　日</td><td colspan="2">□明治　□大正　□昭和　□平成　　年　　月　　日</td></tr>
<tr><td>不受理処分をする
届出事件の種別</td><td colspan="2">□養子縁組届
□養子離縁届</td></tr>
<tr><td>住　　　所
（住民登録をして
いるところ）</td><td colspan="2">番地
番　号</td></tr>
<tr><td>本　　　籍</td><td colspan="2">番地
番
筆頭者の氏名</td></tr>
<tr><td colspan="3">その他</td></tr>
</table>

※上記の「不受理処分をする届出事件の種別」行は表上部に配置されます。

上記届出がされた場合であっても，わたしが市区町村役場に出頭して届け出たことを確認することができなかったときは，これを受理しないよう申出をします。

申　出　人 署　名　押　印 生　年　月　日	印 □明治　□大正　□昭和　□平成　　年　　月　　日
住　　　所 （住民登録をして いるところ）	番地 番　号
本　　　籍	番地 番 筆頭者の氏名
連　絡　先 （連絡方法の希望）	電話 ［希望　　　　　　　　　　　　　　　　　　　］

市町村取扱使用欄	本人確認	免・パ・住・その他（　　　　　）

注意事項

1　あなた自身が届出の当事者でない届出についての不受理申出は，することができません。

2　この不受理申出書は，できるだけ本籍地の市区町村に提出してください。

3　原則として，この不受理申出は，郵送による方法は認められません。

4　原則として，申出人ご本人であることを確認することができる書類を提示する必要があります。

5　あなたが不受理申出をした後に転籍等により本籍地を他の市区町村に移した場合には，以後，この申出は新本籍地市区町村に対する申出となります。

6　不受理の取扱いをすることについて市区町村・法務局からお問合せをする場合がありますので，確実な連絡先を記載してください。

7　不受理申出の意思を改めた場合には，原則として，ご本人であることを確認することができる書類を提示の上，自分で署名押印した取下書を窓口に提出してください。

8　15歳未満の方を養子とする縁組届の不受理申出を法定代理人の方から行っている場合は，ご本人が15歳に達したときは，改めてご本人から不受理申出をしていただく必要があります（養子が15歳未満である場合の離縁届の不受理申出についても同様です。）。

別紙 8 （平成20・4・7民一第1000号通達）

```
                                            平成　年　月　日

            様

                                        市区町村長


                          お知らせ


　あなたを届出人とする戸籍届出については，平成〇〇年〇〇月〇〇日付け
不受理申出に基づき，下記のとおり不受理とされました。

                            記

1　届出年月日

2　事件名

3　届出人の氏名

4　届出事件の本人の氏名
```

別紙9 （平成20・4・7民一第1000号通達）

		受付　平成　年　月　日 発収簿番号　第　　号 整理番号　　第　　号	発送　平成　年　月　日	
	不受理申出の取下げ			
平成　年　月　日取下げ		受付　平成　年　月　日 発収簿番号　第　　号 整理番号　　第　　号	長　　印	
	長　殿	書類調査　｜　戸籍調査		

取下げをする届出	届出事件の種別	□認知届　□養子縁組届　□養子離縁届 □婚姻届　□離婚届		※取下げ時と異なるときだけ記載してください。
		取　下　げ　時	不受理申出時（※）	
	氏　　　名 生　年　月　日	年　月　日	年　月　日	
	住　　　所 （住民登録をしているところ）	番地 番　号	番地 番　号	
	本　　　籍	番地 番 筆頭者の氏名	番地 番 筆頭者の氏名	
その他				

　上記届出がされた場合であっても，わたしが市区町村役場に出頭して届け出たことを確認することができなかったときは，これを受理しないよう申出をしていましたが，当該申出について取下げをします。

取下げをする者の署名押印	印
連　絡　先 （連絡方法の希望）	電話 ｛希望　　　　　　　　　　　　　　　　｝

市町村取扱使用欄	本人確認	免・パ・住・その他（　　　　）

別紙10 （平成20・4・7民一第1000号通達）

不受理申出の取下げ 平成　年　月　日取下げ 　　　　　　　長　殿	受付　平成　　年　月　日 発収簿番号　第　　　　号 整理番号　　第　　　　号		発送　平成　　年　月　日 　　　　　　長　印	
	受付　平成　　年　月　日 発収簿番号　第　　　　号 整理番号　　第　　　　号			
	書類調査	戸籍調査		

	届出事件の種別	□養子縁組届　　□養子離縁届		※取下げ時と異なるときだけ記載してください。
取下げをする届出	事件本人の 氏　　　名 生　年　月　日	取　下　げ　時	不受理申出時（※）	
		年　月　日	年　月　日	
	住　　　所 (住民登録をして いるところ)	番地 　　　　　番　号	番地 　　　　　番　号	
	本　　　籍	番地 　　　　　番 筆頭者の氏名	番地 　　　　　番 筆頭者の氏名	
その他				

　上記届出がされた場合であっても，わたしが市区町村役場に出頭して届け出たことを確認することができなかったときは，これを受理しないよう申出をしていましたが，当該申出について取下げをします。

取下げをする者の 署　名　押　印 生　年　月　日	印 □明治　□大正　□昭和　□平成　　年　　月　　日
住　　　所 (住民登録をして いるところ)	番地 　　　　　　　　　　　　　　　　　　番　号
本　　　籍	番地 　　　　　　　　　　　　　　　　　　番 筆頭者の氏名
連　絡　先 （連絡方法の希望）	電話 (希望　　　　　　　　　　　　　　　)

市町村取扱使用欄	本人確認	免・パ・住・その他（　　　　　　　）

注意事項

1 この不受理申出の取下げは、できるだけ本籍地の市区町村に提出してください。

2 原則として、不受理申出の取下げは、郵送による方法は認められません。

3 原則として、取下げを行う方ご本人であることを確認することができる書類を提出する必要があります。

4 不受理の取下げの取扱いをすることについて市区町村・法務局からお問合せをする場合がありますので、確実な連絡先を記載してください。

5 取下げをする方の氏名等が不受理申出をされた後に変更されている場合には、変更を証する書面の提出を求めることがあります。

事　項　索　引

【あ】

移記事項の変遷 ——————77, 85
1号書類 ——————151, 157, 239
一夫婦一戸籍の原則————————31
姻族関係終了届の審査 ——————222
姻族関係終了に関する事項の戸籍
　記載——————————————51
受附帳 ——————————90, 98, 107
氏の取得——————————————34
氏の変更——————————————36
氏の変更に関する事項の移記————88
氏の変更に関する事項の戸籍記載
　——————————————46, 53
氏の変動——————————————35
縁組事項の移記——————————80
縁組事項の戸籍記載————————49
縁組等の届出 ——————3, 239, 246
縁氏続称——————————————36
縁氏続称に関する事項の戸籍記載——50

【か】

外国国籍喪失事項の移記——————83
外国国籍喪失事項の戸籍記載————52
外国人を事件本人又は届出人とす
　る届書の記載 ——————————206
外国判決の謄本 ——————————211
改製原戸籍 ——————89, 92, 103, 104
確認台帳 ——————————————242
家事審判事項——————————19
家事審判法23条の審判——————21
家事調停事項——————————20
管外転籍 ————————————47, 77
管外転籍の場合の移記——————87
管内転籍 ————————————47, 87
帰化による国籍取得————————16
記載事項証明書——————————5
棄児の氏——————————————35
行政不服審査法による不服申立て
　————————————————27, 177
虚偽の届出 ——————————4, 122
記録事項証明書——————————5
近親婚の禁止 ——————————228
国又は地方公共団体の機関に戸籍謄
　本等を提出する必要がある場合 —145
経過措置による国籍取得——————15
権限確認 ——————————158, 175
現に請求の任に当たっている者 ——150
現に請求の任に当たっている者を
　特定するための方法 ——149, 152, 173
原本還付手続 ——————————160
権利行使・義務履行のために戸籍
　の記載事項を確認する必要があ
　る場合 ————————————144
合意に相当する審判——————————20
航海日誌の謄本 ——————————54, 61
後見又は保佐の登記の通知による
　戸籍の再製 ——————————135
口頭による届出 ——————————212
公用請求 ——————146, 152, 156, 159, 167
国際私法 ——————————————9, 12
国籍取得を証すべき書面 ——————210
国籍選択事項の移記——————————83
国籍選択制度——————————————15
国籍選択宣言に関する事項の戸籍
　記載——————————————52
国籍選択の届出 ——————————233
国籍の取得——————————————13
国籍の喪失——————————————16
国籍の得喪に関する事項の戸籍記載—52
国籍不留保者の国籍取得——————14

国籍法3条 ─────── 14, 234	婚姻届の審査 ─────── 222, 226
国籍留保の届出 ─────── 190	婚姻の形式的成立要件 ─────── 10
呼称上の氏 ─────── 36, 38	婚姻の実質的成立要件 ─────── 10
戸籍記載の消除 ─────── 71	婚姻要件具備証明書 ─────── 223
戸籍記載の嘱託 ─────── 19	婚氏続称 ─────── 36
戸籍事項欄 ─────── 44	婚氏続称に関する事項の戸籍記載 ─── 50
戸籍事項欄に記載すべき事項 ─── 46	
戸籍事務管掌者への通知 ─── 17, 19	【さ】
戸籍訂正 ─────── 56, 73	催告による国籍喪失者の国籍取得 ─── 15
戸籍訂正許可の審判 ─────── 62	再婚禁止期間 ─────── 227
戸籍謄本等の交付請求ができる場	再製原戸籍 ─────── 90, 94, 103, 106
合の要件 ─────── 165	再製原戸籍の保存期間 ─────── 139
戸籍に記載されている者 ─────── 144	再製事項の記載 ─────── 121
戸籍の回復 ─────── 74	再製によって記載に錯誤・遺漏が
戸籍の記載事項を利用する正当な	ある戸籍となるとき ─────── 127
理由がある場合 ─────── 145	裁判による戸籍記載 ─────── 54, 61
戸籍の公開制度 ─────── 141, 142	裁判の謄本 ─────── 209
戸籍の更正 ─────── 75	錯誤による届出 ─────── 123
戸籍の再製又は改製に関する事項	参考記載例 ─────── 44
の戸籍記載 ─────── 48	三代戸籍禁止の原則 ─────── 30
戸籍の全部に係る訂正に関する事	資格者証 ─────── 152, 156
項の戸籍記載 ─────── 47	識別番号 ─────── 69
戸籍の全部の消除に関する事項の	事件本人の本籍地 ─────── 197
戸籍記載 ─────── 47	使者が請求の任に当たっている場
戸籍発収簿 ─────── 102	合の権限確認 ─────── 175
戸籍簿 ─────── 89, 91, 103	使者による交付請求 ─────── 154, 158
戸籍法10条の2第3項の請求 ─── 147	死体検案書 ─────── 210, 231
戸籍法10条の2第4項の請求 ─── 147	市町村長限りの職権訂正 ─────── 64
戸籍法10条の2第5項の請求 ─── 149	失踪事項の戸籍記載 ─────── 51
戸籍法41条の証書 ─────── 211	支配人の資格を証する書面 ─── 155, 158
戸籍法113条に基づく訂正 ─────── 57	死亡事項の戸籍記載 ─────── 51
戸籍法114条に基づく訂正 ─────── 58	死亡診断書 ─────── 210, 231
戸籍法116条に基づく訂正 ─────── 58	死亡届の届出資格者の拡大 ─────── 192
固有権限行使等 ─────── 153, 159	重国籍者 ─────── 15
婚姻意思がない場合 ─────── 227	重婚禁止の要件 ─────── 227
婚姻事項の移記 ─────── 81	住所地法 ─────── 12
婚姻事項の戸籍記載 ─────── 50	就籍 ─────── 197
婚姻準正 ─────── 190	就籍事項の戸籍記載 ─────── 53
婚姻適齢に達していない場合 ─── 227	出生子が学齢に達した後の出生届 ─── 232

出生事項の移記————————79
出生事項の戸籍記載——————48
出生子の母が50歳以上である場合 —231
出生証明書 ——————————210, 230
出生届の審査————————————219
出生による国籍の取得————————13
出生年月日欄————————————46
出頭して届け出たことを確認する
　ことができない者 ————————240
受任事件に関する業務遂行のため
　に戸籍の記載事項を確認する必
　要がある場合 ——————————147
受理照会——————————————230
受理又は不受理の証明書 ——————162
準拠法————————————————9, 12
準正による国籍取得—————————13
常居所地法———————————11, 12
証書の謄本———————————54, 60
承諾書——————————————209
抄本————————————————5
嘱託による戸籍記載————————54, 60
職務代理者—————————————24, 68
除籍謄本等の交付の請求——————161
除籍簿——————————89, 92, 103
職権記載—————————————61
処理基準—————————————25
親権事項の移記——————————81
親権事項の戸籍記載————————50
新戸籍の編製————————————31, 95
新戸籍の編製に関する事項の戸籍
　記載——————————————46
審査請求 ————24, 27, 142, 176, 177, 179
人事訴訟法の適用される訴訟————17
申請による戸籍記載————————54, 56
随従入籍—————————————204
推定相続人の廃除に関する事項の
　移記——————————————82
推定相続人の廃除に関する事項の
　戸籍記載————————————51

推定を受けない嫡出子————————35
請求による戸籍記載 ————————54, 58
請求の任に当たる権限を有する職
　員————————————————146
生存配偶者の復氏届の審査—————222
生存配偶者の復氏に関する事項の
　戸籍記載————————————51
生地主義に基づく国籍取得—————13
性別の取扱いの変更に関する事項
　の移記—————————————84
性別の取扱いの変更に関する事項
　の戸籍記載———————————53
説明要求———————————141, 160
創設的届出 ————————2, 55, 185, 189
創設的届出の届出人————————193
送付請求———————————153, 159
属人的効力————————————8
属地的効力————————————8

【た】
第三者請求 ——————144, 150, 153, 158, 165
胎児認知————————————13, 234
代表者が作成した委任状——————159
代表者の資格を証する書面 ——155, 158
代理権限—————————————158
代理人が請求の任に当たっている
　場合の権限確認—————————175
代理人による交付請求————154, 158
父又は母の氏を称する入籍届の審
　査———————————————223
嫡出子の氏————————————34
嫡出性の推定———————————34
嫡出でない子の氏—————————35
嫡出でない子の父母との続柄————45
嫡出でない子の父母との続柄が更
　正された場合の戸籍再製 —————136
調停に代わる審判—————————20, 21
追完届——————————————216
通知台帳—————————————250

続柄欄 ——————————————— 45
提出書類の有効期限 ————————— 159
転籍戸籍への移記 ——————————— 77
転籍事項の戸籍記載 ————————— 47
添付書類 ————————————————— 209
同意書 —————————————————— 209
統一請求書 ———————————— 153, 156
謄抄本等の交付請求 ————————— 141
謄本 ——————————————————————— 5
特別養子縁組又はその離縁に関す
　る事項の戸籍記載 ————————— 49
届書が偽造された疑いがある場合
　——————————————————— 237, 240
届書受理後の通知 —————————— 240
届書等の閲覧又は記載事項証明書
　の交付請求 —————————————— 162
届書に添付すべき書類 ———————— 209
届書の受付 ——————————————— 214
届書の記載事項 ———————————— 202
届書の記載方法 ———————————— 205
届書の審査 ——————————————— 225
届書の通数 ——————————————— 207
届書の補正 ——————————————— 216
届出期間 ————————————— 186, 198
届出期間の起算日 —————————— 198
届出期間の満了日 —————————— 199
届出事件の本人 ———————————— 196
届出地 —————————————— 186, 196
届出地の特例 —————————— 186, 197
届出による国籍取得 —————————— 13
届出による戸籍記載 ———————— 54, 55
届出人 —————————————— 185, 192
届出人の所在地 ———————————— 197
届出能力 ————————————— 186, 196
届出の懈怠 ——————————————— 200
届出の際の出頭者の確認 —————— 239
届出の受理・不受理 ————————— 214
届出の取下げ・撤回 ————————— 218
届出不受理の通知 —————————— 249

【な】
名の変更に関する事項の移記 ———— 83
名の変更に関する事項の戸籍記載 — 53
名未定の子 ———————————————— 46
名欄 ——————————————————————— 46
2号書類 ————————————— 151, 157, 239
入籍事項の戸籍記載 —————————— 52
入籍の原因 ———————————————— 31
任意認知 ———————————————— 220
認知事項の移記 ————————————— 80
認知事項の戸籍記載 —————————— 49
認知準正 ———————————————— 190
認知届の審査 ————————————— 220
認知の効力を有する出生届 —— 190, 220
認知の実質的成立要件 ———————— 12

【は】
配偶者による交付請求 ———————— 144
配偶者の国籍に関する事項の移記 — 81
配偶欄 —————————————————— 45
非嫡出子 ————————————————— 35
筆頭者氏名欄 —————————————— 44
夫婦及び同氏の子同一戸籍の原則 — 30
復氏 ——————————————————— 35
副本 ——————————————— 90, 94, 106
不交付決定 ————————————— 176, 178
不実の記載 —————————————— 122
不受理申出書の保管 ————————— 248
不受理申出書類の閲覧又は記載事
　項証明書の請求 ——————————— 252
不受理申出制度 ——————— 3, 238, 245
不受理申出制度の経過措置 ————— 252
不受理申出の有無の確認 —————— 249
不受理申出の取下げ ————— 245, 251
不服申立て ———————— 24, 27, 142, 177
父母欄 —————————————————— 44
父母両系血統主義 ————————— 13, 15
分籍事項の戸籍記載 —————————— 52

紛争処理手続における代理業務遂行のために戸籍の記載事項を確認する必要がある場合 —— 148
弁護士記章 —— 153
弁護士等が作成した委任状 —— 159
弁護士等請求 —— 147, 152, 156, 159, 168
弁護士等請求の場合に明らかにすべき事項 —— 152
報告的届出 —— 2, 55, 185, 187
報告的届出と創設的届出の性質を併せもつ届出 —— 185, 190
報告的届出の届出人 —— 192
報告による戸籍記載 —— 54, 56
法人の営業所若しくは事務所の所在地を確認することができる書類 —— 155
法定記載例 —— 44
法定受託事務 —— 23, 24, 224
法定代理人 —— 158
法定代理人からされた不受理申出の効力 —— 252
法律上許されない戸籍の記載 —— 123
補助者証 —— 153, 159
本国法 —— 10, 12
本籍欄 —— 43
本人確認 —— 141, 150, 239
本人等請求 —— 143, 150, 153, 158

【ま】

窓口請求 —— 150, 158
未成年後見事項の移記 —— 81
未成年後見事項の戸籍記載 —— 50
見出帳 —— 90, 96, 107
見出票 —— 90, 98, 107
密接関連地 —— 11
密接関連法 —— 11, 12
身分事項欄 —— 44
身分事項欄に記載すべき事項 —— 48
身分事項欄の移記すべき事項 —— 77, 79

民法上の氏 —— 36, 38
無国籍者を父母とする嫡出子等の出生届 —— 233
滅失した場合の再製 —— 109
滅失するおそれがある場合の再製 —— 109, 114
滅失するおそれがある場合の補充 —— 114
申出再製 —— 121, 138
申出再製の記載 —— 134
申出再製の要件 —— 109, 122

【や】

郵送等による戸籍謄本等の送付請求 —— 153, 159
要件具備証明書 —— 211
養子縁組届の審査 —— 221
養子離縁届の審査 —— 221
養父母欄 —— 45

【ら】

離縁事項の戸籍記載 —— 49
離縁の訴えに係る請求の放棄及び認諾 —— 18
離縁の訴えに係る訴訟上の和解 —— 18
離婚事項の戸籍記載 —— 50
離婚届の審査 —— 222
離婚の訴えに係る請求の放棄及び認諾 —— 18
離婚の訴えに係る訴訟上の和解 —— 18
離婚の形式的成立要件 —— 11
離婚の実質的成立要件 —— 11
旅券 —— 154

新戸籍実務の基本講座Ⅰ					
——総論・通則編——			定価：本体 2,600円（税別）		

平成20年8月25日　初版発行

	監　修	小　池　信　行
	著　者	吉　岡　誠　一
	発行者	尾　中　哲　夫

発行所　日本加除出版株式会社

本　　社　郵便番号 171-8516
　　　　　東京都豊島区南長崎3丁目16番6号
　　　　　ＴＥＬ　(03)3953-5757（代表）
　　　　　　　　　(03)3952-5759（編集）
　　　　　ＦＡＸ　(03)3951-8911
　　　　　ＵＲＬ　http://www.kajo.co.jp/

東日本営業所　郵便番号 171-8516
　　　　　　　東京都豊島区南長崎3丁目16番6号
　　　　　　　ＴＥＬ　(03)3953-5642
　　　　　　　ＦＡＸ　(03)3953-2061

西日本営業所　郵便番号 532-0011
　　　　　　　大阪市淀川区西中島5丁目6番3号
　　　　　　　チサンマンション第2新大阪301号
　　　　　　　ＴＥＬ　(06)6308-8128
　　　　　　　ＦＡＸ　(06)6307-2522

組版　（株）郁文　／　印刷・製本　（株）倉田印刷

落丁本・乱丁本は本社でお取替えいたします。
© 2008, Seiichi Yoshioka Printed in Japan
ISBN978-4-8178-3797-4 C2032 ¥2600E

[R]〈日本複写権センター委託出版物〉
本書の無断複写は、著作権法上での例外を除き、禁じられています。複写を希望される方は、事前に日本複写権センターの許諾を得てください。　**日本複写権センター**（03-3401-2382）

わかりやすく丁寧な解説で好評を博した**実践的テキスト、全訂版！**

全訂 Q&A 渉外戸籍と国際私法

南 敏文 編著

全訂版執筆者

代表　南　敏文（東京高等裁判所部総括判事）

執筆陣（五十音順）
青木　惺　　荒木文明　　荒堀稔穂　　神崎輝明
木村三男　　斉藤忠男　　竹澤雅二郎

A5判・392頁・ISBN978-4-8178-3789-9
定価3,990円（本体3,800円）・平成20年2月刊

他に類書無し
渉外戸籍と国際私法を解説する唯一の書。
法務省・法務局の第一線で渉外戸籍に携わってきた執筆陣が、豊富な知識と経験を活かしてつくりあげた書籍です。

最新版
前版は、渉外戸籍・国際私法の分野全般を網羅した渉外戸籍実務の基本書として好評をいただきました。
全訂版では、「法例」から「法の適用に関する通則法」への改正（平成18年法律第78号）に伴い、根拠条文等を変更。また、他の法改正や社会情勢の変化等も反映しています。

わかりやすい
設問・答・解説のQ&A形式。
渉外戸籍事件の処理、その根拠となる国際私法の仕組みや働きがよくわかります。丁寧な解説はそのままに、全訂版ではQ&Aの数をさらに追加しました。

「家族」から発想する、いつくしむ世紀へ
日本加除出版

〒171-8516　東京都豊島区南長崎3丁目16番6号
営業部　TEL (03)3953-5642　FAX (03)3953-2061
http://www.kajo.co.jp/